ENZYKLOPÄDIE
DEUTSCHER
GESCHICHTE

I0110248

BAND 84

ENZYKLOPÄDIE
DEUTSCHER
GESCHICHTE
BAND 84

HERAUSGEGEBEN VON
LOTHAR GALL

IN VERBINDUNG MIT
PETER BLICKLE
ELISABETH FEHRENBACH
JOHANNES FRIED
KLAUS HILDEBRAND
KARL HEINRICH KAUFHOLD
HORST MÖLLER
OTTO GERHARD OEXLE
KLAUS TENFELDE

DIE STADT IM MITTELALTER

VON

FRANK G. HIRSCHMANN

2., aktualisierte und erweiterte Auflage

DE GRUYTER
OLDENBOURG

ISBN 978-3-11-045814-5
e-ISBN (PDF) 978-3-11-045815-2
e-ISBN (EPUB) 978-3-11-045828-2

Library of Congress Cataloging-in-Publication Data
A CIP catalog record for this book has been applied for at the Library of Congress.

Bibliografische Information der Deutschen Nationalbibliothek
Die Deutsche Nationalbibliothek verzeichnet diese Publikation in der Deutschen
Nationalbibliografie; detaillierte bibliografische Daten
sind im Internet über http://dnb.dnb.de abrufbar.

© 2016 Walter de Gruyter GmbH, Berlin/Boston
Umschlaggestaltung: Dieter Vollendorf
Umschlagabbildung: Große Ansicht von Köln: Anton von Worms, Holzschnitt 1531;
Historisches Archiv der Stadt Köln
Satz: Schmucker-digital, Anzing bei München
Druck und Bindung: Hubert & Co. GmbH & Co.KG, Göttingen
♾ Gedruckt auf säurefreiem Papier
Printed in Germany

www.degruyter.com

Vorwort

Die „Enzyklopädie deutscher Geschichte" soll für die Benutzer – Fachhistoriker, Studenten, Geschichtslehrer, Vertreter benachbarter Disziplinen und interessierte Laien – ein Arbeitsinstrument sein, mit dessen Hilfe sie sich rasch und zuverlässig über den gegenwärtigen Stand unserer Kenntnisse und der Forschung in den verschiedenen Bereichen der deutschen Geschichte informieren können.

Geschichte wird dabei in einem umfassenden Sinne verstanden: Der Geschichte der Gesellschaft, der Wirtschaft, des Staates in seinen inneren und äußeren Verhältnissen wird ebenso ein großes Gewicht beigemessen wie der Geschichte der Religion und der Kirche, der Kultur, der Lebenswelten und der Mentalitäten.

Dieses umfassende Verständnis von Geschichte muss immer wieder Prozesse und Tendenzen einbeziehen, die säkularer Natur sind, nationale und einzelstaatliche Grenzen übergreifen. Ihm entspricht eine eher pragmatische Bestimmung des Begriffs „deutsche Geschichte". Sie orientiert sich sehr bewusst an der jeweiligen zeitgenössischen Auffassung und Definition des Begriffs und sucht ihn von daher zugleich von programmatischen Rückprojektionen zu entlasten, die seine Verwendung in den letzten anderthalb Jahrhunderten immer wieder begleiteten. Was damit an Unschärfen und Problemen, vor allem hinsichtlich des diachronen Vergleichs, verbunden ist, steht in keinem Verhältnis zu den Schwierigkeiten, die sich bei dem Versuch einer zeitübergreifenden Festlegung ergäben, die stets nur mehr oder weniger willkürlicher Art sein könnte. Das heißt freilich nicht, dass der Begriff „deutsche Geschichte" unreflektiert gebraucht werden kann. Eine der Aufgaben der einzelnen Bände ist es vielmehr, den Bereich der Darstellung auch geographisch jeweils genau zu bestimmen.

Das Gesamtwerk wird am Ende rund hundert Bände umfassen. Sie folgen alle einem gleichen Gliederungsschema und sind mit Blick auf die Konzeption der Reihe und die Bedürfnisse des Benutzers in ihrem Umfang jeweils streng begrenzt. Das zwingt vor allem im darstellenden Teil, der den heutigen Stand unserer Kenntnisse auf knappstem Raum zusammenfasst – ihm schließen sich die Darlegung und Erörterung der Forschungssituation und eine entsprechend gegliederte Auswahlbibliographie an –, zu starker Konzentration und zur Beschränkung auf die zentralen Vorgänge und Entwicklungen. Besonderes Gewicht ist daneben, unter Betonung des systematischen Zusammenhangs, auf die Abstimmung der einzelnen Bände untereinander, in sachlicher Hinsicht, aber auch im Hinblick auf die übergreifenden Fragestellungen, gelegt worden. Aus dem Gesamtwerk lassen sich so auch immer einzelne, den jeweiligen Benutzer besonders interessierende Serien zusammenstellen. Ungeachtet dessen aber bildet jeder Band eine in sich abgeschlossene Einheit – unter der persönlichen Verantwortung des Autors und in völliger Eigenständigkeit gegenüber den benachbarten und verwandten Bänden, auch was den Zeitpunkt des Erscheinens angeht.

Lothar Gall

Inhalt

Vorwort des Verfassers

Die folgende Untersuchung beschäftigt sich mit der mittelalterlichen Geschichte der Städte innerhalb des römisch-deutschen Reiches (einschließlich der zum Reich gehörenden Niederen Lande sowie des Alpenraumes, des französischsprachigen Westens und der deutsch geprägten Städte des polnischen und baltischen Ostens), jedoch ohne Böhmen und Mähren, wo andere Rahmenbedingungen herrschten. Sie bietet einen kurzen Überblick über die antiken Ursprünge im Westen und die Entwicklung in der Merowingerzeit, jedoch setzt die eigentliche Darstellung erst mit den Karolingern ein und endet am Vorabend der Reformation. Besonderer Wert wurde darauf gelegt, bestimmte Phänomene nicht nur zu beschreiben, sondern sie in Zeit und Raum zu platzieren, weshalb in aller Regel ihr erstes Auftreten exakt zu determinieren versucht wurde – dies nicht zuletzt deshalb, weil es stets gilt, regional zu differenzieren und die teils sehr unterschiedliche Entwicklung von Städten im Auge zu behalten, die auf der anderen Seite viele Gemeinsamkeiten und ähnliche Ausgangslagen besaßen.

Da die Entwicklung in vielen – auch benachbarten oder ähnliche historische Rahmenbedingungen aufweisenden – Städten sehr unterschiedlich, ja geradezu diametral entgegengesetzt verlaufen konnte, ist es in vielen Punkten nur bedingt möglich, allgemeine Entwicklungstendenzen aufzuzeigen. Besonders deutlich wird dies bei den innerstädtischen Partizipationskämpfen, den sog. Auseinandersetzungen zwischen Patriziat und Zünften, welche mal zu einer Dominanz der einen Seite, mal zu fragilen Kompromissen, in wiederum anderen Fällen zu mehr oder weniger dauerhafter Instabilität führen konnten. Die Geschichte der Stadt im Mittelalter erweist sich also tatsächlich als Geschichte der Städte im Mittelalter, da sich dieses Phänomen außerordentlich vielfältig gestaltet. Besonders in den Blickwinkel zu rücken sind dabei die Niederen Lande, da diese in Bezug auf die zeitliche Abfolge wie die Dichte der Urbanisierung einen deutlichen Vorsprung vor dem übrigen Reichsgebiet hatten. Rein rechtshistorische Fragestellungen rücken hingegen in den Hintergrund, da die Relevanz der Stadtrechte für die urbane Entwicklung – zumindest in den Gebieten westlich von Elbe und Saale – von der jüngeren Forschung als gering erkannt worden ist.

Eine enzyklopädische Darstellung zur mittelalterlichen Stadt spiegelt immer auch den jeweiligen Forschungsstand wider, weshalb Städte, für die aktuelle Darstellungen fehlen, zwangsläufig unterrepräsentiert sind. Dies gilt etwa für Haarlem, Leiden, Hamburg oder München. Umgekehrt findet etwa Mannheim keine Erwähnung, obwohl die Stadt für die Neuzeit die ausführlichste, innovativste und aktuellste Stadtgeschichte besitzt, denn im Mittelalter hatte es noch keinerlei urbanen Charakter.

Mein Dank gilt Johannes Fried, Frankfurt, Alfred Haverkamp, Trier, Gerold Bönnen, Worms, und Monika Escher-Apsner, Trier, für kritische Lektüre und hilfreiche Anmerkungen sowie nicht zuletzt David Schnur und Felix Klug, Trier, für ihre Hilfe bei der Literaturbeschaffung, und Gabriele Jaroschka, München, für die überaus sorgfältige Lektorierung.

Dass nur sieben Jahre nach Erscheinen des Bandes „Die Stadt im Mittelalter" die 2. Auflage erscheinen kann, ist mir eine große Freude. Sie gibt mir Gelegenheit, inhaltliche Ungenauigkeiten oder Fehler zu korrigieren und hilfreiche Vorschläge aus zahlreichen Rezensionen einzuarbeiten. Zudem sind in der kurzen Zeit zahlreiche relevante Publikationen erschienen, einige ältere hatte ich 2009 übersehen. Besonders hervorzuheben sind die lange vermisste „Geschichte der Stadt Aachen", die innovativen Sammelbände des Regensburger „Forum Mittelalter" und Knut Schulz' Grundlagenwerk zu Zünften und Gewerbe. Ihnen, aber auch rund fünfzig maßgeblichen weiteren Werken verdankt die Stadtgeschichtsforschung einen erheblichen Erkenntnisfortschritt, von dem diese Neuauflage profitiert. Mein besonderer Dank gilt in diesem Zusammenhang Herrn Florian Hoppe und Herrn Konstantin Götschel vom Verlag De Gruyter Oldenbourg für die unkomplizierte und stets hilfreiche Zusammenarbeit.

I. Enzyklopädischer Überblick

1. Kontinuität und Entwicklung des Stadtwesens

1.1 Die antiken Wurzeln der mittelalterlichen Städte im Westen

Keltische Höhenburgen wie Tittelberg bei Luxemburg oder Heuneburg am Oberlauf der Donau waren zwar mitunter von beträchtlichem Umfang, überdauerten aber die Römerzeit nicht. Eher selten, wie etwa in Verdun, Metz, Basel oder Konstanz, fußte auf ihnen die mittelalterliche Stadt. Ebenso wenig waren die meisten slawischen Burgwallanlagen Grundlage der Stadtentwicklung, da sie nur in Ausnahmefällen wie Oldenburg/Starigard mehr oder weniger kontinuierlich besiedelt waren und das Mittelalter hindurch fortbestanden. Auch viele Römerlager waren als monofunktionale Militäranlagen nicht siedlungsbildend. Teils wurden sie von den Römern selbst nach kurzer Zeit zugunsten nahe gelegener neu angelegter Städte aufgegeben, so etwa auf dem Trierer Petrisberg, in Regensburg-Kumpfmühl oder in Augsburg-Oberhausen.

> Keltische Höhen-
> burgen, slawische
> Burgwallanlagen

> Römerlager

Obwohl dauerhaft standen auch die Castra etwa von Kempten, Bonn, Xanten oder Neuss nur mittelbar am Beginn der mittelalterlichen Stadt, für die in diesen Fällen nicht die wehrhaften Mauern, sondern der sakrale Schutz nahe gelegener Kirchen den Anknüpfungspunkt bildeten. So können im Falle Xantens weder das Castrum Vetera noch die nördlich davon angelegte Zivilsiedlung Colonia Ultra Traiana als eigentlicher Ausgangspunkt der mittelalterlichen Stadt gelten, sondern vielmehr das zwischen den ehemaligen römischen Siedlungskernen gelegene Gräberfeld, in das man offenbar auch die Heiligengebeine gebracht hatte und auf dem das Stift Ad Sanctos (> Xanten) entstand. In anderen Fällen (etwa Maastricht, Wiesbaden, Ladenburg, Andernach, Boppard, Koblenz, Echternach) dagegen basierte die mittelalterliche Stadt unmittelbar auf dem Römerlager, in wieder anderen (*oppidum* von Bar-le-Duc, *castrum* von Bitburg, Saarübergang mit *vicus* von Saarbrücken bzw. St. Arnual) bildete die römische Siedlung einen von mehreren Kernen der künftigen Stadtentwicklung.

Von einer herausragenden römischen Infrastruktur profitierten bis weit ins Mittelalter hinein vor allem Trier, aber auch die rheinischen

Provinzhauptstädte Köln und Mainz sowie Metz. Mit ihren großen
Mauerringen, Thermen- und Tempelanlagen, Versorgungseinrichtun-
gen wie Aquädukten, Häfen und Speicheranlagen sowie dem Forum
(dessen Lage für Mainz nicht gesichert ist) stehen sie am Anfang des
Städtewesens in Mitteleuropa. Trier nahm dabei als zeitweilige Kaiser-
residenz und Sitz eines Prätorianerpräfekten, dessen Zuständigkeit von
Nordafrika über Hispanien und Gallien bis nach Britannien reichte,
eine exzeptionelle Stellung ein. Sie war im 2. Jahrhundert mit 285 ha
ummauerter Fläche die nach Rom größte Stadt Europas – weit vor
Mainz und Köln mit ihren je rund 100 ha – und die sechstgrößte Stadt
der Welt. Bei der Neuordnung des Reiches unter Kaiser Diokletian
(wohl 293) wurde es Hauptstadt der Provinz Belgica Prima; die Germania Prima wurde von Mainz, die Germania Secunda von Köln aus ver-
waltet. Dieser administrativen Funktion verdankten die drei Städte ihre
spätere Stellung als Hauptort einer Kirchenprovinz.

Über eine beträchtliche Fläche verfügten zur Römerzeit auch
Augsburg (65 ha) und Tongern (80 ha), über deren sonstige Infrastruk-
tur aber wenig bekannt ist und bei denen nur jeweils ein kleiner Teil der
Römerstadt bis ins frühe Mittelalter überdauerte. Zu den bedeutenderen
Castra zählten ferner Worms, Regensburg und Straßburg; in anderen
Fällen, etwa Verdun, Toul oder Speyer sowie insbesondere Konstanz,
Passau, Kaiseraugst, Utrecht oder Chur, waren die römischen Grundla-
gen vergleichsweise schwach.

Mit dem Vordringen des Christentums und der Errichtung kirchlicher Strukturen entstanden die ersten Bischofsitze, in Trier bereits im
3. Jahrhundert. Auch die Bistümer Bavay, Tongern, Köln, Metz, Toul,
Verdun, Mainz, Worms, Speyer, Straßburg, Kaiseraugst, Chur und
Trient gehen noch auf die Spätantike zurück. Nicht nachweisbar ist die
antike Tradition als Bischofsitz für Augsburg und Säben. Die meisten
dieser Bistümer gingen in den Wirren der Völkerwanderung zeitweise
unter. Gesichert ist die Kontinuität nur für Trier und seine Suffragane
Metz, Toul und Verdun, wahrscheinlich auch für Köln.

In Trier jedoch erwies sich – wie in Augsburg oder Tongern – der
römische Mauerring als zu groß und war von der sinkenden Bevölkerungszahl nicht gegen die fränkischen Invasoren zu verteidigen; die
Moselmetropole wurde im frühen Mittelalter zur offenen Stadt. Für
Mainz ist selbst eine ungebrochene Siedlungskontinuität über die Wirren der Völkerwanderungszeit hinaus ungewiss, wogegen die Römer-
mauern und Teile der antiken Infrastruktur in Köln Bestand hatten.

Die Bischöfe und ihr Umfeld waren die wichtigsten Vermittler
antiken Kulturgutes; nur die funktionierenden Bischofsitze wiesen

Marginalien:

Antike Weltstadt Trier

Köln und Mainz

Die ersten Bischofsitze

Brüche und Kontinuitäten während der Völker-wanderungszeit

Bedeutung der Bischöfe

urbane Kontinuität von der Antike bis ins frühe Mittelalter hinein auf.

1.2 Das frühe Mittelalter und die ersten Bischofssitze im Osten

Die meisten der nicht dauerhaft besetzten Bistümer begegnen uns im 6., 7. oder 8. Jahrhundert erneut in den Quellen. In anderen Fällen verlagerte sich der Bischofssitz (von Bavay nach Cambrai, von Tongern über Maastricht nach Lüttich, von Kaiseraugst nach Basel, vielleicht von Windisch nach Konstanz).

Auffallend ist, dass die Merowinger in den zu ihrem Reich gehörenden, aber nicht über antike Tradition verfügenden Gebieten im Osten fast 250 Jahre lang keine neuen Bistümer errichteten. Der Rhein scheint somit die Grenze episkopal verfasster kirchlicher Strukturen gebildet zu haben. Dies änderte sich um 740 mit dem Wirken des Bonifatius: Das von dem ebenfalls aus England stammenden Willibrord initiierte Bistum Utrecht verfestigte sich allmählich; für diese Zeit ist zudem (ohne Beteiligung des Bonifatius) die Existenz des Bistums Augsburg gesichert; Bonifatius organisierte die bayerische Kirche mit dem Erzbistum Salzburg und dessen Suffraganen Regensburg, Freising, Passau und Säben und gründete für Mainfranken, Hessen und Thüringen die Bistümer Würzburg, Büraburg und Erfurt, von denen jedoch nur ersteres – sowie das etwa zeitgleiche Eichstätt – Bestand haben sollte. Bis auf Augsburg und Regensburg sowie ansatzweise Passau, Salzburg und Utrecht knüpften diese Neu- oder Wiederbegründungen nicht an spätantike Strukturen an.

Ebenfalls ohne Vorgängersiedlung waren viele der nach der Eroberung Sachsens durch Karl den Großen dort um 800 gegründeten Bischofssitze: Münster, Paderborn, Minden, Osnabrück, Verden, Hamburg, Bremen, Hildesheim, Halberstadt. Förderung durch die Karolinger erfuhren neben diversen geistlichen Institutionen insbesondere Aachen, wo Karl der Große Pfalz und Stift einrichtete, das er häufiger aufsuchte als jeden anderen Ort und in dem er seine Grablege nahm, Metz, das als Stadt des hl. Arnulf, des Stammvaters der Karolinger, eng mit der Dynastie verbunden war, sowie Regensburg, dem einstigen Sitz der Agilulfinger, an dem Karl der Große sich länger aufhielt als an irgendeinem anderen Ort. Unter den Pfalzen traten besonders Herstal und Diedenhofen, unter den Bischofssitzen auch Mainz und Worms hervor.

Die Pfalzorte nahmen in der Folgezeit eine sehr unterschiedliche Entwicklung. Während etwa Aachen oder Frankfurt zu bedeutenden Städten aufstiegen und Nimwegen sich zu einer prosperierenden Mittel-

Merowingische Bistumsgründungen

Zeit des Bonifatius

Christianisierung Sachsens zur Zeit Karls des Großen, Einrichtung der sächsischen Bischofssitze

Pfalzorte

stadt entwickelte, entfalteten etwa Herstal oder Tribur nie urbane Qualitäten.

Letzteres gilt auch für die sog. Handelsemporien, von denen freilich umstritten ist, ob es sich dabei wirklich um reine Einzwecksiedlungen handelte. Unter den bedeutendsten lag nur Dorestad im Reichsgebiet (Haithabu in Dänemark, Quentowik in Flandern). Der Ort an der
Gabelung des Niederrheins in Lek und Kromme Rijn im friesisch-frän-
kischen Grenzraum unterhielt etwa seit den 720er Jahren weitgespannte
Handelsbeziehungen in die Rheinlande, nach England und bis Skandi-
navien, fungierte als Zoll- und Münzstätte und war offenbar auch ein
kirchliches Zentrum. In Folge mehrfacher Wikingerüberfälle zwischen
834 und 863 sowie der Rheinlaufveränderung ging er schließlich unter.
Seine Nachfolge trat Wijk bij Duurstede an.

Auch die Bischofssitze waren vor Zerstörungen durch die Wikin-
ger nicht sicher: 857 wurde Utrecht dem Erdboden gleichgemacht, ein
Jahr darauf Bremen überfallen; 881 erlitt Köln, 882 Trier schwerste
Verwüstungen. Seit den 880er Jahren war diese Gefahr gebannt, eine
neue entstand jedoch aus dem Südosten: Anfang des 10. Jahrhunderts
zerstörten die Ungarn u. a. die Vorstädte und vor den Mauern gelegenen
Kirchen von Freising, Augsburg und Cambrai sowie das unbefestigte
Bremen. Die ummauerten Siedlungen (mit Ausnahme Basels) hielten
ihren Angriffen jedoch stand.

1.3 Der Ausbau in ottonisch-salischer Zeit

In ottonischer Zeit wurden die Christianisierung und der Aufbau kirchlicher Infrastruktur über die Saale hinaus nach Osten vorangetrieben.
An erster Stelle ist hier auf Magdeburg zu verweisen, das Otto I. besonders häufig aufsuchte, reich dotierte und zum Erzbischofssitz erheben
ließ. Weitere Bistümer entstanden in Meißen, Merseburg und Zeitz (sowie in Prag und wohl auch in Olmütz). Mit der Gründung des Bistums
Bamberg 1007 durch Heinrich II. stand das Netz der Diözesen im Wesentlichen fest. Abgesehen vom erst später christianisierten und ins
Reich einbezogenen Nordosten, einigen Verlegungen (von Zeitz nach
Naumburg, von Säben nach Brixen) und von Neugründungen bzw.
Verlegungen wie Oldenburg/Starigard, Lübeck, Schwerin, Ratzeburg
war es seit der Mitte des 12. Jahrhunderts keinen Veränderungen unterworfen. Zwar versuchten im 14. Jahrhundert die jeweils führenden Dynastien im Nordwesten und im Südosten des Reiches, an ihren Haupt-
sitzen eigene Bistümer einzurichten, nämlich die Herzöge von Brabant
in den 1330er und die Habsburger in den 1350er/60er Jahren, jedoch

gelang dies in Brabant gar nicht und in Ljubljana/Laibach für Innerös-
terreich erst 1461, in Wien und Wiener Neustadt für Niederösterreich
1469. Mit dem Ende der Wikinger- und Ungarngefahr konnten – oft im
Zusammenhang der Klosterreform gorzisch-maximinischer Prägung –
erstmals auch wieder ambitiöse Bauprojekte in Angriff genommen
werden, so seit den 930er Jahren vor allem in Trier und Metz, aber auch
in Köln oder Mainz. Die Reichsbischöfe, für die Notger von Lüttich,   Die Zeit um 1000:
Haimo von Verdun, Meinwerk von Paderborn, Bernward von Hildes-   Reichsbischöfe,
heim, Willigis von Mainz oder Burchard von Worms als Beispiele für   Stadtplanung und
die Zeit um 1000 genannt seien, setzten wichtige Entwicklungsim-   Urbanisierung
pulse, insbesondere durch die Gründung von Klöstern und Stiften.
Diese schützten die Städte nicht nur durch ihre starken Mauern, sondern auch durch die ihren jeweiligen Patronen zugesprochene apotro-
päische Kraft, sie waren wichtige Produktions- und Konsumptionszentren, investierten in die Infrastruktur ihrer reichen Grundherrschaften,
verfügten zum Teil über Skriptorien, Schulen und Hospitäler. Stadtpla-
nerische Leitlinien orientierten sich häufig an Rom, bzw. profitierten
die Bischofssitze auch von der Konkurrenz der Bischöfe und Erzbischöfe untereinander.

Die bedeutendsten Städte im Reich waren um 1000 Köln, Mainz,   Die bedeutendsten
Trier, Metz und Regensburg, die am kräftigsten boomenden Lüttich   Städte der Salierzeit
und Verdun, das insbesondere durch seinen Sklavenhandel auf die Ibe-
rische Halbinsel sowie die Grundherrschaften seiner Klöster und Stifte
und die damit geschaffene Infrastruktur (Mühlen) zu Reichtum gelangte. Während Verdun nach der Boomphase der 1. Hälfte des
11. Jahrhunderts allmählich an Dynamik verlor, entwickelte sich Lüttich weiterhin kräftig. Ebenso wie Köln zählte es am Ende der Salierzeit vierzehn Klöster und Stifte, und auch Utrecht trat nun in die Reihe
der bedeutendsten Städte im Reich ein. Flächenmäßig lag es mit seiner
131 ha umfassenden Befestigungsanlage nach Köln (206 ha) und vor
Cambrai (110 ha), Mainz (100 ha) und Metz (84 ha) gar an zweiter
Stelle. Cambrai wiederum konnte für sich in Anspruch nehmen, die
damals größte französischsprachige Stadt überhaupt zu sein. Bischofssitze mit erheblichem Bedeutungsüberschuss waren ferner Worms und
Würzburg. Die größten Städte des Reiches lagen Mitte des 12. Jahrhunderts alle im Westen und Süden. Unter den sächsischen dürfte im
11. Jahrhundert allenfalls Halberstadt ähnliche urbane Qualitäten ent-
faltet haben, gefolgt von Magdeburg, Hildesheim, Paderborn und Minden. Bis um 1200 konnte Köln seinen Bedeutungsvorsprung vor allen
anderen Städten im Reich nochmals ausbauen; nie zuvor und danach

nie wieder dominierte die Stadt (wie auch ihre Erzbischöfe) sämtliche Konkurrenten im Reich in solchem Maße.

Noch um die Mitte des 12. Jahrhunderts konnte sich in Bezug auf seine Bedeutung und Sakralausstattung allein Erfurt mit den Bischofssitzen messen. Ansatzweise urbane Qualität besaßen auch einige durch ihre geistlichen Institutionen geprägte Orte wie Zürich, Schaffhausen oder St. Mihiel, ferner ist auf Aachen, Koblenz, Maastricht und Soest oder Goslar mit seiner Pfalz, den Stiften und dem Silberbergbau zu verweisen. Der eigentliche Aufstieg Aachens setzte bald darauf ein, ebenso konnten sich die herrschaftlichen Zentren der Brabanter und der Babenberger, Löwen und Wien, im weiteren Verlauf des 12. Jahrhunderts recht kraftvoll entfalten.

Der Vorsprung der Bischofsstädte

1.4 Das Aufkommen der Gemeinden

Die Bewohner ober- und mittelitalienischer Städte empfingen bereits seit der 2. Hälfte des 10. Jahrhunderts königliche Privilegien, und im 11. Jahrhundert stiegen die dortigen Städte zu einem gewichtigen Faktor in der Politik auf, spielten eine zunehmende Rolle im Beziehungsgeflecht zwischen Kaisertum, Papsttum, Adel und Bischöfen und begannen schließlich selbst, Herrschaftspositionen im Umland aufzubauen, wodurch die Grundlagen des Contado, also des im Wesentlichen von der Stadt beherrschten und in aller Regel mit der jeweiligen Diözese identischen Gebietes, gelegt wurden. Im nordalpinen Reich setzte diese Bewegung zeitversetzt und zunächst weniger flächendeckend ein, hat aber hier wie dort ähnliche und jeweils vielfältige Wurzeln.

Das italienische Vorbild

Bereits 958 begegnen uns im Kontext des Aufstands der *cives* von Cambrai gegen den von Otto I. eingesetzten Bischof, zwei der für die Gemeindebildung konstitutiven Elemente: Einmütigkeit des Vorgehens und Schwurgemeinschaft. So heißt es in den Bischofsgesten, die Bürger hätten sich einhellig geschworen *(factaque unanimiter conspiratione)*, dem Bischof die Tore zur *urbs* zu versperren. Allerdings bleibt dieser frühe Beleg zunächst singulär.

Einmütigkeit

Schwurgemeinschaft

Gemeinschaftliche Ziele und Schwur sind auch einigen der früh bezeugten Bruderschaften/Gilden zu eigen. Das früheste Beispiel hierfür stellt die zwischen 1021 und 1024 durch den Mönch Albert von Metz beschriebene Gilde der Kaufleute von Tiel, die zu jener Zeit eine führende Rolle im Englandhandel einnahmen. Neben den häufig zitierten Trinkgelagen zeichnete sich diese Gemeinschaft bereits durch ein gemeinsames Vermögen, Fürsorge für ihre Mitglieder und ein eigenes Gewohnheitsrecht aus.

Bruderschaften/ Gilden

Detaillierter unterrichtet sind wir über die *caretet* von Valenciennes, die schon in ihrem Namen den Fürsorgecharakter zum Ausdruck
bringt (afrz. *caretet* < lat. *caritatem*), da deren auf das späte 11. Jahrhundert zurückgehende Statuten (ebenso wie die der *ghilde* des nahe
gelegenen St. Omer in Flandern) überliefert sind. Darin verpflichteten
sich die Mitglieder zu gegenseitiger Hilfe, etwa bei Raub, bei Unfall
oder vor fremden Gerichten. Sie beanspruchten für sich Privilegien auf
dem einheimischen Markt und regelten das Gildeleben in detaillierten
Vorschriften: Aufnahmegebühr, gemeinsame Mahlzeiten, religiöse Fei-
erlichkeiten, Totengedächtnis, Verzicht auf Gewalt, Verpflichtung zur
Brüderlichkeit und zur Armenfürsorge sowie Teilnahme der Gilde an
gemeinschaftlichen Aufgaben der Stadt *(communis utilitas)* wie Stra-
ßen- oder Mauerbau. Hier wird der Anspruch der Gilde deutlich, für die
gesamte Stadt zu handeln, die sie gemeinsam mit dem Grafen von Hennegau und den Schöffen verwaltete; bezeichnenderweise nannte sich
denn auch der Vorsteher der Gilde *maior cummunionis*. Wichtige Elemente wie Schwur, Schutz, Sicherheit, Gleichheit gingen später an die
Kommunen über.

Ein Beispiel für eine explizite Anerkennung einer solchen Bruderschaft durch den Stadtherrn liegt zu 1132 aus Erfurt vor, als der Mainzer Erzbischof die Patronatsrechte an der Kirche St. Georg einer *frater-
nitas* von Bürgern übertrug, die er zu diesem Anlass als *concives nostri*
bezeichnet. Deutlich tritt hier die Einverständnisgemeinschaft zwischen dem erzbischöflichen Stadtherrn und der sich formierenden
Stadtgemeinde hervor. Bruderschaftliche Organisationsformen trugen
offenbar auch den Unterhalt der 1136 begonnenen steinernen Donaubrücke in Regensburg; 1182 begegnet der Brückenmeister als Wortfüh-
rer der *cives Ratisponenses* gegenüber Kaiser Friedrich I., woraus wiederum der enge Konnex zwischen Bruderschaft und Stadtgemeinde
ersichtlich wird.

Während wir über die soziale Zusammensetzung jener Bruder-   Führungsgruppen/
schaften nicht unterrichtet sind, zumindest deren Führungsspitzen aber   Primatiat
zugleich die Führungsgruppen der Stadt gewesen sein dürften, begeg-
nen in anderen Fällen ausdrücklich die *meliores, optimates* oder *primores* oder wie in Tiel die Kaufleute als Handelnde oder Empfänger von
Urkunden. So bestätigte Otto II. 975 den Magdeburger Kaufleuten
(mercatores Magadeburg habitantes) die von seinem Vater verliehene
Zollfreiheit im ganzen Reich – außer in Mainz, Köln, Tiel und Bardo-
wick – und nahm sie in seinen Schutz. Dies hat man zu Recht als Be-
weis für einen rechtsfähigen Kaufleuteverband gewertet. Auch in Hal-   Kaufleuteverband
berstadt empfingen die *negociatores* eine Königsurkunde: 1068 bestä-

tigte ihnen Heinrich IV. die von seinen Vorgängern gewährten Rechte und Zollfreiheit auf allen königlichen Märkten; da darin von mehreren Vorgängern die Rede ist, muss die erste Privilegierung mindestens auf Konrad II., also spätestens auf das Jahr 1039 zurückgehen. Die Kaufleute von Quedlinburg wurden 1042 privilegiert, und in derselben Urkunde werden die offenbar auf die Ottonenzeit zurückgehenden Rechte der *mercatores* von Goslar erwähnt.

Die Stadtbevölkerung erlangte seit der Mitte des 11. Jahrhunderts auch Einfluss auf im Umfeld der Bischöfe getroffene Entscheidungen. In Mainz existierte um die Mitte des 11. Jahrhunderts ein aus Klerikern und Laien *(milites ac familia)* zusammengesetzter bischöflicher Rat von *primores*. Auch der Einfluss der laikalen Führungsgruppen auf die Bischofswahlen – durch Klerus und Volk, wie von der Reformpartei gefordert – scheint nunmehr in den Quellen durch. So erfahren wir, dass 1066 Konrad, ein Verwandter Erzbischof Annos II. von Köln, Erzbischof von Trier werden sollte, die *cives* ihn jedoch nicht zu wählen bereit waren und eine Gruppe von Ministerialen ihn gefangen nahm Konflikte und umbrachte. Dies wurde als das erste „selbstbewusste und politisch bedeutsame Auftreten der ministerialischen Kriegsmannschaft Triers" (K. Schulz) und Indiz für den gesteigerten Handlungsspielraum der aufstrebenden Ministerialität – also jener ursprünglich unfreien bischöflichen Funktionsträger, die die frühe Gemeindeentwicklung wesentlich mitbestimmten und zu den führenden Familien der Städte aufstiegen – gewertet, ohne deren Zustimmung auch in anderen Kathedralstädten bischöfliche Herrschaft von nun an nicht mehr funktionstüchtig war (G. Bönnen). In Verdun ließ der Bischof 1085 sein Vorgehen gegen die im Investiturstreit auf päpstlicher Seite stehenden Mönche von St. Vanne durch den *totius senatus urbis*, also offenbar ein aus den Führungsgruppen der Stadt bestehendes Gremium, gutheißen. Auf dieses stößt man in den folgenden Jahrzehnten unter verschiedenen Bezeichnungen mehrfach, auch agierten die Verduner zeitweise sehr eigenständig gegen ihre Bischöfe bzw. die laikalen Herrschaftsträger des Umlandes wie den Grafen von Bar, und 1131 waren es die *capita Virdunensis ecclesiae et populi*, die König und Papst ihren Kandidaten für das Bischofsamt präsentierten.

Auch in Regensburg, der einzigen Kathedralstadt im Reich, in Sonderfall welcher der Bischof im Gegensatz zur weltlichen Macht nur wenige Regensburg Herrschaftsrechte ausübte, finden sich ab 1060 die *senatores*, ab den 1080er Jahren ein *senatus*, um 1100 ein *rector urbis*. Wie groß hier der Handlungsspielraum der städtischen Führungsgruppen war, geht aus einer Urkunde Heinrichs V. von 1123 hervor, der zufolge Regensburger

Bürger unter Führung des königlichen Burggrafen irischen Mönchen durch ihre Spenden den Erwerb eines Grundstückes zum Bau eines Klosters ermöglicht hatten. Das Schottenkloster St. Jakob gilt denn in der Forschung auch zu Recht als eine Art Eigenkloster der Regensburger und erste bürgerliche Klostergründung im Reich.

Einen bemerkenswerten und viel beachteten Sonderfall stellt das blühende Wirtschaftszentrum Huy an der Maas dar, da hier erstmals außerhalb einer Kathedralstadt die Bevölkerung als Vertragspartner des Bischofs in Erscheinung tritt. Die durch Fernhandel und Metallgewerbe zu Wohlstand gekommenen Bewohner hatten den Lütticher Bischof beim Wiederaufbau der abgebrannten Stiftskirche mit erheblichen finanziellen Mitteln unterstützt. Im Gegenzug stellte dieser den *burgenses* 1066 eine Urkunde aus, in der die bischöflichen Rechte und Einkünfte spezifiziert und den Einwohnern bei Vakanz des Bischofsstuhls die Burgwache übertragen wurden. Die Bürger – ob alle gemeint sind oder nur die Führungsspitzen, entzieht sich leider unserer Kenntnis – handelten hier also offenbar im Konsens mit ihrem bischöflichen Stadtherrn. Einverständlich nahm man den Bau der Stiftskirche in Angriff und traf Vereinbarungen für ein künftiges Miteinander. Wie in Italien setzte auch im nordalpinen Reich der Investiturstreit mit den aus ihm erwachsenden unübersichtlichen Herrschaftssituationen städtische Kräfte frei und trug erheblich zur Herausbildung der Stadtgemeinden bei – nun häufig im Konflikt mit den bischöflichen Stadtherren. 1073 vertrieben die Wormser *cives* den päpstlich gesinnten Bischof Adalbert. Sie traten hier erstmals als politisch-militärische Kraft in Erscheinung und stellten sich auf die Seite Heinrichs IV., nahmen den König in ihren Mauern auf und erhielten dafür 1074 ein Zollprivileg. Es ist dies die erste Königsurkunde, die der Gesamtheit der Bewohner einer Stadt ausgestellt wurde. Empfänger waren die *Iudei et coeteri Wormacenses*, wobei mit den Juden eine offenbar wirtschaftlich besonders potente Gruppe – vielleicht vergleichbar mit den Halberstädter *negociatores* – eigens hervorgehoben wurde. 1077 verschworen sich die *cives* von Worms denn auch gegen ihren Bischof und den von diesem mitgewählten Gegenkönig Rudolf von Rheinfelden. Das Zusammenwirken von Königtum und Stadtbevölkerung sollte die Geschicke der Stadt für das darauf folgende halbe Jahrhundert bestimmen, während die Bischofsherrschaft de facto völlig zusammenbrach. Nirgends sonst im Reich hatte sich während des Investiturstreits die Stadtgemeinde in Allianz mit dem Königtum in solchem Maße verselbständigt.

Um dieselbe Zeit, als die Wormser den Bischof aus der Stadt vertrieben, erfahren wir auch von einem Aufstand in Köln, wo sich 1074

Sonderfall Huy

Zusammenbruch der Bischofsherrschaft in Worms

Köln

die *primores civitatis* gegen Erzbischof Anno II. erhoben. Während die Protagonisten dieses Aufstandes noch nicht erkennbar als Repräsentanten der Stadtgemeinde, sondern gewiss eher als Interessenvertreter einiger führender Familien agierten, verfestigte sich in den folgenden Jahrzehnten die Kölner Stadtgemeinde, denn diese errichtete 1106 ihren 203 ha umfassenden Befestigungsring ohne Beteiligung des erzbischöflichen Stadtherrn.

Mainz   Bei dem von 1077 datierenden, vom Klerus und den *omnes ex urbe maiores* getragenen Aufstand in Mainz gegen Erzbischof Siegfried und König Rudolf von Rheinfelden ist sicherlich von einem Einvernehmen städtischer Kräfte und Heinrichs IV. auszugehen. Ob erstere aber bereits als Vertreter einer organisierten Stadtgemeinde agierten, muss im Dunkeln bleiben. Sehr schwankend war die Haltung der Mainzer gegenüber Heinrich V., der sich 1116 an die *cives tam maiores quam minores* wandte. Zwischen 1119 und 1122 erteilte Erzbischof Adalbert I., ein Gegner des Saliers, den *fideles Moguntine metropolis* ein Privileg; spätestens seit jenem Zeitpunkt ist mit der Mainzer Stadtgemeinde als feste Größe im Herrschaftsgefüge der Region zu rechnen.

Cambrai   Auch in Cambrai formierten sich während der Wirren des Investiturstreites gemeindliche Strukturen. Unter den Ereignissen im unübersichtlichen Machtgefüge zwischen Stadt, Bischof, König, den Grafen von Flandern und den örtlichen Burggrafen sind folgende Eckpunkte festzuhalten: 1077 schworen sich die *cives* von Cambrai, dem neuen Bischof Gerhard II. so lange den Zutritt zur Stadt zu verweigern, bis dieser ihre *coniuratio* anerkannt habe. 1093 wählten die *cives* einen Bischof, der sich jedoch zunächst nicht gegen den Kandidaten des Domkapitels und des Kaisers, Walcher, durchsetzen konnte. 1101 stand die Stadt dann im Lager Walchers, der ihr im Gegenzug ausdrücklich die Erlaubnis gab, einen Schwurverband zu bilden. 1106 hatten sich die Verhältnisse erneut geändert, und Heinrich V. untersagte im Bündnis mit Walcher die *coniuratio* und ließ sich die *cartula communionis* aushändigen, was die Cambraier freilich nicht daran hinderte, auch künftig immer wieder als *communia* aufzutreten, gegen den Bischof zu Felde zu ziehen und Mitte des 12. Jahrhunderts gar die Hochgerichtsbarkeit zu beanspruchen. Deutlich wird jedenfalls, wie die Stadtbevölkerung zunehmend Handlungsspielraum erringen konnte, der Schwurverband hierbei erneut eine konstitutive Rolle spielte, die Gemeindebildung von den Herrschaftsträgern als bedrohlich empfunden wurde und es offenbar so etwas wie ein schriftlich festgehaltenes städtisches Recht gab.

    Letzteres begegnet uns auch in anderen Kathedralstädten, so in der Vorform eines *ius mercatorum* 1075 und dann 1100 als *iustitia et libertas* in Konstanz, als *urbanum ius* 1083/84 in Regensburg, als *ius civile* 1101 in Speyer und 1125 in Utrecht oder als *ius civitatis* 1141/42 in Verdun.

In Konstanz wie in Augsburg griffen *cives* wiederholt in die militärischen Auseinandersetzungen im Gefolge des Investiturstreites ein. Ob sie dabei gezielt und mehr oder weniger einhellig agierten oder ob es sich um Parteiungen handelte, ist jedoch aus den Quellen nicht ersichtlich.

Dagegen erhoben sich in Metz 1084 die *cives urbis* an der Seite ihres Bischofs gegen Heinrich IV. 1089 vertrieben die Metzer Bischof Bruno; hierzu hatten sie sich mit einem *iuramentum* verpflichtet. Ende des 11. Jahrhunderts gründeten die städtischen Führungsgruppen das Hospital St. Nicolas-en-Neufbourg. 1110 unternahmen städtische Truppen ohne Unterstützung und wohl gegen die Interessen ihres Bischofs eigenständig einen Feldzug. Im selben Jahr kam es erneut zu einem Schwurverband, als sich die *cives* darauf einigten, nur einen vom Kaiser und vom Erzbischof von Trier akzeptierten Bischof anzuerkennen. — Metz

Die Speyerer erhielten 1111 eine feierliche Urkunde Heinrichs V., worin dieser sie – wohl als Gegenleistung für ihre Beteiligung am Dombau – von einer Reihe von Abgaben befreite. Im Gegenzug sollten die Bewohner der Stadt Memorialdienste leisten; sie wurden somit gleichsam als religiöser Verband angesehen. Auch die Bewohner von Utrecht und Muiden erhielten 1122 ein Privileg des Kaisers; er bestätigte ihnen darin die zuvor vom Bischof gewährten Vergünstigungen und befreite alle, die zum Bau der Utrechter Befestigung beitrugen vom dortigen Marktzoll.

Mit Muiden empfing somit die Bevölkerung eines Ortes, der nicht Bischofssitz war, eine Königsurkunde. Dies war im Nordwesten des Reiches, wo sich früh auch in kleineren Orten weitreichende Handelsbeziehungen fassen lassen – erinnert sei nochmals an Tiel –, kein Einzelfall. Auch Stavoren (1108), Deventer (1123) und Duisburg (1129) empfingen offenbar königliche Privilegien.

Die seit der ottonischen Zeit im Wesentlichen stabile bischöfliche Stadtherrschaft geriet seit der zweiten Hälfte des 11. Jahrhunderts in starke Bewegung. Aus verschiedenen Ansätzen – Privilegierung der Führungsspitzen (Magdeburg, Halberstadt), Schwurgemeinschaften (Cambrai, Worms, Metz, Mainz), Bruderschaften (Tiel, Valenciennes), Beteiligung an bischöflichen Entscheidungsprozessen (Mainz, Trier, Verdun), eigenständiges Handeln in Konfliktsituationen (Cambrai, Trier, Metz, Verdun), vom Stadtherrn unabhängiges militärisches Vorgehen (Cambrai, Konstanz, Augsburg, Worms, Metz), Anerkennung als — Städtisches Gemeinwesen tritt neben die bischöfliche Stadtherrschaft

Rechtskörperschaft durch den bischöflichen Stadtherrn (Huy, Mainz, Speyer, Cambrai, Utrecht) oder den König (Worms, Speyer, Köln, Utrecht, Muiden, Stavoren, Deventer, Duisburg), eigens vom Umland abgegrenztes Recht (Regensburg, Konstanz, Cambrai, Speyer, Utrecht), eigenständige Gründung eines Klosters (Regensburg) bzw. Hospitals (Metz) – hatten sich somit bis zum Ende des Investiturstreits und der Salierzeit in einer Reihe von Kathedralstädten westlich des Rheins bzw. südlich der Donau und auch in einigen Handels- und Ge- werbeplätzen im Nordwesten städtische Gemeinwesen herausgebildet, die als eigenständige Rechtspersonen mit einem je nach Situation unter Umständen beträchtlichen Handlungsspielraum erkennbar werden. „Um 1100 beginnt eine neue Epoche in der Geschichte des europäischen Städtewesens" (F. Irsigler).

1.5 Das Stadtrecht

Einige werdende oder bestehende Städte erhielten gewisse Privilegien, welche die Landesherren zur Herrschaftssicherung oder um wirtschaftlicher Vorteile willen gewährten oder (im späten Mittelalter) die Städte selbst aufzeichneten. Ein ebenso frühes wie bekanntes Beispiel hierfür stellt die Urkunde für Freiburg im Breisgau von 1120 dar. Weithin ausstrahlend waren etwa die Vorbilder Aachens und Frankfurts im Westen, Braunschweigs, Lüneburgs, Münsters, Soests und Dortmunds im Norden, Freiburgs, Wiens und Nürnbergs im Süden, vor allem aber das Lübische und das Magdeburger Recht im Osten. Stadtrechtsverleihungen bzw. -fixierungen konnten städtische Entwicklung punktuell begünstigen, aber kaum jemals initiieren, wofür etwa die geradezu inflationäre Begabung von 54 Orten mit Frankfurter Recht durch Erzbischof Balduin von Trier (1346) auf der einen oder die Tatsache, dass etwa Köln oder Metz nie eine solche Urkunde erhielten, auf der anderen Seite genannt seien. In vielen Städten genossen einzelne Gruppen (etwa der Klerus oder die Juden) Sonderrechte.

Im späten Mittelalter lässt sich eine generelle Tendenz zur Juridifizierung der städtischen Politik beobachten, die etwa in einem zunehmenden Einfluss des Römischen Rechts auf die Stadtrechte oder in der Einstellung juristisch gebildeter Fachleute in den Städten auch in den Konflikten mit Landesherren und Bischöfen ihren Niederschlag fand. Damit einher gingen verstärkte Neigungen der städtischen Obrigkeit, insbesondere das Wirtschaftsleben zu reglementieren wie generell das städtische Sozialgefüge in ein Ordnungssystem einzubinden.

1.6 Die sog. Gründungsstädte

Die von der älteren Forschung als Gründungsstädte bezeichneten Siedlungen sind nur selten aus wilder Wurzel, sozusagen auf der grünen Wiese angelegt worden. In nahezu allen Fällen bestanden bereits Anknüpfungspunkte etwa in Form einer Burg, einer Kirche, einer Hofstätte oder auch mehrerer Siedlungskerne; herrschaftliche Initiative förderte dann die urbane Entwicklung. Dies konnten etwa die Anlage von Straßen und Marktplätzen, die Gründung einer geistlichen Institution, Urbarmachung und Wasserbaumaßnahmen oder die Erteilung von rechtlichen oder wirtschaftlichen Vergünstigungen für die potenziellen Siedler sein.

Kaum Gründungen aus wilder Wurzel

Ein besonders frühes Beispiel stellen die Maßnahmen des Herzogs von Lothringen in Neufchâteau dar. Bereits um 1100 ließ er ein *novum oppidum* mit Burg und Kirche anlegen und erwirkte beim Bischof von Toul die Erhebung zur Pfarrei. Bekannter sind die Maßnahmen, welche die Zähringer Herzöge Freiburg zuteil werden ließen. An der bis dahin unbedeutenden Siedlung errichteten sie eine Burg; vor 1120 ließen sie einen Markt mit breiter Marktstraße anlegen, gewährten Privilegien und versuchten, Kaufleute anzuwerben. Vor 1140 wurde das Gelände parzelliert, 1146 bestanden die Mauern, ein Hospital und eine Kirche, wohl in den 1170er Jahren griff man in die Geländebeschaffenheit ein und legte die Stadtbäche an. Wie in Freiburg gaben die Zähringer auch andernorts die entscheidenden Impulse für die Anlage und den Ausbau von Städten, die sich häufig – dies gilt jedoch nicht nur für die Zähringer – durch regelmäßige Grundrisse auszeichnen. Unter den zahlreichen weiteren sei etwa auf Bern, Freiburg im Üchtland, Murten, Villingen oder Neuenburg verwiesen.

Frühe Gründungsimpulse in Neufchâteau

Das bekannteste Beispiel: Freiburg im Breisgau

Die zwei wohl bedeutendsten Dynastien des 13. Jahrhunderts setzten – meist in Konkurrenz zu anderen Territorialherren – ebenfalls entscheidende Akzente für Stadtanlagen – so die Staufer schon im 12. Jahrhundert für Heidelberg, später etwa in Breisach, Pforzheim oder Hagenau, wobei oft nicht klar ist, ob sie dort als Dynasten oder als Könige handelten. Für die Welfen sei neben den berühmtesten und erfolgreichsten Initiativen Heinrichs des Löwen – 1158 München (nach Zerstörung von Brücke, Markt und Münze des Freisinger Bischofs in Föhring) und Lübeck – etwa auf die erhebliche Förderung Braunschweigs verwiesen.

Impulse durch konkurrierende Territorialherren

Eine zielgerichtete Städtepolitik zur Herrschaftssicherung betrieb auch Herzog Heinrich I. von Brabant (1190–1235). Ihm verdankt das – diesmal wohl in der Tat aus wilder Wurzel – noch von seinem Vater gegründete Herzogenbusch seinen Aufstieg, ebenso eine ganze Reihe kleinerer Zentren an den Grenzen seines Herrschaftsgebietes.

Unter den zahlreichen durch herrschaftliche Initiative initiierten Städten sei noch auf Wiener Neustadt, eine österreichische Plananlage von 1194, das würzburgische Windsheim um 1200, die wittelsbachischen Orte Neustadt/Weinstraße, Landshut und Straubing im frühen 13. Jahrhundert oder die Initiativen der Oppelner Herzöge in Oppeln und Ratibor als verwiesen.

Als 1253 Markgraf Johann I. von Brandenburg seinem Getreuen Gottfried von Herzberg den Auftrag erteilte, *dy Stad frankinfurd . . . czu buwen*, so geschah dies keineswegs auf der „grünen Wiese". Vielmehr befanden sich dort bereits die Nikolaikirche, die auch als Versammlungsort und Lagerraum diente, ein Markt und sogar ein Stapelplatz. Eigentlich ging es also nur um die Anlage einer Neustadt, für die man den potenziellen Siedlern Land zuwies, sie für sieben Jahre von allen Steuern befreite und ihnen Berliner Recht verlieh. Es wurden aufwändige Entwässerungsarbeiten durchgeführt, ein regelmäßiges Straßennetz angelegt, mit dem Rathaus und der Marienkirche die ersten öffentlichen Gebäude errichtet und die Siedlung mit Wall und Graben befestigt.

Stadtrechte als territorialpolitische Impulse

Für die Anlage und den Ausbau von Städten gilt dasselbe wie für die Begabung mit Stadtrechten: Die Landesherren verfolgten damit in der Regel eine Stärkung bei der Verteidigung und Expansion des Territoriums. So konnte auch für die wittelsbachischen Städte, die im 13. Jahrhundert mit herzöglicher Förderung ausgebaut wurden (Landsberg, Landshut, Landau u. a.) aufgezeigt werden, dass sie in aller Regel an landesherrliche Burgen anknüpften und dann rasch Verwaltungsaufgaben übernahmen. Daraus ergibt sich, dass in Grenzlage die dort konkurrierenden Territorialherren häufig gegeneinander gerichtete Stützpunkte anlegten und diese zu Städten oder präurbanen Zentren ausbauten.

1.7 Das Nebeneinander mehrerer Siedlungskerne, Alt- und Neustädte

Zahlreiche Städte entwickelten sich aus mehreren Siedlungskernen. Ein berühmtes Beispiel hierfür stellt Nürnberg dar, wo die beiden um zwei Königshöfe gewachsenen Siedlungen um die Sebaldskirche und die Lorenzkirche zu beiden Seiten der Pegnitz 1219 ein gemeinsames Privileg König Friedrichs II. erhielten und 1320 mit einem Mauerring umgeben waren. 1305 erhielten Krems und Stein ein gemeinsames Stadtrecht; 1307 bauten Berlin und Cölln ein gemeinsames Rathaus auf der Spreebrücke. Umgekehrt bestanden etwa in der Neustadt und der

„Doppelstädte"

Altstadt von Salzwedel bis 1713, in Saarbrücken und St. Johann bis in preußische Zeit rechtlich voneinander unabhängige Gemeinden. Zum Teil bewahrten auch Vororte oder planmäßig angelegte Nachbarsiedlungen längere Zeit ihre Eigenständigkeit. So förderten etwa Heinrich der Löwe die vorstädtische Siedlung Hagen bei Braunschweig und er oder seine Söhne die dortige Neustadt. Diese drei Stadtteile besaßen erst 1269 einen gemeinsamen Rat, dem nach 1300 auch Altewiek und Sack beitraten. In Hildesheim betrieb das Mauritiusstift 1196 die Anwerbung flämischer Siedler, wodurch südlich der befestigten Altstadt die Dammstadt entstand; wenig später ging aus bischöflicher Initiative die Neustadt hervor. Während erstere 1332 durch die Altstädter Bürger zerstört wurde und wüst fiel, bestanden Alt- und Neustadt bis ins späte 16. Jahrhundert nebeneinander. *(Randnotiz: Planmäßig angelegte Neustädte)*

In wiederum anderen Fällen waren die vorstädtischen Siedlungen älter als die spätere Stadt, so in – untereinander wiederum jeweils unterschiedlich gelagerten – Fällen wie dem planmäßig um ein Hafenbecken herum angelegten Buxtehude, Eisenberg/Thüringen, Hachenburg im Westerwald, Wurzen an der Mulde, Mügeln und Stolpen in Sachsen, Herzogenbusch oder die diversen auf Vorgängersiedlungen namens Altenmarkt zurückgehenden Städte in den österreichischen Herzogtümern. Zudem waren beide keineswegs immer von einem gemeinsamen Mauerring umfasst; in Colditz an der Mulde etwa blieb der alte Kern um die Nikolaikirche außen vor, als die planmäßig angelegte Stadt um den Markt ummauert wurde. *(Randnotiz: Verlagerungen des Stadtkerns)*

Rostock bestand aus der weitgehend slawisch geprägten Altstadt im Osten mit den Kirchen St. Petri und St. Nikolai, der Mittelstadt mit St. Marien und der Neustadt mit St. Jakobi im Westen, die jeweils über eine eigene Burg und einen eigenen Markt verfügten. Erst 1265 wurde die Mittelstadt zum Sitz von Rat und Gericht bestimmt, ihr Markt entwickelte sich in der Folgezeit zum Hauptmarkt der Stadt. In Greifswald wurden die Siedlungen um die Marien-, die Nikolai- und die Jakobikirche 1264, in Breslau Alt- und Neustadt 1327 vereinigt. In Quedlinburg belehnte die Äbtissin 1330 die Altstadt mit der Neustadt, an deren Spitze danach ein gemeinsamer Rat stand, und 1378 schlossen sich die Kasseler Altstadt, die Unterneustadt und die Neustadt Freiheit zusammen. *(Randnotiz: Zusammenschluss der Siedlungskerne zu einer Gemeinde)*

1.8 Städtelandschaften

Die am dichtesten verstädterte Region des gesamten Reiches war spätestens seit dem 13. Jahrhundert der Kernraum des Herzogtums Brabant um Brüssel, Löwen, Mecheln und Antwerpen. Im Westen traten *(Randnotiz: Urbane Verdichtung im Westen)*

außerdem die schon früh urbanisierte mittlere Maas mit den blühenden
Gewerbestädten Aachen, Maastricht, Lüttich, Huy, Namur und Dinant,
die Wetterau mit Frankfurt und den auf die Messestadt ausgerichteten
Städten sowie die Rheinachse mit den niederrheinischen, mittelrheinischen, rheinfränkischen, unterelsässischen, oberelsässischen und breis-
gauischen Zentren hervor. Auch Westfalen und im späten Mittelalter
Holland, das noch um 1200 allenfalls ansatzweise urbane Strukturen
kannte, dann aber einen rasanten Aufstieg nahm, wiesen eine recht
hohe Städtedichte auf.

In Franken verfügten die Hochstifte Bamberg, Würzburg und
Eichstätt über ein recht dichtes Netz kleiner Städte mit einer gewissen
Konzentration um Ingolstadt, Eichstätt und Weißenburg, wogegen der
Raum südlich der Donau wie auch weite Teile Nord- und Ostdeutsch-
lands weniger urbanisiert waren. Für Oberschlesien konnte aufgezeigt
werden, dass dort zahlreiche kleine und kleinste Städte dicht beieinan-
der lagen, die urbane Entwicklung im Gegensatz zu den angrenzenden
Gebieten jedoch im Wesentlichen um 1330 zum Abschluss kam, und
für die Oberpfalz gilt, dass das Städtewachstum hier im Vergleich zu
Altbayern deutlich später, nämlich erst um 1300, einsetzte. Grundsätz-
lich ist zu konstatieren, dass insbesondere die Höhenlagen, aber auch
Sumpf- und Heidegebiete der Herausbildung von Städtelandschaften
entgegenstanden.

1.9 Der Ausgleich des West-Ost-Gefälles im späten Mittelalter

Generell besaß der Westen mit seinen alten Bischofsstädten über viele
Jahrhunderte einen großen Vorsprung in Bezug auf den Urbanisierungsgrad wie auch die Innovationskraft. Im Norden sowie östlich von
Elbe und Saale entstanden umgekehrt die ersten Städte erst seit dem
12. Jahrhundert – dies unter wesentlich anderen Rahmenbedingungen
und häufig anderen Rechtsverhältnissen. Die Rolle der Bischöfe trat
hier im Vergleich zu weltlichen Herrschaftsträgern klar zurück, ebenso
erwiesen sich die Bischofsstädte als weitaus weniger dominant als im
Westen.

Überall brachte die 1. Hälfte des 14. Jahrhunderts mit Klimaver-
schlechterung, Hungersnöten, Pest und Judenpogromen deutliche demographische Einbrüche. In nahezu allen Städten herrschte daher im
späten Mittelalter Arbeitskräftemangel. Ebenfalls seit dem 14. Jahrhundert konnte der Osten den ehemaligen Vorsprung des Westens zumindest teilweise nivellieren. Innovationsimpulse wie etwa die Universitäten nahmen von dort ihren Anfang, wobei vor allem das böhmische

Das Aufholen des Ostens im späten Mittelalter

Vorbild mit dem durch Karl IV. geförderten Prag weit ins Reichsgebiet hineinwirkte. Städte wie Nürnberg, Braunschweig, Wien, Danzig oder Breslau entfalteten eine Ausstrahlungskraft, die viele ältere Zentren im Westen nun hinter sich ließ.

1.10 Die Größe der mittelalterlichen Stadt: die Mauerringe

Als wohl charakteristischstes und augenfälligstes Merkmal der spätmittelalterlichen Stadt dürfen ihre wehrhaften Mauern gelten, die nicht nur zur Defensive errichtet waren, sondern mitunter auch als Rechts- und/ oder Wirtschaftsgrenze fungierten. Finanziert wurden sie über Ungelt/ Akzise (in Köln schon seit 1206, in Emmerich seit 1233, Löwen seit 1234); häufig wiesen sie repräsentative Tore (oft mit Torkapellen) auf.

Im Westen dienten zum Teil die antiken, später zunächst geringfügig erweiterten Mauerringe als Basis, so in Köln (120 ha), Mainz (100 ha) und Metz (84 ha), dagegen war der gewaltige antike Mauerring in Trier schon im frühen Mittelalter nicht mehr zu verteidigen; Ausgangspunkt der mittelalterlichen Stadt wurde hier die befestigt Domimmunität, deren Ausmaße (7 ha) lediglich den Domburgen vieler jüngerer Bischofssitzen im Norden entsprachen. Frühe Befestigungen

Östlich des Rheins sind vor allem Regensburg mit seiner 25 ha umfassenden antiken Stadt und einer noch im 8. Jahrhundert in Angriff genommenen Ausweitung durch eine mächtige Wall-Graben-Anlage (weitere 30 ha) sowie Würzburg mit seiner um 1000 errichteten, regelmäßigen und für die damalige Zeit exzeptionellen, 42 ha umfassenden Fünfeckmauer bemerkenswert. Der für die 1. Hälfte des 12. Jahrhunderts gesicherte Paderborner Mauerring übertraf mit seinen 62 ha damals alle anderen Städte östlich des Rheins. Nur wenig jünger freilich sind die Mauern von Erfurt (136 ha), Wien (108 ha), Münster, Soest (je 102 ha) und Dortmund (81 ha), wobei sich hier die Hierarchie der Städte insofern von derjenigen im Süden oder Westen unterscheid, als auch Städte ohne Bischofssitz in Bezug auf die ummauerte Fläche zur Spitze aufstiegen.

Europaweit einzigartig war (abgesehen von den Sonderfällen Roms und Konstantinopels) der bereits um 1180 von den Kölnern in Angriff genommene, rund 400 ha umschließende Mauerring. Den Gegenpol hierzu bildet der Erzbischofssitz Bremen, der bis 1229 ohne schützende Mauern auskommen musste. Selbst in der norddeutschen Tiefebene, wo Steine Mangelware waren, wurden alle bedeutenderen Zentren und zudem viele Kleinstädte seit dem 13. Jahrhundert ummauert.

In der Regel waren bis zur Wende zum 14. Jahrhundert auch die Vorstädte in den Verteidigungsring einbezogen, in vielen niederländischen Städten, aber auch etwa in Basel, Konstanz, Luxemburg, Frankfurt am Main oder Weißenburg in Franken wurden die Mauern auch noch im 14., in Straßburg, Zug oder Landsberg am Lech im 15. Jahrhundert erweitert. Amsterdam, das bis dahin nur durch Grachten geschützt war, erhielt sogar erst jetzt steinerne Stadtmauern, und die prosperierende Mittelstadt Leeuwarden wurde gar erst am Ende des Mittelalters mit einem Grachtenring umgeben.

Entfestigungen

So wie Städte ihres Siegels oder ihrer Glockentürme verlustig gehen konnten, wurden im Zuge von Strafaktionen mitunter auch die Stadtmauern niedergelegt, wofür die 1163 verfügte Schleifung der Mainzer Mauern durch Friedrich I. oder die Zerstörung Lüttichs 1468 durch Karl den Kühnen als die wohl spektakulärsten Beispiele gelten dürfen. Im gegenüber von Köln auf dem rechten Rheinufer gelegenen Deutz stellt sich die mittelalterliche Stadtgeschichte als eine einzige Folge von Abriss und Wiederaufbau der Mauern zwischen den divergierenden Interessen des Kölner Erzbischofs, des Grafen von Berg und der Stadt Köln dar. Im Hennegau schließlich bedeutete der Verlust der Mauern gar eine Minderung des Rechtsstatus einer Stadt; hier wurde das kleine Pecquencourt daraufhin aus der Ständeversammlung ausgeschlossen.

Feuerwaffen stellten die Städte vor neue Herausforderungen, auf die einige mit Verstärkungen ihrer Befestigungen reagierten. Die meisten waren der neuen Kriegstechnik nicht gewachsen, so dass seit dem 16. Jahrhundert viele mittelalterliche Befestigungen erheblich an Wert einbüßten.

Unbebaute Flächen innerhalb der Mauern

Die flächenmäßig größten Städte im Reich

Vergleicht man die Größe der Mauerringe im späten Mittelalter, so gilt zu beachten, dass vielerorts weite Flächen innerhalb der Mauern nicht bebaut waren. Dies gilt vor allem für Worms, aber auch für Mainz, Trier, Bonn, Koblenz, Heidelberg, Rotterdam, Zutphen und andere Städte. Brüssel, Löwen und Köln gehörten mit ihren rund 400 ha großen befestigten Arealen auch im europaweiten Vergleich zu den größten Städten überhaupt (vgl. jedoch Prag 760 ha, Gent 640 ha, Paris 440 ha, Brügge 430 ha) und übertrafen die nächstgrößten Städte im Reich um das Doppelte (Antwerpen, Mecheln, Lüttich und Straßburg mit um 200 ha). Durch eine beträchtliche Ausdehnung des ummauerten Stadtareals zeichneten sich auch Aachen (175 ha), Augsburg (173 ha), Worms (170 ha), Nürnberg und Metz (je 160 ha) aus. Basel kam einschließlich Klein-Basels auf 145 ha, Trier auf 138 ha, Erfurt auf 136 ha, Utrecht und Breslau auf rund 130 ha, Würzburg auf 126 ha. Zu den spätmittelalterlichen Großstädten mit über 100 ha zählten auch noch Amsterdam, Frankfurt am Main (rund 120 ha), Braunschweig (115 ha), Maastricht und Lübeck (113 ha), Wien (108 ha), Danzig (104 ha), Münster und Soest (102 ha) sowie Cambrai und Delft (100 ha). Knapp unter dieser Grenze lagen u. a. Valenciennes, München oder Ulm. Den Gegenpol hierzu bildet die Fülle hoch- und spätmittelalterlicher Kleinstädte, deren Mauerringe oftmals nur 10 ha oder noch weniger umgaben.

1.11 Die Größe der spätmittelalterlichen Stadt: Einwohnerzahlen

Ganz Europa erlebte mindestens seit der Jahrtausendwende bis ins späte 13. Jahrhundert ein starkes Bevölkerungswachstum. Klimaverschlechterungen und Hungersnöte bewirkten einen allmählichen Niedergang seit dem frühen 14. Jahrhundert, der durch Pest 1349 beschleunigt und erst ab etwa 1460 durch einen allmählichen Wiederanstieg aufgefangen wurde.

Bei allen gegen demographische Schätzungen vorgetragenen Einwänden kann man davon ausgehen, dass an der Schwelle zur Neuzeit sicherlich Köln und Brüssel mit rund 40 000 Einwohnern die größten Städte des Reiches waren. Antwerpen (das bis zur Mitte des 16. Jahrhunderts auf 100 000 Einwohner kam und so zur mit enormem Abstand größten Stadt des Reiches aufsteigen sollte), Metz (dessen Blütezeit im 14. Jahrhundert lag), Nürnberg, Lübeck und Magdeburg dürften sich im Bereich um 25–30 000 bewegt haben. Zu den Städten um 20 000 Einwohnern – und damit zu den, um einen Begriff der Zentralitätsforschung zu verwenden, Großzentren – gehörten wohl Utrecht, Mecheln, Löwen, Valenciennes (Schätzung von A. Salamagne ist nach unten zu korrigieren) und Lüttich in den Niederen Landen sowie Straßburg, Augsburg und Wien; wohl nur knapp darunter lagen Erfurt und Braunschweig. *Die bevölkerungsreichsten Städte im Reich*

Um 15 000 Einwohner konnten Herzogenbusch und Leiden im Nordwesten, Bremen und Hamburg im Norden sowie Ulm und München im Süden aufweisen. Recht deutlich über der 10 000-Einwohner-Grenze, die man für spätmittelalterliche Großstädte ansetzt, lagen wohl auch weitere Städte im Norden: Rostock, Stralsund, Lüneburg, Groningen, Haarlem, Mons und Amsterdam.

Zu diesen kam noch ein gutes Dutzend Städte, die man mit um 10 000 Einwohnern ebenfalls zu den Großstädten zählen kann: Delft, Dordrecht, Gouda, Nimwegen, Maastricht und Aachen in den Niederen Landen, die vom Fernhandel geprägten Städte Münster und Soest im

Rund fünfundvierzig „Großstädte" im Reich um 1500

Westfälischen, vielleicht die Messestädte Frankfurt am Main und Deventer, Basel als „Spätstarter" unter den Kathedralstädten und die einstige bayerische „Hauptstadt" Regensburg. Knapp unter dieser Grenze lagen etwa Mühlhausen i. Th. und die alte Kathedralstadt Trier.

Nimmt man die böhmischen Länder, die einst zum Reich, nun aber zu Polen gehörenden Gebiete und die deutsch geprägten Städte des Baltikums hinzu, so ist diese Reihe zu ergänzen um Prag und Danzig mit wohl je 30000, Breslau mit wohl gut 20000, Riga mit deutlich über 10000 sowie Königsberg und Elbing mit rund 10000 Einwohnern. Umgekehrt kamen im äußersten Westen durch das allmähliche Hineingleiten Flanderns ins Reich mit Gent (etwa 45000 Einwohner) und Brügge (etwa 40000 Einwohner) zwei sehr große Städte und mit Ypern (etwa 10000 Einwohner) eine weitere Großstadt hinzu.

Schwindender Vorsprung der Bischofsstädte im späten Mittelalter

Von den rund 45 spätmittelalterlichen Großstädten im Reich lag also knapp die Hälfte in den Niederen Landen; der Rest war relativ gleichmäßig über das Reich verteilt. Dagegen war die einstige Dominanz der Kathedralstädte gebrochen. Sie stellten nicht einmal mehr ein Drittel der größten Städte des Reiches, und die Erzbischofssitze Mainz und Salzburg gehörten nicht dazu. Drei Viertel der Großstädte (darunter alle rheinischen von Utrecht im Norden bis Basel im Süden) standen an der Wende zur Neuzeit unter dem direkten Zugriff Kaiser Maximilians I. als römisch-deutschem König, Herrscher über das burgundisch-niederländische Erbe und Herzog von Österreich. Die Bischöfe bzw. Erzbischöfe konnten sich allein in Magdeburg, Lüttich und Münster behaupten. In herzöglicher Hand befanden sich Braunschweig (Welfen), München (Bayern), Rostock (Mecklenburg), Stralsund (Pommern), Lüneburg (Welfen) und de facto auch Soest (Kleve-Mark).

Sowohl die IJsselstädte Kampen und Zwolle als auch Wiener Neustadt (die E. Ennen bzw. R. Perger überschätzt haben) gehörten sicherlich nicht zu den mittelalterlichen Großstädten. Auch die rhein- und mainfränkischen Kathedralstädte Worms, Speyer und Würzburg sowie die eidgenössischen Städte Zürich, Bern und Luzern blieben deutlich von der 10000er-Marke entfernt. Hansestädte wie Stade, Wismar oder Stettin, die einstige Silber- und Pfalzstadt Goslar, die westfälische Hanse- und Reichsstadt Dortmund, die aufstrebende Universitäts- und Messestadt Leipzig, das kurtierische Koblenz, Esslingen am Neckar, Nördlingen im Ries, Landshut in Bayern, Freiburg im Breisgau, die brandenburgische Doppelstadt Berlin/Cölln und Bischofssitze wie Mainz, Toul, Osnabrück, Paderborn, Hildesheim, Halberstadt, Bamberg, Konstanz oder Trient, auch Cambrai oder Verdun, die im 11. Jahrhundert noch zu den größten im Reich gezählt hatten – um nur einige prominente Beispiele zu nennen –, beherbergten am Ende des Mittelalters ebenfalls (und zum Teil weit) weniger als 10 000 Einwohner.

2. Politische und soziale Strukturen der Städte

2.1 Handlungsmöglichkeiten und Institutionen der Gemeinden

Nach den ersten Anfängen im ausgehenden 11. und beginnenden 12. Jahrhundert erfuhr die Entwicklung der Gemeinden im 13. Jahrhundert einen enormen Schub. Insbesondere nach der Mitte des Jahrhunderts, als die schwache bzw. fehlende Königsgewalt das Bedürfnis wie die Entfaltungsmöglichkeiten zur Selbstverwaltung (Autonomie und Autokephalie) stärkten, organisierten sich die städtischen Gemeinwesen und ihre ursprünglich ministerialischen Führungsgruppen *(meliores, primores)*, die für sich in Anspruch nahmen, für die Gesamtheit *(communitas, universitas)* der Bürger *(cives, burgenses, borjois, poorters)* zu sprechen. Diese Entwicklung betraf zwar das gesamte Reich, daneben bestanden aber durchaus regionale Unterschiede. So bildeten sich etwa in Westfalen, den Niederen Landen und den gesamten Rheinlanden von der Mündung bis in den Bodenseeraum Gemeinden auch in urbanen Zentren unterster Stufe heraus – in weit höherem Maße als etwa im benachbarten Lothringen.

Zum vorwiegend stadtherrlich bestimmten Schöffengremium trat – dieses ersetzend oder nebeneinander bestehend und nicht immer klar davon zu trennen – der städtische Rat *(iurati, consules, scabini, consiliarii)*, der erstmals 1196 in Utrecht und bis 1220 auch in Lübeck, Erfurt, Soest, Köln, Metz, Verdun, Straßburg, Speyer und Worms belegt ist. Die Zahl der Mitglieder schwankte, häufig betrug sie zwölf, in anderen Fällen aber auch bis zu über vierzig. Daneben formierte sich in einigen Städten seit Ende des 13. Jahrhunderts der sog. Große Rat, welcher den Rat kontrollierte und dem bis zu 300 Mitglieder angehören konnten. Die Ratsherren wurden je nach Stadt auf ein halbes, ein oder zwei Jahre oder auch auf Lebenszeit gewählt.

Eine parallele Entwicklung zeichnete sich an der Spitze dieses Gremiums ab, wo neben dem Schultheißen des Stadtherrn der bzw. die (wiederum nicht scharf von jenen zu trennenden) Bürgermeister *(maior, magister civium, burgimagister, Ammeister, Stellmeister)* auftraten, so in Köln schon 1174 und in Hildesheim-Dammstadt 1196, in Worms und Straßburg 1220. In den folgenden Jahrzehnten breitete sich diese Amtsbezeichnung über die Niederlande, die Rheinlande und ganz

Marginalien: Entfaltung der Gemeinden — Autonomie und Autokephalie — Regionale Unterschiede — Ratsverfassung — Bürgermeister

Norddeutschland und vor allem in Westfalen (dort auch in kleineren Orten wie Rüthen, Gesecke, Arnsberg oder Bocholt) aus, seit den 1280er Jahren auch im Schwäbischen (Rottweil, Schwäbisch Gmünd, Reutlingen, Ulm, Esslingen, Überlingen). Dagegen nahmen in den österreichischen Herzogtümern bis an die Wende zur Neuzeit die landesherrlichen Stadtrichter die wesentlichen Führungsaufgaben wahr. Die Bürgermeister wurden in der Regel vom Rat bestellt oder (wie in Salzburg) vom Stadtherrn ernannt. In Metz wählten die Äbte der Benediktinerklöster den Schöffenmeister.

Weitere städtische Funktionsträger waren etwa Stadtschreiber/

Weitere städtische Funktionsträger Notare, Steuereinnehmer, Schulmeister oder Hospitalspfleger bis hin zu Boten, Bütteln oder Henkern. Die Aufgaben der Stadtgemeinden waren vielfältigster Art. Dies reichte von Friedenssicherung nach innen und Verteidigung nach außen über Marktaufsicht, das Führen von Stadtbüchern, polizeiliche Aufgaben, niedere und zum Teil auch hohe Gerichtsbarkeit sowie Finanzverwaltung bis hin zu den zahllosen Formen in der Für- und Vorsorge. Dabei war das Verhältnis zu den Stadtherren teils durch übereinstimmende Interessen, teils aber auch durch Konflikte geprägt. Manche Aufgaben wuchsen den Gemeinden im Laufe der Zeit zu, andere rangen sie dem Stadtherrn im Zuge von Auseinandersetzungen ab, wieder andere erstrebten sie gar nicht erst, da deren Ausübung durch den Stadtherrn von ihnen mitgetragen wurde.

Ausdruck der Gemeinden als Rechtsperson und somit wesentliche

Stadtsiegel Grundlage ihrer Handlungsmöglichkeiten waren die Stadtsiegel. Diese sind in den 1140er Jahren in Köln, Trier, Mainz und Verdun, 1159 in Soest erstmals ostrheinisch, einige Jahrzehnte später dann südlich der Donau (Regensburg 1211, Wien 1220er Jahre) und östlich von Elbe und Saale (in der Bergbaustadt Freiberg 1227) bezeugt. Sie zeigen häufig die zentrale geistliche Institution bzw. deren Patron (Cassius in Bonn, Kilian in Würzburg, Stefan in Metz und Toul, Maria in Andernach, Breisach oder Essen, Petrus in Trier, Köln oder Worms, Martin in Aschaffenburg) und sind so Ausdruck der Einverständnisgemeinschaft zwischen Stadt und Kirche. Mitunter tritt neben den Heiligen bzw. seine Kirche auch die Stadtmauer, so in Leipzig, Soest, Erfurt, Würzburg oder Trier; in wieder anderen Fällen verweist das Siegel nur auf die Wehrhaftigkeit der ummauerten Stadt mit ihren Toren und Türmen, etwa in Salzburg, Oldenburg oder Halle an der Saale. Einen weiteren Typus stellen die Siegel dar, welche sich auf die Stadtherren beziehen. Dies ist insbesondere bei Reichsstädten der Fall, die den Kaiseradler im Wappen führten (z. B. in Ulm, Heilbronn, Nördlingen) oder – seltener – das Herrscherporträt (Friedrich II. in Oppenheim). Aber auch landesherrliche Städte

übernahmen häufig das Siegel ihres Territorialherren, wofür etwa der
Habsburger Adler in Wien, der mecklenburgische Stierkopf in Rostock,
Panther und Krone der Ottokare in Graz, das Reitersiegel der Landgra-
fen von Hessen in Marburg, die Wappen der Stadtherrn von Cottbus
oder Aalst sowie der jeweiligen Grafen in Gorica/Görz oder Celje/Cilli
oder der mit den Stadtmauern kombinierte brandenburgische Adler in
Stendal stehen. Ausdruck geteilter Stadtherrschaft sind demzufolge Siegel wie das von Maubeuge, welches den Äbtissinnenstab sowie Adler
und Löwen des Grafen von Hennegau zeigt, Beleg ständiger Herr-
schaftswechsel etwa dasjenige von Seligenstadt, welches zwischen
1267 und 1308 zwischen Kurmainz und dem Reich strittig war und ab-
wechselnd den Reichsadler und Krummstab und Rad des Erzbischofs
abbildete, oder das Bozener Siegel, das seit 1381 statt auf den Bischof
von Brixen auf den Herzog von Österreich verwies. Erheblich seltener
sind Siegel, die auf die wichtigste wirtschaftliche Aktivität der Stadt
Bezug nehmen. Neben dem berühmten Lübecker Siegel mit Schiffer
und Kaufmann im Schiff als Symbol für den Zusammenschluss von
handeltreibenden Kaufleuten und Schiffern und ähnlichen Darstellungen aus Harderwijk oder Amsterdam wären hier etwa das älteste Siegel
mit Bergmannsdarstellung in Sulzburg, das Salzfass in Hall in Tirol
oder der Gengenbacher Fisch, der für den Fischfang in der Kinzig steht,
zu nennen. Bedeutende Bauwerke – abgesehen von Kirche und Mauerring – finden sich nur ausnahmsweise auf Siegeln, so etwa der Perron in
Lüttich, das Rathaus von Vilvoorde oder die Innbrücke in Innsbruck.
Eher kurios muten die pseudoetymologischen Darstellungen an, wie die
„Klage", ein fliegendes Ungeheuer, im Siegel von Klagenfurt, der Aal
im Ahlener Siegel, die drei Wiesel im Siegel von Wesel oder der Berliner Bär; rätselhaft sind Darstellungen wie etwa der Hahn im Stadttor
des Siegels von Frankfurt/Oder. Welche Bedeutung dem Siegel für die
Handlungsfähigkeit einer Gemeinde zukam, zeigte sich etwa 1265 in
Nivelles, wo die Äbtissin nach einem Konflikt die Zerstörung desselben
anordnete; ähnlich ging 1293 der Graf von Hennegau in Maubeuge vor,
wo allerdings 30 Jahre später das Stadtsiegel erneut nachgewiesen ist,
wogegen das Verbot in Nivelles von Dauer war und die dortige Gemeinde andere Städte bitten musste, für sie zu siegeln.

    Das wohl wichtigste innerstädtische Kommunikationsinstrument
waren die Glocken. Diese riefen die Bürger zusammen, luden ein zur   Glocken
Versammlung des Rates, warnten vor äußeren und inneren Gefahren
(Sturm, Feuer, Feinden, Unruhen), riefen auf zu gemeinschaftlichem
Handeln, regelten die Arbeits-, Verkaufs- und Öffnungszeiten. Stiftun-
gen für Glocken dienten dem Gemeinwohl und damit dem Seelenheil.

Bereits 1114 sind die *campanae communitatis* von Valenciennes bezeugt. Häufig befanden sich die Glocken in den Kirchtürmen, die somit von den Gemeinden mitgenutzt wurden, so etwa an den Kathedralen von Straßburg und Metz oder den Marktkirchen in Quedlinburg und Halberstadt. Aufgrund ihres hohen Symbolwertes wie praktischen Nutzens waren die Glocken geradezu lebenswichtig für die Stadt; umso schlimmer traf es diese, wenn ihr nach Konflikten mit dem Stadtherrn – wie 1283 in Koblenz – die Verfügbarkeit darüber entzogen oder – wie 1255 in Lüttich – die Glocken gar zerstört wurden.

Belfriede   Belfriede, ursprünglich hölzerne Glockengestühle, entwickelten sich – ausgehend von Nordfrankreich – zu Türmen imposanten Ausmaßes, die teilweise selbst die Kirchtürme überragten. Im Reich ist ein solcher erstmals 1226 in Cambrai belegt. Auch der Belfried von Valenciennes, der mit 72 m höchste im Reich, geht noch auf das 13. Jahrhundert zurück. So wie Glocken und Siegel vernichtet wurden, wurden auch Belfriede als Monumente städtischer Selbständigkeit abgerissen, etwa der besagte in Cambrai in eben jenem Jahr, in dem wir ihm in den Quellen begegnen.

Rathäuser   Mit der *domus consulum* in Soest 1120, der *domus, in quam cives conveniunt* in Köln 1135, der *domus pacis* in Cambrai 1165 und dem *laicale pretorium* in Koblenz 1182 liegen besonders frühe Beispiele für Rathäuser bzw. deren Vorgängerbauten vor. Häufig fungierten diese multifunktionalen Gebäude auch als Gerichtslauben, Tanzhäuser und/oder Kaufhäuser; sie konnten städtische Lagerräume, die Stadtwaage oder das Archiv bergen und mit einer eigenen Ratskapelle versehen sein. Im späten Mittelalter entstanden – oft in mehreren Etappen – repräsentative Bauten (etwa in Brüssel, Lübeck, Braunschweig), die im Norden mitunter mit Türmen versehen waren (Brüssel, Köln, Görlitz). Seit dem 14. Jahrhundert waren an diesen auch öffentliche Uhren angebracht, im Reich zunächst 1325 in Valenciennes und auch danach mit einem Schwerpunkt in den Niederen Landen.

Rolande   Als Rechtssymbol für städtische Freiheiten fungierten die sog. Rolande, wie sie erstmals 1342 in Hamburg und 1381 in Calbe an der Saale bezeugt sind und sich dann in Norddeutschland zwischen Bremen und Riga und bis Halle, Quedlinburg und Herford im Süden mit Schwerpunkt in der Mark Brandenburg verbreiteten. Sie sind freilich schwierig abzugrenzen von anderen Ritterfiguren, die oft erst Jahrhunderte später als Roland interpretiert wurden. Im Hochstift Lüttich kamen den sog. Perrons ähnliche Funktionen zu, so bereits 1235 in Huy und 1252 in Lüttich.

Ausdruck eigenständigen Handlungsspielraums in den Bereichen
der Verwaltung, der Finanzen und der Verteidigung sind etwa Archive,
Rechnungswesen und städtische Milizen. In Köln dokumentierten die   Archive
Schreinsbücher schon seit um 1130 auf Pfarreiebene insbesondere die
Immobiliengeschäfte; zu 1208 ist in Metz die *archa communis jurato-*
rum bezeugt; und wenn etwa in Worms die berühmte Kaiserurkunde
von 1074 in den Beständen der Stadt überliefert wurde, so verweist dies
zumindest auf die rudimentären Anfänge eines städtischen Archivwe-
sens. Verzeichnet wurden Immobiliengeschäfte, Gerichtsurteile, Neu-
bürgerlisten, Zollregister u. v. a. Stadtrechnungen begegnen uns im
Reich erstmals um 1280 in Mons, 1283 in Dordrecht, 1288 in Lübeck   Stadtrechnungen
und bis um die Mitte des 14. Jahrhunderts auch in Straßburg, Mecheln,
Antwerpen, Deventer, Aachen, Soest, Wesel, Löwen, Duisburg, Frankfurt am Main, Arnheim, Trier, Köln, Esslingen und Basel. Hier besaß
der französisch bzw. flämisch beeinflusste Westen also einen klaren
Vorsprung. Die ältesten Bürgerbücher stammen aus Hamburg 1278,
Augsburg 1288, Bremen 1289 und Straßburg 1292. Östlich der Elbe
sind sie selten, im Lothringischen und den Mosellanden fehlen sie bis
auf Metz völlig.
    Städtische Milizen/Schützengilden kamen im späten 12. Jahr-
hundert in Flandern auf und lassen sich seit Beginn des 13. Jahrhun-   Milizen/Schützen-
derts in Brabant nachweisen, 1248 auch in Straßburg und um 1300 in   gilden
Lüttich, Huy und anderen Städten des Hochstifts Lüttich, etwa zeitgleich wohl auch im Hennegau. Seit der 1. Hälfte des 14. Jahrhunderts
sind sie in den nördlichen Niederlanden und im Rheinland bezeugt
(z.B. 1322 in Kempen, 1344 in St. Goar), östlich des Rheins erstmals
1378 in Dortmund (mit den ältesten überlieferten Statuten im Reichsgebiet), im Süden, Norden und Osten um 1400. Das Verbreitungsgebiet der Schützengilden lag somit schwerpunktmäßig klar im Nordwesten. Generell oblag die Verteidigung der Stadt häufig den Gilden/
Bruderschaften/ Zünften; andernorts war sie nach Stadtvierteln, Pfarreien oder Familienverbänden (Paraiges in Metz, Lignages in Verdun)
organisiert. Geistliche wurden in der Regel – Ausnahmen bildeten
etwa Wismar, Stralsund, Regensburg, Frankfurt am Main oder Basel
– nicht zur Verteidigung herangezogen, wohl aber die Juden, so in
Köln schon 1106.

2.2 Bruderschaften / Zünfte

In den bereits bei der Herausbildung der Stadtgemeinden hervorgetre-   Bruderschaften und
tenen Bruderschaften (Gilden, Zünfte, Innungen, Ämter, Zechen, Gaf-   städtische Führungs-
                                                                        gruppen

feln, Kompagnien, Sozietäten, *fraternitates, confréries, ambachten* – all diese Begriffe bezeichnen mit teilweise regionalen Unterschieden mehr oder weniger dasselbe) vereinten sich seit dem hohen Mittelalter insbesondere die städtischen Führungsgruppen. Dabei sollte nicht zwischen laikalen und klerikalen, religiös oder berufständisch motivierten Vereinigungen unterschieden werden, vielmehr war allen Bruderschaften eine religiöse Fundierung ebenso zu eigen wie die Wahrnehmung gemeinsamer Interessen. Dabei bevorzugten bestimmte Berufsgruppen gewisse Heilige, etwa die Seefahrer den hl. Nikolaus, die Zimmerleute den hl. Josef oder die Maler den hl. Lukas. Weitere Merkmale der Bruderschaften waren gemeinsame Rituale, Statuten und Für- und Vorsorgemaßnahmen. In ihrer Legitimation, ihrer Sorge um das Gemeinwohl und ihrer Organisationsform lassen sich zwischen Bruderschaften und Gemeinden deutliche Parallelen aufzeigen.

Religiöse Fundierung und Interessengruppen

Seit dem 13. Jahrhundert nahmen diese Interessenverbände überall im Reich erheblich zu. So besaß etwa das kleine hennegauische Maubeuge um 1300 dreißig Zünfte, Mainz 1332/33 deren 58, Breslau 1470 vierzig. Sie waren durchweg religiös geprägt, häufig schlossen sich in ihnen die Angehörigen bestimmter Berufsgruppen (so bereits 1149 die Kölner Bettziechenweber) zusammen, stets nahmen sie karitative Aufgaben nach innen und zum Teil nach außen wahr. Ihre Zunfthäuser dienten mitunter als ursprüngliche Rathäuser, so etwa in Magdeburg das Haus der Kürschnerinnung oder in Dinant das Versammlungshaus der vor Ort tonangebenden Kupferschmiede. Im späten Mittelalter schlossen sich mitunter die Berufsverbände einer ganzen Region zusammen wie beispielsweise 1341 (auf Initiative des Herzogs von Lothringen) die Krämer von Nancy, Rosières-aux-Salines und St. Nicolas-de-Port oder 1383 die Schmiede aus Mainz, Worms, Speyer, Frankfurt, Gelnhausen, Aschaffenburg, Bingen, Oppenheim und Kreuznach. Allenthalben lässt sich im Zuge der spätmittelalterlichen Exklusionsprozesse beobachten, dass die meisten Bruderschaften zur Abschottung nach außen neigten und ihre Für- und Vorsorgepolitik überwiegend auf die eigenen Mitglieder beschränkten.

Als Bruderschaft sind auch die Münzerhausgenossen anzusehen, die seit dem späten 12. Jahrhundert vor allem in den rheinischen Kathedralstädten, aber auch beispielsweise in Goslar, Erfurt, Krems oder Graz begegnen. Ihnen oblag die Verwaltung der örtlichen Münzstätte, mit den städtischen Führungsgruppen waren sie eng verbunden.

2.3 Innerstädtische Auseinandersetzungen seit der Wende zum späten Mittelalter

Seit der Zeit um 1300 kam es in zahleichen Städten zu gewaltsam aus-
getragenen innerstädtischen Auseinandersetzungen/Partizipations-
kämpfen zwischen den alt eingesessenen, häufig aus der Ministerialität
hervorgegangenen Familien, welche die alleinige Teilhabe am Stadtregiment für sich beanspruchten, und neuen Gruppierungen, die keineswegs immer handwerklich geprägt und auch nicht immer zünftisch-bru-
derschaftlich organisiert waren und somit de facto oder de jure (im
Falle geschlossener Schöffenzirkel wie der Richerzeche in Köln, der
Paraiges in Metz oder der Ehrbaren Familien in Nürnberg) von der Teil-
habe an der Stadtherrschaft ausgeschlossen waren. *(Innerstädtische Aus-einandersetzungen/Partizipations-kämpfe seit um 1300)*

Verlauf, Dauer, soziale Zusammensetzung, Vehemenz und Ergeb-
nis der innerstädtischen Auseinandersetzungen differierten von Stadt
zu Stadt: Mal behaupteten sich die nachstrebenden Gruppierungen,
mal der alte Rat, mal wurde ein Kompromiss gefunden, mal spielte
auch der stadtsässige Adel eine Rolle, und die jeweiligen Landesherren
unterstützten je nach Interessenlage mal die eine, mal die andere Grup-
pierung. Als generelle Linie lässt sich allenfalls festhalten, dass seit
etwa 1330 in immer mehr Städten die Zünfte im Rat vertreten waren
und dabei mitunter zwischen einem Großen und einem Kleinen Rat
unterschieden wurde; die alten Familien waren manchmal ausdrücklich
ausgeschlossen, fanden aber oftmals auf dem Weg über die Zünfte wieder Zugang zum Stadtregiment. Dies kann im Folgenden nur schlag-
lichtartig an Hand besonders markanter Beispiele beleuchtet werden:

In Valenciennes standen ab 1280 die neuen Familien/Zünfte *(commun)* und der Graf von Hennegau dem Magistrat gegenüber, der seine
alten Vorrechte zu wahren suchte und die Stadt sogar zeitweise als vom
Grafen unabhängig und König Philipp IV. von Frankreich unterstellt
erklärte. Seit 1302 wurden die dreizehn Ratsmitglieder alljährlich aufs
Neue vom Grafen ernannt und stets den führenden Familien entnom-
men, der Probst galt seit dem 13. Jahrhundert als adelig. *(Verlauf und Ergeb-nis von Stadt zu Stadt höchst unter-schiedlich)*

In Rostock kam etwa es 1287/88 zu innerstädtischen Auseinandersetzungen, und diese sollten den gesamten weiteren Verlauf des Mittelalters prägen. 1410 etwa setzte ein je zur Hälfte aus Kaufleuten und
Handwerkern bestehender Sechzigerausschuss den Rat ab, jedoch
konnte dieser sich – teils mit Hilfe anderer Hansestädte – stets behaupten.

Ab 1292 kam es in Braunschweig zu Unruhen („Schicht" der Gil-
demeister); das Verhältnis der alten und neuen Familien wurde nicht

dauerhaft gelöst, 1386 erstere aber teilweise entmachtet. In Magdeburg wurden 1295 die Schöffen von der Stadtherrschaft ausgeschlossen, die politische Macht lag fortan beim Rat und den Fünf Großen Innungen, neben die 1315 noch 17 weitere Innungen traten. Nach innerstädtischen Unruhen erlangten diese 1330 Beteiligung am Stadtregiment, eine Regelung, welche 300 Jahre Bestand haben sollte.

1301 richtete sich ein offenbar weitgehend von Handwerkern getragener Aufstand in Trier gegen die Schöffenfamilien, im Jahr darauf wurden die alten Familien zum Teil entmachtet, und neben das Schöffengremium trat ein 14-köpfiger Rat, in den die Zünfte neun Vertreter entsandten; dieser wurde seit 1303 vom Erzbischof ernannt, mit Amtsantritt des neuen Erzbischofs Balduin von Luxemburg jedoch abgeschafft, und der politische Alleinvertretungsanspruch der alten Schöffenfamilien wurde wieder hergestellt.

Etwa zeitgleich rissen – vor dem Hintergrund ähnlicher Vorgänge in Flandern ab 1302 – in Brüssel die Zünfte die Stadtherrschaft an sich, 1306 wurden die alten Familien vertrieben, jedoch wandten diese sich an den Herzog, der den Aufstand blutig niederschlug. Nirgends in Brabant konnte sich in der Folgezeit ein sog. Zunftregime etablieren. Dagegen dominierten die Zünfte in Utrecht ab 1304 die Geschicke der Stadt. In Holland wiederum sind Zünfte – wie so vieles – sehr spät belegt, erst 1351 in Dordrecht, der größten Stadt der Grafschaft. In den meisten holländischen Städten waren sie seit der 2. Hälfte des 14. Jahrhunderts an der Stadtherrschaft beteiligt.

1304 wurden in Bremen die alten Familien entmachtet, jedoch war auch der neue Rat vorwiegend von Grundbesitzern und Rentnern dominiert; die Zunftmeister wie die Kaufleute hatten kaum Einfluss. Im späteren Mittelalter kam es zu wiederholten Änderungen der Stadtverfassung, zum Teil im Gefolge von Aufständen, die zu teils komplizierten Wahlverfahren führten.

In Nürnberg bestand neben dem Kleinen Rat seit um 1300 ein Größerer Rat; beide aber rekrutierten sich ausschließlich aus den „Ehrbaren Familien" der Großkaufleute, einer streng abgeschlossenen Schicht von 20, später 27 Familien, die alle Entscheidungen in Händen hielten. Wir haben es hier also mit einem „patrizischen" Regime in Reinkultur zu tun, welches sich im späten Mittelalter und in der Frühen Neuzeit noch mehr abschottete. Auch in Lübeck oder Frankfurt am Main änderten einige Unruhen im Verlaufe des 14. Jahrhunderts nichts an der Dominanz einiger weniger alter Familien, ebenso etwa in Rothenburg ob der Tauber. In Hamburg führten Aufstände 1287, 1306, 1375 usw. ebenfalls nicht zu einer neuen Verfassung. Der Rat ergänzte sich hier durch Kooptation, aber der Kreis der ratsfähigen Familien war prinzipiell und de facto offen. Seit sich in Metz im 13. Jahrhundert der sog. Commun als sechster neben den fünf alten Paraiges etabliert hatte, kam es dort zu keinen Änderungen an der Stadtverfassung mehr, von innerstädtischen Auseinandersetzungen blieb die Stadt weitestgehend verschont. Auch in Stade oder Göttingen etwa blieben die Zünfte abgesehen von den Bruderschaften der Fernhändler ohne Einfluss auf das Stadtregiment.

In Köln behaupteten sich die führenden Familien trotz häufiger Unruhen fast das gesamte 14. Jahrhundert hindurch. Formal wurde ihre Herrschaft 1396 beendet. Fortan wählten 22 Gaffeln (ursprünglich Kaufmannskorporationen, zu denen nunmehr aber auch Handwerkerverbände zählten) in einem komplizierten Verfahren den Rat, innerhalb derer freilich auch die Patrizier wieder an Einfluss gewannen. Vergleichbar waren seit dem Großen Schwörbrief von 1397 die Verhältnisse etwa in Ulm.

In Zürich waren bis 1292 Ritter und Patrizier im Rat vertreten, jedoch wurden erstere 1292 ausgeschlossen und hatten fortan ebenso wie die Handwerker keinen Anteil an der Stadtherrschaft. Beide Gruppen verbündeten sich 1336 und setzten den alten Rat ab; künftig bildeten je dreizehn Zunftmeister und Constaffler (Vertreter des Adels, bürgerlicher Rentiers, Kaufleute, Wechsler u. a.) den Rat; 1393 erlangten die Zünfte verstärkten Einfluss.

In Esslingen ergänzte sich der Rat durch Kooptation; Konflikte mit den Zünften sind von dort nicht bekannt, vielmehr einigten sich die alten und neuen Familien 1316 friedlich, erstere stellten fortan 18 Räte, letztere 13 Zunftmeister. In Dortmund dagegen wurden im Verlauf des späteren Mittelalters die alten Patrizierfamilien zunächst von Handwerkern, dann auch von jüngeren Kaufmannsfamilien zunehmend bei Seite geschoben. Letztlich nahm die Entwicklung in nahezu jeder Stadt einen ganz spezifischen Verlauf, eine zunehmende Beteiligung der neuen (handwerklich oder kaufmännisch geprägten) Familien lässt sich lediglich als allgemeiner Trend konstatieren.

2.4 Die Juden in der mittelalterlichen Stadt

Juden lebten in Köln wohl spätestens seit der Zeit um 800, in Metz sind sie für das 9. Jahrhundert gesichert, in Mainz, Worms, Regensburg, Magdeburg und Merseburg für das 10. Jahrhundert, in Trier (wo sie höchstwahrscheinlich schon deutlich früher lebten) und Verdun für das 11. Jahrhundert, 1084 wurden sie in Speyer angesiedelt. In Magdeburg und Merseburg blieben sie aber offenbar nicht dauerhaft und sind erst

Frühe Juden-gemeinden

im 13. Jahrhundert wieder in den Quellen nachzuweisen; auch die Metzer und die Verduner Judengemeinden hatten wohl keinen Bestand.
Mainz und Worms fungierten im 10. und 11. Jahrhundert als weithin
ausstrahlende Kulturzentren des askenasischen Judentums. 1096 kam
es im Gefolge des Aufbruchs zum Ersten Kreuzzug erstmals zu Juden-

Die Pogrome von 1096   pogromen, die vor allem in Köln, Mainz und Worms zahlreiche Tote
forderten. Wenig später blühte dort (sowie nun auch in Würzburg) das
jüdische Leben jedoch erneut auf. Während des 12. und 13. Jahrhunderts ließen sich Juden in zahlreichen auch kleineren Städten vor allem
im Westen und Süden des Reiches nieder (so in Neuss, Andernach,
Bingen, Boppard und Bonn), während sie im Norden von den Niederlanden bis nach Pommern eher selten blieben. Durch die Vertreibungen
aus England 1290 und Frankreich 1306 vergrößerte sich die Zahl der
jüdischen Siedlungen noch einmal.

Die jüdischen Gemeinden, die sich seit dem späten 11. Jahrhun-

Jüdische Infrastruktur   dert zeitgleich mit den christlichen Stadtgemeinden und in enger Verbindung zu diesen entwickelten, verfügten über weitgehende Selbstor-
ganisation mit einem Führungsgremium. Die Wormser und die Speyerer Juden empfingen 1090 königliche Schutzprivilegien. Zusammen
mit ihren Mainzer Glaubensbrüdern bildeten sie spätestens seit dem
frühen 13. Jahrhundert eine personell und wirtschaftlich eng miteinander verflochtene Interessengemeinschaft (kehilot SchUM). Häufig kon-
zentrierten sich ihre Häuser in Marktnähe und um die spezifisch jüdischen Einrichtungen wie Synagoge, Frauensynagoge, Mikwe und gegebenenfalls eigene Hospitäler oder Festhäuser. In einigen Städten, so
in Augsburg bereits ab 1288 und in Köln etwa ab 1321, konnten die
Juden das Bürgerrecht erwerben. Lange Phasen des engen Zusammen-
lebens mit den christlichen Nachbarn wechselten ab mit immer wieder
verheerenden Verfolgungen und Vertreibungen, die anlässlich der Pest-

Die Pogrome von 1348–1350   pogrome 1348–1350 in einem weitestgehenden Zusammenbruch jüdischen Lebens im Reich gipfelten. Die überlebenden Juden zogen nach
Polen oder lebten vereinzelt in den Dörfern und Städten, wo sie wieder
zugelassen, danach aber erneut vertrieben wurden. Während des späten

Niedergang jüdi-schen Lebens in den Städten im späten Mittelalter   Mittelalters wurden Juden in den meisten Städten nur noch geduldet
und waren starken Einschränkungen ausgesetzt. Eine weitere Zäsur bil-
deten die Ausweisungen aus Regensburg und Rothenburg 1519/20. Nur
in Friedberg, Worms, Frankfurt am Main und Prag bestanden die jüdischen Gemeinden kontinuierlich bis in die Neuzeit hinein fort, jedoch
wies man sie 1462 in Frankfurt (erstmalig in Europa) in ein Ghetto ein.
Das mit Abstand wichtigste Zentrum jüdischen Lebens im Reich war
seit der 2. Hälfte des 14. Jahrhunderts Prag.

2.5 Die Infrastruktur der spätmittelalterlichen Stadt

Neben den Herrschaftssitzen und den religiösen Zentren spielte der Markt eine wesentlichen Rolle, zumal sich um ihn oftmals auch eine Kirche, das Rathaus, eine Kaufhalle oder ein Tanzhaus gruppierten, deren Funktionen, wie gesagt, oft in einem Gebäude oder Gebäudekomplex zusammengefasst wurden.

Wirtschaftliche Schwerpunkte ergaben sich durch die Flusslage mit Häfen und Landungsbrücken. Auch die Stadtbäche spielten für die öffentliche und private Grundversorgung eine große Rolle. Sie lieferten die Energie für die Mühlen, speisten die Brunnen und dienten der Abfallbeseitigung. Brückenbauten reichten im Westen zum Teil bis in die Antike zurück, wobei freilich die meisten steinernen Römerbrücken im Verlauf des frühen Mittelalters verfallen waren oder durch Holzbrü- Brücken cken ersetzt wurden. Die erste große Steinbrücke östlich des Rheins wurde 1133 in Würzburg errichtet, wenige Jahre später die doppelt so lange Regensburger Donaubrücke. Ab etwa 1200 entstanden am Hochrhein in dichter Folge zahlreiche Brücken, nördlich von Breisach gab es jedoch bis ins 19. Jahrhundert hinein keine. Auch Brücken zeichneten sich durch eine Vielzahl von Funktionen aus: Über sie lief der Verkehr, ihre Kapellen wurden als heilige Orte aufgesucht, ihre starken Brückenköpfe waren Bestandteil des Verteidigungssystems, sie mehrten die Einkünfte aufgrund der dort erhobenen Zölle, waren häufig mit Hospitälern verbunden, konnten Verkaufsstände oder -läden beherbergen und waren nicht zuletzt auch Orte der Almosenverteilung wie auch Richtstätten. Ihr Bau und ihr Unterhalt wurden als dem Gemeinwohl dienend angesehen.

Ähnliche Mehrzweckbauten waren die Hospitäler *(hospitium,* Hospitäler *hospitalis, xenodochium, domus dei, gasthuis).* In ihnen wurden kranke Mitglieder betreut und fanden Pilger, Reisende, Alte und Arme Aufnahme. Ursprünglich waren sie an den geistlichen Institutionen angesiedelt, z. B. den Bischofssitzen in Bremen (spätestens 865), Köln (spätestens 866) oder Eichstätt (spätestens 912). Seit dem 13. Jahrhundert (erstmals wohl um 1100 in Metz) traten daneben in großer Zahl auch bürgerliche Gründungen bzw. Stiftungen einzelner Angehöriger der Führungsgruppen (so schon vor 1144 ein Kaufmannsehepaar in Verdun oder 1339 der Geschäftsmann Konrad Groß, der das Nürnberger Hl.-Geist-Hospital für 200 Insassen stiftete). Auch Bruderschaften unterhielten Hospitäler, so 1232 das St. Katharina-Hospital in Esslingen, und im späten Mittelalter übte eine Vielzahl von bestehenden Einrichtungen vielfältige Funktionen für die jeweiligen Stadtgemeinden aus, bzw.

gründeten die Stadtgemeinden selbst Hospitäler (schon vor 1213 die Stadt Göttingen). Die Krankenpflege bildete dabei nur einen – oft eher nebensächlichen – Aspekt. Darüber hinaus fungierten die Spitäler als Almosenstätte, Ort der Memoria, Altenheim und Kreditanstalt. Häufig befanden sie sich am Rande der Stadt bzw. an den Ausfallstraßen.

Generell waren auch Kirchen multifunktionale Gebäude. Neben Kirchen der Seelsorge dienten sie etwa als Orte des Asyls, Stätten der Öffentlichkeit (insbesondere Portal oder Kanzel), Depot für Wertpapiere, Testamente, Urkunden und Versammlungsräume. In mindestens ebensolchem Maße vereinigten die oft damit verbundenen Kirchhöfe Kirchhöfe eine Vielzahl von Funktionen auf ihrem (meist ummauerten) Areal. Sie waren Orte der Fürsorge, Vorsorge und Seelsorge, aber auch des Spiels, des Bettels und der Prostitution. Hier wurden Verträge geschlossen, Vorräte gelagert, Gerichtsentscheide verkündet, Waren gehandelt, befanden sich städtische Maße. Friedhöfe fungierten als Versammlungsort der Stadtgemeinde oder Tagungsstätte des Rates, als Orte des Asyls und als Stellenbörse. Sie boten materiellen Schutz durch Mauern, sakaralen durch Kapellen.

Städtische Frauenhäuser, also öffentlich betriebene Bordelle, Frauenhäuser sind 1318 in Luzern erstmals belegt, ferner 1355 in Regensburg, 1365 in Heilbronn, 1369 in Augsburg; ebenfalls noch auf das 14. Jahrhundert gehen sie in Schlettstadt, Nürnberg, Memmingen, Wien, Friedberg, München, im fränkischen Windsheim, Eichstätt und im sächsischen Delitzsch zurück. Man hat in diesen um 1400 in großer Zahl auftretenden Institutionen in erster Linie eine ordungspolitische Maßnahme zu sehen, wogegen die ökonomischen Vorteile, die die Städte daraus zogen, eher gering waren. Die Frauenhäuser fehlen im Norden und Westen des Reiches weitgehend, in den Niederlanden ganz, ebenso im Alpenraum und in Schlesien. Ihr Schwerpunkt lag im Sächsisch-Thüringischen, aber auch in ganz Süddeutschland, eine Erklärung hierfür hat man z. Z. nicht. Sie befanden sich fast immer in Randlage der Städte; das wohl größte bestand in Nürnberg mit ca. zwanzig Prostituierten.

Weitere öffentliche Gebäude konnten etwa Gefängnisse, Stadttürme oder städtische Brauhäuser mit ihrem Monopol zur Bierherstellung sein. Generell ist festzuhalten, dass seit der Mitte des 13. Jahrhunderts die Gotik die Städte zu prägen begann. Dazu trugen neben gotischen An- oder Neubauten der Kirchen (wofür etwa die Kathedralen von Metz, Köln und Straßburg als ebenso frühe wie bedeutende Beispiele genannt seien) insbesondere die Bettelordenskirchen, aber auch die öffentlichen Bauvorhaben sowie Bürger- und Zunfthäuser bei.

3. Städte im Spannungsfeld von Königtum und Partikulargewalten

3.1 Städte und Königtum, die fehlende Hauptstadt

Die wichtigsten Aufenthaltsorte des ambulanten Königtums waren die Bischofsstädte und die Königspfalzen. Unter Otto I. traten die zentral gelegene Königspfalz Frankfurt und der von ihm an der östlichen Peripherie seines Reiches gegründete Erzbischofssitz Magdeburg klar hervor, unter Otto III. etwa der Pfalzort Aachen, unter Heinrich II. Merseburg und Bamberg; unter den Ottonen insgesamt auch Köln und Mainz. Der von Konrad II. mit Abstand am häufigsten aufgesuchte Ort war Nimwegen; unter den Kathedralstädten stand – wie auch unter seinem Sohn Heinrich III. – Regensburg an erster Stelle. Generell zeichneten sich unter allen Saliern die in deren Stammlanden gelegenen Bischofsstädte Mainz, Worms und Speyer durch herausragende Königsnähe aus. Letzteres birgt die Gräber aller aus der Dynastie hervorgegangenen Könige und wurde zu 1125 durch den englischen Mönch Ordericus Vitalis sogar als *metropolis Germaniae* bezeichnet. Duisburg war zur Salierzeit die aktivste Münzstatte im gesamten Reich und erhielt im weiteren Verlauf des 12. Jahrhunderts mehrfach Königsurkunden – darin vergleichbar allenfalls Worms und Speyer. Die (ohnehin nicht sehr zahlreichen) Pfalzen in den Bischofsstädten wurden während der Salierzeit größtenteils aufgegeben. Nachdem 1138 die Königspfalz bei St. Maximin vor Trier an den dortigen Erzbischof abgetreten wurde, verblieb dem Königtum nur noch die Utrechter Pfalz, die erst im 13. Jahrhundert abgetragen wurde. Unter dem Sachsen Lothar III. verlagerte sich das Gewicht nach Norden – Goslar, Gandersheim, Quedlinburg und andere Pfalzorte gewannen neben den Städten der Rheinachse an Bedeutung –, unter den Staufern wieder nach Süden. Würzburg und Regensburg, aber auch weiterhin Mainz, Worms und Speyer sowie Pfalzen wie Hagenau, Frankfurt oder erstmals Nürnberg wurden besonders häufig von den Königen aufgesucht.

Die Bedeutung der Bischofsstädte und Königspfalzen

Lagen somit bis zur Stauferzeit – von Ausnahmen abgesehen – die wichtigsten Bezugsorte für das Königtum im Süden und Westen, so verlagerten sich diese – entsprechend den dynastischen Gegebenheiten – im späten Mittelalter nach Osten; nördlich von Aachen und Köln traten sie dagegen kaum noch in Erscheinung. Für Ludwig den Bayern besaß München eine herausragende Stellung als Residenzstadt. Karl IV. hielt sich – abgesehen von Prag – am häufigsten im von Böhmen aus günstig gelegenen Nürnberg auf, wo Fernstraßen von europäischer

„Ostverlagerung" im späten Mittelalter

Bedeutung zusammenliefen und bei dessen Bürgertum er verschuldet war. Für den Habsburger Friedrich III. schließlich bildete Wiener Neustadt die wichtigste Residenz, die er förderte und ausbaute. Eine umfangreiche Korrespondenz pflegte er mit der Stadt Köln, zu der offenbar enge, wenn auch keineswegs konfliktfreie Beziehungen bestanden.

Erwähnt sei schließlich noch, dass einige Städte aufgrund ihrer Funktionen besondere Bedeutung für das Königtum besaßen: Seit 936 war Aachen Krönungsort, seit 1147 Frankfurt fast immer Ort der Königswahl; Nürnberg seit 1356 Schauplatz des ersten Reichstages des gewählten Königs und seit 1434 Aufbewahrungsort der Reichsinsignien.

Aachen, Frankfurt, Nürnberg und ihre besonderen Beziehungen zum Königtum

3.2 Reichsstädte und Territorialisierung

Die unmittelbar an das Königtum gebundenen, keinem Landesherrn unterstehenden Städte stellten von ihrer Genese, ihrer Bedeutung und ihren jeweiligen Interessen im regionalen Umfeld her keine einheitliche Gruppe dar. Zudem ist stets zu beachten, dass sie keinen gewissermaßen herrschaftsfreien Raum bildeten, sondern durchweg dem Kräftespiel regionaler Territorialherren ausgesetzt blieben.

Städte auf Reichsgut

Städte wie Aachen, Duisburg, Nimwegen, Frankfurt, Ulm, Goslar oder Kaiserslautern entstanden auf Grundlage eines Königshofes oder einer Pfalz, waren also von Anfang an Reichsbesitz. Dasselbe gilt auf Grund anderer Reichsrechte etwa für Düren, Dortmund, Nordhausen, Weißenburg in Franken, Friedberg, Nürnberg oder Nördlingen. In anderen Fällen übernahm das Reich ursprünglich kirchliche Rechte wie in Wetzlar, Kempten, Weißenburg im Elsass, Gengenbach, St. Gallen, Luzern oder Zürich.

Reichsgut zur Stauferzeit

Die Staufer vollzogen während ihrer Herrschaft keine klare Trennung zwischen Reichsgut und Hausgut, so dass zahlreiche Orte, welche die Dynastie an sich gezogen hatte, nach deren Untergang zu Reichsstädten wurden – etwa Colmar, Mülhausen, Schlettstadt, Hagenau, Nördlingen, Breisach oder an die Staufer gelangter ursprünglicher Zähringerbesitz wie Bern. Vor allem seit König Rudolf von Habsburg zeitweise entfremdeten Reichsbesitz wieder an das Reich ziehen konnte, festigte sich gegen Ende des 13. Jahrhunderts die Position des Reiches insbesondere im Südwesten, parallel dazu setzte aber auch bereits der Rückzug aus dem Nordwesten ein. 1241 wurde Düren an den Grafen von Jülich verpfändet und nie wieder ausgelöst, 1247 Nimwegen an den Grafen von Geldern.

Zur Zeit Rudolfs von Habsburg gab es gut 100 Reichsstädte (darunter auch sehr kleine wie Bopfingen oder Buchau im Schwäbischen), von denen rund ein Drittel in der Folgezeit mediatisiert wurde; die Wormser Reichsmatrikel von 1521 kennt noch 85 Reichsstädte, aber einige darunter genossen nur noch formal diesen Status.

Höhepunkt unter Rudolf von Habsburg

Nach 1280 war der Höhepunkt des Zugriffs des Reiches auf die Städte überschritten. 1290 ging Duisburg an Kleve, 1298 Kaiserswerth an Kurköln, 1309 Boppard und Oberwesel an Kurtrier, 1331 Breisach, Neuenburg und Rheinfelden an Österreich verloren. Daneben kam es zu schleichenden Mediatisierungen wie auch zu zahlreichen kurzzeitigen Verpfändungen, die jedoch wieder ausgelöst werden konnten. Lübeck, Frankfurt, Aachen und Nürnberg als wichtigste Besitzungen des Reiches wurden hingegen nie verpfändet.

Neben diesen aus Reichsbesitz oder -rechten erwachsenen Reichsstädten gelang es einigen Kathedralstädten, im Verlauf der 2. Hälfte des 13. und der 1. Hälfte des 14. Jahrhunderts die bischöfliche Stadtherrschaft abzuschütteln – diese werden mitunter als Freie Städte von den übrigen Reichsstädten unterschieden, da sie teilweise selbst die Huldigung an den König ablehnten.

Aus Bischofsstädten werden Reichsstädte

Frühe und von der Genese her anders gelagerte Fälle stellen Lübeck und Regensburg dar. Lübeck, dessen Bischof nicht über stadtherrliche Rechte verfügte, wurde nach dem Sturz Heinrichs des Löwen von verschiedenen weltlichen Herren dominiert (zuletzt vom dänischen König) und war ab 1226 Reichsstadt. In Regensburg stand die Bischofsherrschaft von Anfang an im Schatten der Herzöge bzw. Könige; durch Privilegien der Könige Philipp 1207 sowie Friedrich II. 1230 und 1245 wurde die Stadt unmittelbar dem Reich unterstellt. Auch Metz bildet einen Sonderfall: Hier wurde der Bischof Mitte des 13. Jahrhunderts vertrieben, auch die gesamte bischöfliche Verwaltung verließ die Stadt, welche fortan de facto eine Freie Republik nach italienischem Vorbild darstellte, ein eigenes Territorium ausbildete und kaum Beziehungen zum Reich aufwies.

Die Freie Republik Metz

In Köln, Mainz, Worms, Speyer, Straßburg und Augsburg brach die Bischofsherrschaft in einem meist längeren und zum Teil mit kriegerischen Ereignissen verbundenen (1262 Hausbergen, 1288 Worringen) Kampf zusammen, wenig später auch in Bremen und Basel, und de facto waren in Paderborn und Konstanz die stadtherrlichen Rechte der Bischöfe ebenfalls erheblich beschnitten. Toul und Verdun dagegen waren zwar ab 1357 bzw. 1378 formal, nicht aber de facto Reichsstädte und gerieten im späten Mittelalter immer stärker in den Zugriff des französischen Königs. Mainz verlor 1462 nach einem Konflikt mit

dem Erzbischof seinen Status als freie Reichsstadt, und auch in Magdeburg, das zwischenzeitlich einige ursprünglich erzbischöfliche
Rechte an sich gezogen hatte, festigte sich gegen Ende des Mittelalters die erzbischöfliche Herrschaft erneut. Nicht immer freilich zogen
Die Stärke der weltlichen Landesherren die Städte den Reichsstadtstatus der Herrschaft eines Landesherrn
vor; Regensburg z. B. versuchte dem Niedergang zu entgehen, indem
sich die Stadt 1486 freiwillig den Wittelsbachern unterstellte, jedoch
konnte das Reich wenige Jahre später seine Rechte wieder geltend
machen.

Sonderfälle bilden Erfurt und Soest, die man aufgrund ihrer urbanen Entwicklung sowie ihrer Bedeutung als kurkölnischer bzw. kur-
mainzischer Hauptort in Westfalen und Thüringen zu Recht als „qua-
si-Bischofsstadt" (G. Bönnen, W. Ehbrecht) bezeichnet hat und die
ebenfalls die erzbischöfliche Herrschaft abschütteln konnten: Erfurt
Die Sonderfälle Erfurt und Soest galt seit der Mitte des 14. Jahrhunderts als Reichsstadt, Soest unterstellte sich 1444 dem Herzog von Kleve-Mark, agierte de facto aber
wie eine reichsfreie Stadt.

Den ursprünglichen Stadtherrn zu verdrängen, gelang ansonsten
ausschließlich den Bischofsstädten. Wo die Stadtgemeinde etwa die
Rechte abteilicher Landesherren beschneiden konnte, war dies nur von
einem Teilerfolg gekrönt, da umliegende Territorialherren über Vog-
tei-rechte in den Städten Fuß fassten, so etwa der Graf von Luxemburg
in Echternach, der Graf von Bar in St. Mihiel, die Habsburger in
Schaffhausen. Auch weltliche Landesherren büßten ihre Stellung als
Stadtherren nicht ein. Zwar hatte beispielsweise die Stadt Göttingen
wiederholt die Hochgerichtsbarkeit als Pfand inne, und sie wurde auch
mehrfach zu Reichstagen geladen, konnte sich auf Dauer aber nicht der
Herrschaft der Herzöge von Braunschweig entziehen.

Zahlreichen Reichsstädten gelang es, durch Erwerb von Kirchen-
Reichsstädte und ihr Territorium patronaten, Grundherrschaften oder Gerichtsrechten ein Territorium
aufzubauen, welches häufig der engeren wirtschaftlichen Einfluss-
sphäre ihrer Führungsgruppen entsprach. Zum Teil ging dies mit militärischen Auseinandersetzungen mit umliegenden Territorialherren
einher. Bern schuf sich im Verlauf des 15. Jahrhunderts mit dem sog.
Untertanenland ein riesiges städtisches Territorium, wie man es ansonsten allenfalls in Italien fand und welches vom Neuenburger See bis
an die Aare, vom Hochrhein bis an den Gotthard reichte und rund
8000 km^2 umfasste. Zürich, Nürnberg, Ulm, Metz und Bremen, aber
auch mittelgroße und kleinere Städte wie Mühlhausen i. Th., Freiburg
im Üchtland, Rothenburg, Schwäbisch Hall oder Überlingen bauten
ebenfalls beachtliche Territorien auf. Obwohl keine Reichsstadt, gehört

auch Groningen in diese Reihe; hier gelang es, unter Ausschaltung des Präfekten des Utrechter Bischofs die sog. Ommelanden eng an die Stadt zu binden. In anderen Fällen, wie in Braunschweig, scheiterte der Aufbau eines Territoriums. Mitunter war das der Stadt zugeordnete Gebiet von sog. Landhegen umgeben, die aus Wällen, Gräben und Hecken mit einigen Türmen bestanden und für welche die 120 km lange von Schwäbisch Hall und die 62 km lange von Rothenburg die berühmtesten Beispiele darstellen.

3.3 Städte als landesherrliche Residenzorte

In vielen Territorien bündelten sich zentrale Funktionen in einer Stadt, aber erst im späten Mittelalter und keineswegs flächendeckend bildeten sich Residenz- und Hauptstädte heraus, die als bevorzugter Aufenthaltsort der Dynastien fungierten, in denen die Landstände zusammenkamen, wo sich zentrale Einrichtungen wie Rechnungshof und oberste Gerichtsinstanz befanden und die zudem im Idealfall auch ein geistiges, kulturelles, wirtschaftliches und demographisches Zentrum waren.

Dies traf etwa auf das brabantische Brüssel (an dessen Stelle zur Zeit der Burgundischen Niederlande Mecheln trat), das geldrische Nimwegen, das lothringische Nancy, das bayerische München und das kurpfälzische Heidelberg zu. Letzteres bauten die Pfalzgrafen seit der Mitte des 14. Jahrhunderts zielstrebig aus (Archiv, Kanzlei, Universität, Heiliggeiststift, Mauererweiterung, Hofgericht). Die Anwesenheit des Hofes und der zentralen Verwaltung verhalfen den meisten dieser Städte im späten Mittelalter zu einem kräftigen Aufschwung. In anderen Fällen geschah dies freilich auf Kosten der städtischen Autonomie. So verlor beispielsweise Berlin 1448 endgültig seine Privilegien, und in das Siegel wurde nun zusätzlich zum Berliner Bären der Hohenzollernadler aufgenommen, als das 1443 erbaute Schloss Hauptsitz der brandenburgischen Kurfürsten, Sitz der obersten Behörden und Tagungsort der brandenburgischen Landtage wurde – damit waren die Grundlagen zum Aufstieg zur späteren preußischen und deutschen Hauptstadt gelegt. Generell gilt, dass an vielen Residenzorten die gemeindlichen Strukturen schwach entwickelt waren, da zum einen der Handlungsspielraum durch die Anwesenheit des Stadtherrn beschränkt war, andererseits gerade dadurch auch keine Notwendigkeit bestand, eigene Organe aufzubauen.

Anwesenheit des Hofes führt zu kräftigem Aufschwung

3.4 Die Städte und die Landstände

Die Städte wurden erstmals unter König Wilhelm von Holland und regelmäßig seit Rudolf von Habsburg zu den Hoftagen gerufen, aber dieses Gremium verfestigte sich erst allmählich und hatte sich erst beim
Übergang zur Neuzeit (weit später somit als in England und Frankreich) endgültig etabliert. Ähnliches gilt für die meisten Territorien,
auch hier hatten die Städte über die Ständeversammlungen seit dem 14.
und verstärkt im 15. Jahrhundert Anteil an der Landesherrschaft, dies
freilich in sehr unterschiedlichem Maße. Wenig Mitspracherechte kamen den Ständen etwa in der Kurpfalz, der Landgrafschaft Hessen, in
Kurköln, im Hochstift Paderborn oder im Herzogtum Lothringen zu.
Auch der Einfluss der Stände innerhalb der Landstände variierte. So
war die Grafschaft Tirol adelig dominiert, in der Grafschaft Holland
oder den Herzogtümern Luxemburg und Geldern bestanden die Stände
aus Adel und Städten ohne Beteiligung des Klerus, hinzu kamen in
Holland die *waterschappen* der freien Bauern. Die Zusammensetzung
konnte selbst innerhalb eines Territoriums unterschiedlich sein. Im
Oberstift Utrecht etwa waren Ritterschaft und Städte vertreten, und de
facto nahmen Deventer, Zwolle und Kampen eine beherrschende Position ein. Dagegen hatten im Niederstift die *klesiën*, also die Stiftspröps-
te, und die Stadt Utrecht Anteil an der Landesherrschaft, und erst im
15. Jahrhundert kamen die Ritter und die kleineren Städte hinzu. In
Altbayern saßen neben den Städten auch die gefreiten Märkte im Land-
tag.

Die zeitliche Formierung der Landstände variierte ebenfalls in
den einzelnen Territorien. So traten diese im Herzogtum Pommern
schon 1283 erstmals zusammen, im Herzogtum Oberbayern 1313 und
im Herzogtum Österreich 1396. Hier wie auch in Kursachsen ab 1438,
wo die Städte nur einen Faktor neben Prälaten und Adel „des Landes
Gemeine" bildeten, konnten die Stände ein kollektives Mitspracherecht
etwa bei der Finanzverwaltung des Herzogtums durchsetzen.

Mit Abstand am weitesten vorangeschritten war zu einem bemer-
kenswert frühen Zeitpunkt die Entwicklung zum Ständestaat im Her-
zogtum Brabant (nach flandrischem Vorbild). In einer dynastischen
Krise schlossen sich hier 1261/62 die Städte erstmals zu einem Bund
zusammen und bestimmten entscheidend die Geschicke des Landes.
Als eines der Ziele wurde formuliert, man wolle die *terra nostra* vor
Unrecht bewahren; offenbar identifizierten sich also die Städte um die
Mitte des 13. Jahrhunderts bereits mit dem herzoglichen Territorium.
Einen verfassungsgeschichtlichen Meilenstein bildete dann die Charta

Marginalia:

Beteiligung der Städte an der Landesherrschaft

Der Sonderfall Brabant: Städte regieren das Herzogtum

von Kortenberg 1312. Vier Vertreter der Ritterschaft und zehn der Abgesandten der *goede steden* sollten jährlich zusammenfinden. Dieses Gremium beanspruchte Weisungsbefugnis gegenüber dem Herzog und seinen Räten und Amtsträgern. Während der Unmündigkeit Herzog Johanns III. 1314–1320 regierten die Städte das Land; ihre Beteiligung an der Landesherrschaft war fortan institutionalisiert, auch wenn der Rat von Kortenberg keineswegs so regelmäßig tagte wie vorgesehen. De facto regierte eine mehrheitlich stadtsässige, adlig-patrizische Oberschicht das Land, die über gemeinsame Interessen (vgl. Niederwerfung der sog. Zunftbewegung) mit dem Herzogshaus verbunden war. Zu Recht hat man die Charta von Kortenberg von 1312 als Meilenstein auf dem Weg zum Ständestaat bezeichnet, sicherte sie doch den Städten die regelmäßige und dominierende Teilhabe an der Landesherrschaft. 1355 („Blijde Inkomst"/„Joyeuse Entrée") wurden die Rechte des Herzogshauses noch weiter beschnitten, die Erbmonarchie durch ein Wahlfürstentum ersetzt, wobei die Städte die führende Rolle spielten, der Adel kaum, der Klerus gar nicht vertreten war. Im benachbarten Holland traten die Städte ebenfalls in einer dynastischen Krise um 1300 als politischer Machtfaktor hervor, und in Geldern konnten die Stände (Ritter und Städte) zeitweise ähnliche Kompetenzen an sich ziehen wie in Brabant, so vor allem während der Erbstreitigkeiten innerhalb der regierenden Dynastie, etwa 1316–1318 oder 1343–1361. Wie in allen niederländischen Territorien beschnitten im 15. Jahrhundert die Burgunderherzöge jedoch den Einfluss der Stände und damit der Städte erheblich, bzw. ordneten sie diese ihren eigenen Interessen unter.

4. Zwischenstädtische Kommunikation

4.1 Städtebünde und zwischenstädtische Kommunikation

Mit dem Ziel eines gemeinsamen Vorgehens gegen äußere Gegner, gemeinsamer Schuldnerbelangung und Embargomaßnahmen, städteübergreifender Strafverfolgung und basierend auf einem engen Kommunikationssystem und sozialen Verbindungen gingen Städte untereinander Bündnisse ein – durchaus aber auch unter Wahrung jeweils spezifischer Interessen. Am Anfang standen dabei bilaterale Bündnisse wie das zwischen Köln und Trier 1149 oder der Zollvertrag zwischen Worms und Speyer 1208.

    Das früheste Beispiel für ein umfassenderes Bündnis im nordalpinen Reich stellt der nur schemenhaft anlässlich seines Verbotes durch König Heinrich (VII.) 1226 in den Quellen aufscheinende Bund der

Anfänge im Rhein-Main-Gebiet

Städte Mainz, Bingen, Worms, Speyer, Frankfurt, Gelnhausen und Friedberg dar. Trotz des Verbotes schlossen die drei wetterauischen Städte (zumeist unter Einschluss Wetzlars) sowie die drei rheinfränkischen Kathedralstädte (teils zusammen mit Bingen und/oder Oppenheim) in der Folgezeit dauerhafte bzw. immer wieder erneuerte Bündnisse. Ihr gemeinsames Auftreten machte sie während der 2. Hälfte des 13. sowie im 14. Jahrhundert zu einer politischen Konstante in der Großregion.

In anderen Fällen entstanden Bündnisse auf territorialer Ebene, so *Bündnisse auf territorialer Ebene* 1229 im Hochstift Lüttich, als sich dort Lüttich, Huy, Dinant, St. Trauten, Maastricht, Tongern und Fosses zusammenschlossen. Häufiger sind jedoch regionale Bündnisse von Städten unterschiedlicher Herrschaftszugehörigkeit. So fanden sich in Westfalen im Ladbergener Bund von 1246 (Münster, Osnabrück, Herford, Minden, Coesfeld) oder im Werner Bund von 1253 (Dortmund, Soest, Münster, Osnabrück, Lippstadt) die Kathedralstädte und die herausragenden Handelsstädte zusammen. Um 1250 entstand ein prostaufisches Bündnis am Oberrhein (Colmar, Hagenau, Schlettstadt, Kaysersberg, Mülhausen, Breisach, Neuenburg, Rheinfelden, Solothurn, Zürich, Schaffhausen); 1252 *Der Rheinische Bund von 1254–56* verbündeten sich Goslar, Hildesheim und Braunschweig; im Rheinischen Bund von 1254–56 kooperierten schließlich *(more Lombardicorum)* rund 60 Städte zwischen Aachen, Lübeck und Zürich mit klarem Schwerpunkt längs der Rheinachse.

Überall im Reich kam es seit dem ausgehenden 13. Jahrhundert *Bündnisse auf regionaler Ebene* zu mehr oder weniger dauerhafter Zusammenarbeit einzelner Städte mit ähnlich gelagerten Interessen. So gingen 1293 die Seehandelsstädte Lübeck, Wismar und Rostock ein Bündnis ein, welches sich bis ins frühe 15. Jahrhundert – teils unter Einschluss Stettins und Lüneburgs, aber auch des Grafen von Holstein und des Königs von Dänemark – als politische Konstante im Ostseeraum erweisen sollte. Dasselbe gilt im Thüringischen für den seit 1304 bestehenden Dreistädtebund zwischen dem kurmainzischen Erfurt und den Reichsstädten Nordhausen und Mühlhausen oder im Harzraum für das seit 1326 regelmäßig erneuerte Bündnis von Halberstadt, Quedlinburg und Aschersleben. Ab 1298 lassen sich verschiedene Bündnisse im schwäbischen Raum fassen. Deren bekanntestes ist wohl die 1354 unter Beteiligung Karls IV. gegründete Dekapolis zehn elsässischer Reichsstädte, unter denen Hagenau, Colmar und Schlettstadt die größte Rolle spielten. Als der König das Bündnis 1378 auflöste, konstituierte es sich im Jahr darauf durch die Städte selbst neu. In der Mark Brandenburg schlossen sich 1308/09 Berlin und Cölln mit Frankfurt/Oder, der Neustadt Brandenburg, Salzwedel u. a.

zum ersten märkischen Städtebund zusammen, der im 14. Jahrhundert eine Konstante der Politik werden und zeitweise 35 Städte umfassen sollte. Daneben bestanden auch großräumigere (z. B. 1321 mittelmärkisch-lausitzischer Städtebund) sowie kleinräumigere (z. B. 1393 mittelmärkischer Städtebund) Bündnissysteme.

In der Regel erwiesen sich Bündnisse nur zwischen halbwegs gleichrangigen Partnern sowie auf nicht zu weiträumiger Ebene als dauerhaft tragfähig. Bezeichnenderweise kooperierte etwa Straßburg nicht mit den elsässischen Klein- und Mittelstädten im Rahmen der Dekapolis, sondern wiederholt mit den beiden anderen großen Zentren am Oberrhein, Freiburg und Basel. 1326 schlossen sich diese drei wiederum mit Mainz, Worms, Speyer (bezeichnenderweise ohne Oppenheim, das an den Verhandlungen noch teilgenommen hatte) sowie mit Konstanz, Zürich, Lindau, Überlingen und Bern zusammen. Diesem „Großen Bund" traten 1327 auch die Urkantone Uri, Schwyz und Unterwalden bei, jedoch zerfiel er schon nach wenigen Wochen zugunsten kleinräumiger Bündnisse.

Unter den Städtebünden des 14. Jahrhunderts auf territorialer Ebene sei etwa auf den seit 1346 dauerhaften „Bund der Neun Städte" verwiesen, zu dem sich kurmainzische Städte unter Führung Aschaffenburgs und Miltenbergs zusammenschlossen (außerdem Dieburg, Seligenstadt, Amorbach, Buchen, Walldürn, Külsheim und Tauberbischofsheim) und der bis 1527 existierte. Dagegen war das Bündnis der kurkölnischen Städte Andernach, Bonn, Ahrweiler, Neuss und Linz von 1362/63 nicht von Bestand.

Über die Herrschaftsgrenzen hinweg verbündeten sich etwa 1346 die Oberlausitzer „Sechsstädte" Görlitz, Bautzen, Zittau, Kamenz, Löbau und Lauban oder 1360 Braunschweig, Goslar, Lüneburg, Hannover, Einbeck, Hameln und Helmstedt. Bedeutsamer war jedoch das 1376 geschlossene, gegen den südwestdeutschen Adel gerichtete Bündnis von 14 schwäbischen Städten, das bis 1382 auf 34 angewachsen war und schließlich rund 45 Städte zwischen Schweinfurt im Norden und Appenzell im Süden, Mülhausen im Westen und Regensburg im Osten umfasste und dem sich auch einzelne Adelige anschlossen; umgekehrt standen auch einzelne Städte wie etwa Basel auf Seiten der Fürsten. Im Rheinischen Bund von 1381 waren die rheinfränkischen Kathedralstädte, die Wetterraustädte und einige elsässische Städte vertreten; er umfasste schließlich 15 Städte zwischen Wetzlar im Norden und Schlettstadt im Süden. Noch im selben Jahr kam es zu einer Verbindung beider Bündnissysteme, denen sich bis 1385 auch vier eidgenössische Städte anschlossen.

1386–88 entbrannte der Städtekrieg des Rheinisch-schwäbischen Städtebundes gegen die Fürsten und Herren, die deren Reichsfreiheit bedrohten und bestrebt waren, sie ihren Territorien einzugliedern. 1388 erlitt in der Schlacht von Döffingen der Schwäbische Bund eine schwere Niederlage gegen die Wittelsbacher Herzöge, und im selben Jahr unterlag der Rheinische Bund bei Worms dem Pfalzgrafen bei Rhein. Der Egerer Landfrieden von 1389 verbot die Städtebünde, deren große Zeit nun in der Tat vorbei war, jedoch kam es auch im Verlauf des 15. Jahrhunderts immer wieder einmal zu Bündnissen; so schlossen 1443 Soest, Dortmund, Münster, Osnabrück, Paderborn und Lippstadt ein gegen den Kölner Erzbischof gerichtetes Bündnis, und 1445 kam es zum „Ewigen Bund" der Städte des Hochstifts Münster.

Zu unterscheiden von den Städtebünden i.e.S. sind die Landfriedensbündnisse, in denen sich meist die Stadtgemeinden und die Territorialherren Seite an Seite fanden, um gemeinsam Aufgaben der Friedenssicherung wahrzunehmen. Einen Sonderfall stellt die Eidgenossenschaft dar, die sich aus einem System unterschiedlicher Bündnisse entwickelte, das diese in einem Beziehungsgeflecht verband. 1291 schlossen die drei Waldstätte Uri, Schwyz und Unterwalden, reichsfreie Talschaften mit bäuerlicher Bevölkerung, ein Bündnis. Daneben bestanden seit dem ausgehenden 13. Jahrhundert diverse Städtebünde im Bodenseeraum mit Zürich als wichtigstem Partner sowie im Westen ein Bündnissystem um die Reichsstadt Bern. Diese Bündnisse näherten sich im 14. Jahrhundert einander zunehmend an und expandierten zugleich nach Süden. 1393 ist dann im sog. Sempacher Brief, einer Kriegsordnung der acht Alten Orte Uri, Schwyz, Unterwalden, Luzern, Bern, Zürich, Zug, Glarus und Solothurn zum gegenseitigem Schutz des Territoriums, erstmals von „unser Eitgenoschaft" die Rede.

4.2 Die Hanse

Auch die Hanse, das weiträumig angelegte und sehr lose gefügte Bündnis zahlreicher norddeutscher Städte, hatte am Ende des Mittelalters den Höhepunkt ihrer wirtschaftlichen Potenz und ihres politisch-militärischen Einflusses bereits überschritten. Sie war hervorgegangen aus einer zunächst lockeren Interessengemeinschaft etwa von Gotlandfahrern, Kölner Kaufleuten. Die Gotländische Genossenschaft erhielt im Laufe des 13. Jahrhunderts Privilegien beispielsweise für Livland, Estland, England, Flandern, jedoch übernahm seit der Mitte des 13. Jahrhunderts die Stadt Lübeck deren führende Stellung, wie überhaupt fortan die Kaufleute der Ostseestädte zunehmend stärker hervortraten, die über Brügge hinaus Handel bis nach England und Portugal betrieben. 1281 empfingen die – hier erstmals so genannten – *mercatores Aleman-nie de hansa Londoniense* ein Privileg des Königs von England. Sie beherrschten insbesondere den Handel mit flämischem Tuch in den Osten und verfügten zunehmend auch über politische Macht. Neben den wichtigsten Produkten des Ostseeraumes wie Pelze, Wachs, Erze, Heringe, Holz und Getreide handelten die Hansestädte aber auch mit eigenen Produkten, etwa Lüneburger Salz, mecklenburgischem Getreide, Bier oder Bernsteinwaren.

Während der 2. Hälfte des 13. Jahrhunderts vollzog sich der allmähliche Übergang von der „Kaufleutehanse" zur „Städtehanse"; 1298 tagte der erste Städtetag in Lübeck, dem fortan häufigsten Versammlungsort der Hanse. Seit 1356 waren die Hansetage das allgemeine Beschlussgremium der Städte, sie fanden jedoch nicht regelmäßig statt, und meist war nur ein sehr geringer Teil der Städte vertreten. Diese – ihre Zahl schätzt die Forschung auf zwischen 50 und 200 – gehörten bis auf wenige Ausnahmen (Krakau, Wisby und einige schwedische Städte) alle dem Reich an (bis hin zu Köln und Dinant im Südwesten) und bezeichneten sich gerne als „*ghemeene koeplude uten Roomischen rike van Alemanien*", wiesen jedoch kaum Beziehungen zum Königtum auf, da der Norden zu jener Zeit längst ein weitgehend reichsferner Raum war.

Von der „Kaufleute-hanse" zur „Städtehanse"

Einerseits griff die Hanse auch in die inneren Angelegenheiten einzelner Städte ein, sie stützte ihre jeweiligen Führungsgruppen und konnte bei einem Wechsel des Stadtregiments die Stadt verhansen (ausschließen). Andererseits handelten Städte bei divergierenden Interessen durchaus auch gegen die übrigen Hansestädte, so etwa Bremen 1396–1400 im Kampf gegen die Friesen und die Vitalienbrüder. Höhepunkt des politischen Einflusses der Hanse war 1370 der Friede von Stralsund nach dem Sieg der Städte über König Waldemar IV. von Dänemark. Im 15. Jahrhundert gerieten sie zunehmend in die Defensive, da nun die Engländer und Holländer eine immer stärkere Stellung im Fernhandel bis in den Ostseeraum hinein einnahmen.

5. Städte als Zentren von Wirtschaft und Verkehr

5.1 Städte als Handelszentren

Marktgeschehen wird mitunter als geradezu konstitutiv für die Stadtwerdung angesehen und stellt in der Tat zumindest einen überaus wichtigen Faktor dar. In den urbanen Zentren wurden die Waren des Umlan-

Bedeutung, Lage und Ausdifferenzierung der Märkte

des wie auch der Stadt selbst konsumiert und weiterverkauft. Ursprünglich und bis weit ins hohe Mittelalter hinein befanden sich die Märkte in
der Regel unmittelbar vor den Mauern, jedoch wurden sie später in die
Mauerringe einbezogen und bildeten danach häufig den zentralen Platz
der Stadt, der auch als Versammlungsort dienen konnte und meist unmittelbar bei Kirche und Rathaus lag. Mit zunehmender Ausdifferenzierung kam es zu einer topographisch-funktionalen Spezialisierung, so
verfügten etwa Straßburg und Mainz im späteren Mittelalter über zehn
Spezialmärkte, das kleine Limburg an der Lahn über immerhin neun,
und in Nördlingen gab es derer gar zwanzig.

Auch die Häufigkeit bzw. Permanenz des Marktgeschehens stellt
einen Indikator für die Bedeutung einer Stadt als Handelsplatz dar. Der
früheste explizit bezeugte tägliche Markt bestand – abgesehen von
nicht umgesetzten Privilegierungen für Freising und Salzburg 996 –
seit spätestens 1024 in Würzburg, jedoch ist kontinuierliches Marktgeschehen für diese Zeit gewiss auch in Köln (sowie wohl auch Mainz,
Metz oder Regensburg) anzunehmen. Umgekehrt gab es noch im frühen 12. Jahrhundert selbst in einigen Bischofsstädten (Brixen, Trient)
offenbar keinen Markt.

Kaufhäuser   In Köln stand auch das früheste explizit bezeugte Kaufhaus im
Reich (1170/85), ebenfalls noch auf das späte 12. Jahrhundert gehen
die Hallen/Kaufhäuser in Stendal, Metz und Lunéville zurück. Bereits
angesprochen wurde die Tatsache, dass Kauf- und Rathäuser oft in ein
und demselben Gebäude untergebracht waren, wie dies etwa in Minden, Hannover, Fritzlar, Breda, Lüttich oder Maastricht der Fall war. In
Metz gab es Mitte des 14. Jahrhunderts zwölf Kaufhäuser (darunter
solche für so spezielle Produkte wie Messer oder Ziegenleder), in der
Messestadt Frankfurt am Main neun, in Löwen, Namur oder Köln acht.
In der Regel verfügten die Kaufhäuser über das Monopol für die dort
angebotenen Waren. Ein prominentes Beispiel für ein erhaltenes spät-
mittelalterliches Kaufhaus stellt das 1388 begonnene in Konstanz dar;
hier tagte auch das Konzil – ein weiterer Hinweis auf die Multifunktionalität dieser Bauwerke.

Stapelrecht   Von erheblicher Bedeutung für eine Reihe von Städten war ihr
Stapelrecht, das allen Schiffen und Kaufleuten vorschrieb, alle oder bestimmte Waren für eine gewisse Zeit auf dem dortigen Markt anzubie-
ten. Dies ist bereits 1213 für Geertruidenberg und Zoutleeuw, 1221 für
Wien und 1239 für Innsbruck bezeugt – alles Städte in außerordentlich
prominenter Verkehrslage (Maasmündung, Straße Köln-Brügge, Do-
nauübergang, Brennerstraße). Ebenfalls auf die 1. Hälfte des 13. Jahrhunderts gehen der Löwener Weinstapel, der Antwerpener Salzstapel

und der Mainzer Stapel auf Kohle und Brennholz zurück; für die
2. Jahrhunderthälfte sind Stapel etwa 1250 in Stade, 1253 in Frankfurt/
Oder, 1259 in Köln, 1260 in Itzehoe, 1274 in Breslau, 1299 in Dordrecht sowie in Berlin/Cölln und Bozen bezeugt. Während für Köln oder
Dordrecht die Stapel wesentlich zur prosperierenden Wirtschaft beitrugen, konnte in anderen Fällen das Stapelrecht nicht oder nur mit Mühe
durchgesetzt werden. So gelang es Stade nicht, sein 1250 durch den
Bremer Erzbischof verliehenes Privileg gegen Hamburg zu behaupten,
Antwerpen kämpfte jahrzehntelang gegen Mecheln um seinen Salzstapel, und das Wiener Stapelrecht wurde im späten Mittelalter zunehmend ausgehöhlt. Emden konnte in den 1430er Jahren nur mit Hilfe der
Hamburger seinen Kornstapel gegen die Interessen Groningens durchsetzen.

   Während die Existenz einer landesherrlichen Münze nur bedingt   Münze
als Indikator für die Bedeutung einer Stadt dienen kann, so spricht eine
durch die Stadt selbst betriebene Münzstätte durchaus für deren wirtschaftliches wie politisches Gewicht. Bereits um 1180 unterhielt die
Stadt Ravensburg eine eigene Münze, und König Heinrich (VII.)
schenkte der Stadt Frankfurt die Hälfte der dortigen königlichen
Münze. Die Städte gelangten auf sehr unterschiedlichem Wege zum
Münzrecht. Während der 2. Hälfte des 13. Jahrhunderts zogen die Gemeinden von Schaffhausen und Weißenburg ursprünglich abteiliche
Münzrechte an sich, 1272 kaufte die Stadt Stade die erzbischöfliche
Münze, 1283 erwarben die Straßburger die bischöfliche Münzstätte in
ihrer Stadt und 1309 zusätzlich die Offenburger Münze. Augsburg seit
1272, Erfurt seit 1289 und Metz seit 1292 pachteten regelmäßig die bischöflichen Münzen, 1273 ließ sich Leipzig die Münze vom Markgrafen von Meißen übertragen, 1352 kaufte Jena den Herren von Lobde-
burg die Münze ab, und 1418 verlieh Papst Martin V., 1422 auch Kaiser
Sigismund Freiburg im Üchtland das Münzrecht.

   Die wichtigsten Geldhandelsplätze im Reichsgebiet waren Metz
im Südwesten und Lübeck im Norden, daneben Köln und im 15. Jahrhundert auch Nürnberg und vor allem Augsburg, wo die Familie der
Fugger ein europaweit agierendes Handelsimperium aufbaute.

   Anteil am Geldhandel hatten neben den städtischen Führungsgruppen, den geistlichen Institutionen und den Juden während der 2. Hälfte
des 13. und 1. Hälfte des 14. Jahrhunderts die Lombarden, aus Oberitalien stammende Bankiers. Diese drangen von Frankreich aus ins Reichsgebiet vor, so im Hennegau über Mons (1244), im Lothringischen über
Toul (1245) und Neufchâteau (1247) und an der Burgundischen Pforte
über Basel (um 1250). Den Rhein überschritten sie jedoch nur in Aus-

nahmefällen (z. B. Osnabrück, Soest, Frankfurt am Main, Würzburg); Siedlungen, in denen dauerhaft Juden ansässig waren, mieden sie.

Im Gegensatz zu den Wochenmärkten wie auch den überregional bedeutenden Messen kam den meisten Jahrmärkten keine urbanisierende Wirkung zu, jedoch profitierten Städte auch von einer periodischen Anwesenheit von Fernhändlern. Möglicherweise gab es seit den 1170er Jahren einen niederrheinischen Messezyklus mit Utrecht, Aachen, Köln und Duisburg und ihren teilweise aufeinander abgestimmten Messeterminen. Seit dem frühen 14. Jahrhundert war Frankfurt – seinerseits eingebunden in einen auch Friedberg, Gelnhausen und Wetzlar umfassenden Messezyklus – der bedeutendste Messeplatz im Reich. Bereits um 1350 umfasste das Einzugsgebiet einen Radius von Genf, Metz, Ypern, Brügge, Brüssel, Hamburg, Lübeck, Frankfurt/ Oder, Krakau, Wien, Prag und Brünn, im 15. Jahrhundert besuchten auch Kaufleute aus Mailand, Genua und Venedig die Frankfurter Messen. Große Ausstrahlungskraft entfaltete im 14. und 15. Jahrhundert auch die Pfingstmesse zu Nördlingen, die Besucher aus Metz, Köln, Antwerpen, Braunschweig, Breslau, Prag, Wien, Venedig, Mailand und Zürich anzog und die Stadt zum herausragenden Fernhandelsplatz im süddeutschen Raum machte. Von der Anziehungskraft bedeutender Messen versuchten auch andere Städte zu profitieren, indem sie ihre Jahrmarktstermine auf diese abstimmten, so hängten sich etwa Koblenz oder Speyer an die Wetterautermine an, und Graf Johann der Blinde verlieh Luxemburg eine einwöchige Messe, die exakt die Lücke zwischen den Jahrmärkten in Metz und Trier füllte.

Bedeutende spätmittelalterliche Messeplätze waren ferner Deventer an der IJssel (vor allem im 15. Jahrhundert), über das ein großer Teil des Handels zwischen Holland auf der einen sowie den Rheinlanden und Westfalen auf der anderen Seite lief, Bozen an der Brennerstraße oder Linz an der Donau. Messezyklen entstanden während der 2. Hälfte des 14. Jahrhunderts um die Zurzacher Messen mit Baden im Aargau, Lenzburg, Klingnau und Zürich und um Antwerpen mit Breda, Dordrecht und Bergen op Zoom. Für (das nunmehr burgundische) Antwerpen mit seinem Einzugsgebiet über die gesamten Niederen Lande von Arras und Calais über Dinant bis Kampen und Soest zeichnete sich am Ausgang des Mittelalters sein Aufstieg zu einem Handelsplatz von europaweiter Bedeutung ab. Eine annähernd vergleichbare Rolle spielte seit der Wende zum 16. Jahrhundert im Osten Leipzig, das von zwei königlichen Privilegien (1497 und 1507) profitierte, denen zufolge in über 100 km Umkreis um die Stadt keine weiteren Jahrmärkte abgehalten werden durften.

Messen und Messezyklen

Messeplatz Frankfurt

Deventer, Bozen, Zurzach, Antwerpen, Leipzig

Erwähnt seien schließlich noch die großen, auch als Bruderschaften im weiteren Sinne zu verstehenden Handelsgesellschaften des späten Mittelalters. Die um 1380 gegründete Große Ravensburger Handelsgesellschaft etwa vermarktete als Eigenprodukte vor allem Leinen- und Barchenttuche sowie Papier; sie unterhielt Niederlassungen bis nach Brabant, Österreich, Oberitalien, den Rhoneraum und Aragón. Ende des 15. Jahrhunderts setzte der Niedergang zugunsten der Fugger und Welser ein. Die ab 1420 in Augsburg und ab 1483 in Nürnberg bezeugten Welser engagierten sich im Geldhandel, im Bergbau und im Schiffsbau; sie unterhielten eine eigene Flotte und Stützpunkte in Köln, in Antwerpen und im gesamten westlichen Mittelmeerraum zwischen Lissabon und Neapel. Das Handelsnetz der seit dem späten 13. Jahrhundert zu den Augsburger Führungsgruppen zählenden Fugger reichte hundert Jahre später bis nach London, Rom und Venedig; darüber hinaus war die Familie im Gold- und Silberbergbau in Schlesien, Kärnten und Ungarn engagiert.

Handelsgesellschaften des späten Mittelalters

5.2 Städte als Produktionszentren

Seit dem 11. Jahrhundert waren die wichtigsten Gewerbe in den Städten konzentriert. Schon früh gab es bedeutendes Metallgewerbe an der Mittelmaas: Lüttich, Huy, Dinant (mit Spezialisierung auf Kupferwaren) und Namur besaßen bereits im 11. Jahrhundert eine blühende Metallindustrie. Als um 1200 Dinant und das kleine Bouvignes begannen, das Messinggewerbe zu monopolisieren (Dinanderien), stellten sich die übrigen Städte auf Tuchproduktion um. Maastricht und Aachen waren ebenfalls schon früh bedeutende Tuchzentren, und im 14. Jahrhundert trat in allen Maasstädten auch das Metallgewerbe wieder in den Vordergrund, wobei insbesondere in Lüttich und Aachen zudem Feuerwaffen hergestellt wurden. Mit ihrem blühenden Metall- wie Tuchgewerbe bildeten die Maasstädte eines der wichtigsten Industrieviere im Reich. Nach der Zerstörung Dinants 1466 verlagerte sich das Messinggwerbe in Städte wie Middelburg, Namur, Mecheln und wiederum Aachen, das mit Köln, Nürnberg und Brüssel das bedeutendste Industriezentrum im spätmittelalterlichen Reich war.

Frühe Metallindustrie an der Maas

Das Tuchgewerbe war seit der Zeit um 1100, als in Flandern der große Flachwebstuhl aufkam, ein überwiegend städtisches Phänomen. Von Flandern aus verbreitete sich die Produktion sehr hochwertiger Wolltuche im Westen des Reiches, so bereits im 12. Jahrhundert in Valenciennes und im 13. Jahrhundert in Mons und vielen kleinen hennegauischen Städten mit Exporten bis in den Mittelmeer- und den Ostsee-

Tuchgewerbe und die herausragende Stellung Brabants

raum. Während dort (wie in Flandern) die Tuchindustrie seit dem Ende des 13. Jahrhunderts einen gewissen Niedergang erlebte, bevor sie im 14. Jahrhundert gestützt auf heimische Wolle und einfachere Tuche einen neuerlichen Aufschwung nahm, erlebte die Tuchproduktion im benachbarten Brabant eine hohe Blüte. In den großen Zentren wurden dort seit dem 12. Jahrhundert qualitätvolle Tuche hergestellt, jedoch erlebte auch das Brabanter Tuchgewerbe nach seiner Blüte im frühen 14. Jahrhundert in den 1330er Jahren eine Krise (auf hohem Niveau). Weiterhin gefragt an nahezu allen europäischen Höfen waren jedoch die äußerst hochwertigen Brüsseler Tuche. Nach dem Ende der großen Blütezeit waren die brabantischen Städte (Antwerpen, Mechen, Löwen, Tienen, Diest, Zoutleeuw, Nivelles u. a.) weiterhin Zentren der Tuchproduktion; wie im Hennegau jedoch stellte man sich, nachdem die englische Wolle wegen des dortigen Aufbaus einer eigenen Tuchindustrie knapp geworden war, auf einheimische Wolle und weniger hochwertige Tuche um.

Zu den Städten mit seit dem 12. Jahrhundert bedeutender Tuchproduktion gehörten auch Köln und Straßburg. Im Westen finden sich erstmals eine Reihe technischer Neuerungen (vor 1156 Walkmühle in Verdun, um 1280 Spinnrad Speyer) und mit Luxemburg und den kleineren Städten des Herzogtums, der Gegend um Düren sowie den mittelrheinischen und wetterauischen Städte im 14. Jahrhundert weitere Zentren mit Tuchexportgewerbe, wenn auch in kleinerem Stil. Im späten Mittelalter lagen die wohl bedeutendsten Tuchzentren mit Brüssel, Aachen und Köln weiterhin im Westen des Reiches, zumal im 15. Jahrhundert Holland mit Leiden und Dordrecht sowie Harderwijk, Kampen und Deventer ebenfalls eine bedeutende Tuchindustrie aufbauten. Auch andernorts bildete jedoch die Wolltuchproduktion eine wesentliche Basis des Wohlstandes, so in Nürnberg bereits seit dem 13. Jahrhundert, im späten Mittelalter ferner in Westfalen mit Soest, Osnabück, Münster, Lippstadt, Lemgo, Höxter u. a., Braunschweig und in geringerem Maße Hannover und Hildesheim, Görlitz, Breslau, Erfurt, Freiburg im Breisgau oder Freiburg im Üchtland.

Wolltuche blieben freilich nicht ohne Konkurrenz: Seit den 1360er Jahren bauten zahlreiche süddeutsche Städte eine Baumwollindustrie auf, zeitgleich entwickelte sich die Barchentindustrie in Schwaben mit den Zentren Ulm und Augsburg sowie Ravensburg, Biberach, Memmingen und Kaufbeuren, seit um 1400 auch in Köln. Die süddeutschen Barchentstädte exportierten nach nahezu ganz Europa. Die Zentren der Leinenproduktion im Reichsgebiet lagen ebenfalls in Schwaben (zunächst vor allem Konstanz, dann St. Gallen, außerdem Ravens-

Neue Produkte im Spätmittelalter: Baumwolle, Barchent, Leinen, Seide

burg, Ulm, Augsburg u. a.), ferner in Reichsflandern, in Köln und in
Westfalen (Münster, Coesfeld, Herford, Bielefeld, Osnabrück), und
auch etwa in Göttingen, Hannover sowie Sachsen, der Lausitz und
Schlesien wurden Leinenstoffe hergestellt. Die bedeutendste Seidenin-
dustrie befand sich in Köln; diese war am Ende des Mittelalters der
wichtigste Gewerbezweig der Stadt und lag überwiegend in den Händen von Frauen. Eine solch herausragende Stellung der Frauen im Wirtschaftsleben einer Stadt (neben der Seidmacherinnen- gab es auch eine
Garnmacherinnen- und eine Goldspinnerinnenzunft) scheint nach bis-
herigem Forschungsstand europaweit einzigartig zu sein. Sie korreliert
zudem mit den ebenfalls exzeptionellen Möglichkeiten religiösen Gemeinschaftslebens, welche die Frauen in Köln genossen.

Ein Zentrum des Metallgewerbes war neben Köln und dem Maas- *Metallgewerbe*
gebiet vor allem Nürnberg, wo man sich am Ende des Mittelalters auf
Draht, Handfeuerwaffen, Musikinstrumente und feinmechanische Ge-
räte spezialisierte, die weitgehend marktbeherrschend waren. Auch
Braunschweig, Augsburg und eine Reihe oberpfälzischer und südwest-
fälischer Städte bauten ein bedeutendes Metallgewerbe auf. Andere
Orte verlegten sich auf Spezialprodukte wie Amberg auf Bleche, Solin-
gen und Steyr auf Messer oder Ratingen auf Scheren.

Im Schiffbau waren die Hansestädte, seit dem 15. Jahrhundert
aber vor allem die Holländer führend, die um diese Zeit auch einen
großen Teil der Frachtfahrten sowie des Fischfangs auf Nord- und Ost-
see an sich ziehen konnten.

Als seit dem 14. Jahrhundert mit dem aufgrund der Klimaver-
schlechterung zurückgehenden Weinbau und der zunehmenden Ver- *Exportbier*
breitung des Hopfenbieres Bier zum Exportprodukt wurde, profitierten
davon vor allem die Städte des Nordens wie Hamburg, Bremen, Delft,
Haarlem, Amsterdam, Lübeck, Rostock, Stralsund, Wismar, Oldenburg, Hannover, Goslar oder Halberstadt, am Ende des Mittelalters
auch Danzig und insbesondere Einbeck. Erwähnt seien als weithin ge-
fragte Produkte schließlich noch die Siegburger Keramik und die Lübecker Bernsteinerzeugnisse. 1394 lebte in Stralsund der erste Kompass-
macher im Reich.

Auch zwei wichtige technische Neuerungen, die den Kommuni-
kations- und Bildungssektor revolutionieren sollten, begegnen uns zunächst in den Städten: 1390 wurde in Nürnberg die erste Papiermühle *Papier und Buch-*
im Reich errichtet, 1448 in Mainz der Buchdruck erfunden; wenig spä- *druck*
ter arbeiteten Druckereien in Straßburg, Bamberg, Köln, Basel, Augsburg oder Nürnberg und um 1500 bereits in mindestens 65 Städten.
Allein in Köln gab es rund zwanzig Druckbetriebe.

5.3 Stadt und Umland

Stadt und Umland waren in aller Regel eng miteinander verbunden und aufeinander bezogen. Die Stadt als zentraler Ort fungierte als kulti-

Städte als Produktions- wie Konsumptionszentren
scher Mittelpunkt, übernahm Verwaltungsaufgaben für das Umland und war zugleich Produktions- wie Konsumptionszentrum. Für Metz oder Verdun etwa ist dokumentiert, dass deren Aufschwung im frühen und hohen Mittelalter nicht zuletzt auf den reichen Grundherrschaften ihrer geistlichen Institutionen im Umland basierte. Die städtische Bannmeile, der Einzugsbereich des Marktes, der Sprengel der städtischen Pfarrei(en) endeten nicht an den Stadtmauern. Das nähere Umland einer Stadt lässt sich zudem als das Gebiet definieren, in dem die stadtsässigen geistlichen Institutionen und die bürgerlichen Führungsgruppen begütert waren und Landwirtschaft, Gewerbe und Bergbau beherrschten.

Migration in die Städte
Auch profitierten die Städte das ganze Mittelalter hindurch von beträchtlicher Zuwanderung aus der näheren und weiteren Umgebung, wobei dies häufig zu Konflikten zwischen Städten und Stadtherren führte. Die Außenbürger (Pfahlbürger, *buitenpoorters, bourgeois forains*) drängten in die Städte und erstrebten die Teilhabe an deren Privilegien, wobei der Rechtssatz „Stadtluft macht frei" zwar keine mittelalterliche Rechtsnorm, sehr häufig de facto jedoch die Regel war, d. h. dass zugezogene Hörige meist nach Jahr und Tag das Bürgerrecht erwerben und an den städtischen Freiheiten partizipieren konnten. Die Grundherren wiederum versuchten die Aushöhlung ihrer Herrschaft aufzuhalten und setzten mehrfach ein generelles Verbot der Pfahlbürgeraufnahme durch, was in der Realität jedoch meist wirkungslos blieb.

Stadt-Land-Konflikte
Die Interessen von Stadt und Umland konnten gleichwohl auseinanderlaufen. Zu Stadt-Land-Konflikten kam es etwa im spätmittelalterlichen Tuchgewerbe, als die großen flandrischen Städte trotz scharfer Repressalien nicht verhindern konnten, dass sich das Tuchgewerbe aufs Land und in die kleinen Städte verlagerte, was in kleinerem Maßstab auch für Reichsflandern galt, wo das bis ins 15. Jahrhundert dominante Aalst zunehmend in die Defensive geriet.

5.4 Stadt und Bergbau

Die Bodenschätze des Umlandes wurden in der Regel mit stadtsässigem Kapital abgebaut und über die nahe gelegenen Städte vermarktet; für eine Reihe von Städten stellten sie einen wichtigen, mitunter den

mit Abstand wichtigsten Wirtschaftsfaktor dar. Frühe Belege für Silberbergbau schon im 10./11. Jahrhundert stammen aus dem Harz, den Silber
Vogesen und dem Schwarzwald, wovon insbesondere Goslar, St. Dié
und Freiburg im Breisgau profitierten. Im 12. Jahrhundert kamen Friesach in Kärnten und Freiberg in Sachsen hinzu. Sachsen (neben Freiberg etwa Zwickau, Annaberg oder Schneeberg) und Südtirol waren die
bedeutendsten spätmittelalterlichen Silbergebiete im Reich. Die Kupferproduktion konzentrierte sich im Harzgebiet und ebenfalls in Tirol.
Den reichen Salzvorkommen des Umlandes verdankten die Seillestädte Salz
wie Vic und Marsal (sowie Metz, über das das Salz auf den Markt kam)
ihren recht frühen Aufschwung. Insbesondere aber bildete Salz die
Grundlage für den Wohlstand in Halle an der Saale, Schwäbisch-Hall,
Hall in Tirol oder Reichenhall in Bayern, was sich auch in den Namen
der betreffenden Städte widerspiegelt. Greifswald, Soest und andere
westfälische Orte kamen so ebenfalls zu Reichtum, insbesondere jedoch Lüneburg, die sicherlich bedeutendste Salzstadt des Spätmittelalters. Steinkohle wurde seit dem 13. Jahrhundert vor allem um Lüttich,
Aachen und Maastricht abgebaut. Wichtige Erzlandschaften waren
etwa die Steiermark, die Oberpfalz oder Thüringen.

Insbesondere die sächsischen (und später auch die schlesischen
und böhmischen) Bergstädte wie das 1218 erstmals bezeugte Freiberg
genossen ein besonderes Recht. Ihren Bürgern war durch den Landesherrn das Schürfen und Abbauen gestattet, die führenden Bergbauunternehmer beherrschten den Stadtrat und an der Spitze stand mit dem
Bergmeister ein Bergbauexperte. Da der überwiegende Teil der Bevölkerung vom Bergbau lebte, waren diese Städte oft monofunktional und
zur Versorgung auf Importe angewiesen. Generell ging aber in ganz
Europa der Erzbergbau seit dem 14. und vor allem im 15. Jahrhundert
aufgrund der Erschöpfung der Lagerstätten und des Arbeitskräftemangels nach der Pest zurück.

6. Städte als Zentren von Kultur und Bildung

6.1 Städte als kultische Zentren

Zentren des religiösen Lebens, Orte der Taufen wie der Begräbnisse
sowie häufige Versammlungsorte waren (zumindest bis zum Aufkom- Pfarreien
men der Bettelorden im 13. Jahrhundert) in erster Linie die Pfarrkirchen. Deren Zahl, die in Lüttich und Metz 26 erreichte, ist freilich nicht
unbedingt aussagekräftig für die Bedeutung einer Stadt. So verfügten
in Nürnberg St. Sebald und St. Lorenz noch bis 1317 bzw. 1368 formal

nicht über Pfarrfunktionen, wobei sich freilich gerade hier zeigt, dass die Übergänge zwischen Pfarrkirchen und einfachen Kapellen sehr fließend sein konnten. Antwerpen, Frankfurt oder Freiburg besaßen noch Mitte des 14. Jahrhunderts nur eine, Ulm gar keine Pfarrei.

Für eine Reihe kleinerer bis mittelgroßer Städte stand ein Benediktinerkloster am Anfang der urbanen Entwicklung. Als Beispiele seien etwa Siegburg, Fulda, Echternach, Weißenburg (Elsass), Schaffhausen oder St. Mihiel genannt. Dabei gilt es jedoch zu beachten, dass der Terminus „Abteistadt" schnell in die Irre führt, denn gerade in den sich recht dynamisch entfaltenden Zentren büßte die Abtei im Verlauf des hohen Mittelalters ihre Herrschaftsrechte zumindest teilweise ein, setzten weltliche Herrschaftsträger und/oder die Stadtgemeinde entscheidende Akzente. Dasselbe gilt für die meisten der Städte, die um Frauenklöster entstanden, wie etwa Andlau, Nivelles, Herford oder Quedlinburg. Die Äbtissin von Essen und die Äbte von Fulda oder Siegburg gehörten zu den wenigen Ausnahmen, die ihre Stadtherrschaft das ganze Mittelalter hindurch behaupten konnten.

Dagegen waren viele Kollegiatstifte zwar auf das Engste mit den sie bergenden Städten verbunden, und zwar nicht nur religiös, sondern auch personell, wirtschaftlich und administrativ; einige bildeten auch den wesentlichen Anknüpfungspunkt für die Stadtentwicklung; Stadtherrschaft jedoch übten sie in aller Regel nicht aus, da sie ihrerseits in Abhängigkeit von den jeweiligen Bischöfen oder auch den Gründungsfamilien standen.

In anderen Fällen verliehen Kloster- oder Stiftsgründungen aufkommenden urbanen Zentren wichtige Entwicklungsimpulse. Dies konnten wie in Luxemburg Benediktiner, wie in Zürich je ein Männer- und Frauenkloster, wie in Roermond Zisterzienserinnen, wie in Stade Prämonstratenser, wie in Neuss ein Frauenstift oder wie in Brüssel und Löwen ein Kollegiatstift sein. Die Zisterzienser dagegen gründeten aufgrund ihrer Interpretation der Benediktsregel zumeist keine Klöster in den Städten, waren mit diesen aber über ihre Stadthöfe verbunden. In Wismar und Stralsund etwa waren die Zisterzen Neuenkamp und Hiddensee nicht nur baulich mit (jeweils an der Stadtmauer gelegenen und in die Verteidigungskonzeption der Städte einbezogenen) Hofanlagen, sondern auch personell eng verbunden, und die Eifel-Zisterze Himmerod beispielsweise besaß um 1300 Stadthöfe in Trier, Köln, Bonn, Andernach, Koblenz, Speyer, Echternach u. a.

Das seit der Zeit um 1200 allenthalben bestehende Seelsorgedefizit in den Städten fingen seit dem 2. Viertel des 13. Jahrhunderts die Bettelorden auf. Da sie damit dem ortsansässigen Klerus wie auch den

„Abteistädte"

Rolle der Bettelorden, Bettelorden als Indikator für urbane Qualität

Klöstern und Stiften Konkurrenz machten, waren ihre Niederlassungen häufig in Konflikte verstrickt und zum Teil Einschränkungen unterworfen. Zum Bürgertum und zur Stadtgemeinde bestanden meist überaus enge Verbindungen. So dienten etwa die (häufig am Rand der Städte gelegenen) Bettelordenskirchen als Versammlungsort, Aufbewahrungsort von Siegeln und Archiven, Schlichtungsstätte in Auseinandersetzungen, Ort von Vertragsabschlüssen usw.

Alle vier Bettelorden (Franziskaner, Dominikaner, Augustinereremiten, Karmeliter) waren bereits seit den 1260er Jahren in Köln, Metz und Würzburg vertreten, wenige Jahrzehnte später auch in Valenciennes, Aachen, Trier, Mainz, Worms, Speyer, Straßburg, Esslingen, Regensburg, Nürnberg, Erfurt, Magdeburg und Wien. In Kathedralstädten wie beispielsweise Augsburg, Verdun oder Bamberg, bedeutenden Zentren wie Frankfurt, Danzig oder Mecheln, aber auch kleineren Städten wie Breisach, Middelburg oder Zierikzee ließen sich jeweils drei Bettelorden nieder. Dass freilich die Anzahl der Bettelorden in einer Stadt nur bedingt als Indikator für deren Bedeutung taugt und sicherlich nicht als einziger Maßstab herangezogen werden kann, verdeutlichen Beispiele wie Cambrai, Münster, Paderborn, Eichstätt, Antwerpen, Huy, Lüneburg, Duisburg, Nimwegen, Bonn, Stade, Ingolstadt oder Landshut mit jeweils nur einem Bettelordenskloster. Häufig verhinderte in solchen Fällen ein dominantes ortsansässiges Stift weitere Niederlassungen.

Generell waren die ortsansässigen (wie oft auch entfernter gelegenen) geistlichen Institutionen eng mit den Städten verbunden. Trotz immer wieder aufscheinender Konflikte (insbesondere um die Besteuerungspflicht der Klöster und Stifte) bestand im Wesentlichen eine Einverständnisgemeinschaft (M. Weber sowie M. Escher-Apsner) bzw. Zustimmungsgemeinschaft (G. Bönnen). Ständige Konflikte zwischen Stadt und Stift trotz sehr enger personeller Verflechtungen wie in Aschaffenburg im Spätmittelalter blieben eher die Ausnahme.

Die Zahl der geistlichen Institutionen war besonders hoch in Kathedralstädten, räumlich lag der Schwerpunkt klar in den Rheinlanden i. w. S. und im Lothringischen. So besaß Köln am Ende des Mittelalters 63 Klöster und Stifte (davon 45 weibliche), das von der Größe her vergleichbare Brüssel nur fünfzehn; in der mittelgroßen Stadt Koblenz gab es acht (mit dem unmittelbaren Umland sogar vierzehn), im gewiss nicht kleineren Stade nur drei; in Verdun bestanden dreizehn, im während des späten Mittelalters ungleich bedeutenderen Lübeck nur vier geistliche Institutionen. Generell war die Zahl der geistlichen Institutionen in den großen Städten des Reichs erheblich höher als andernorts (vgl. neben Köln auch Metz und Trier mit rund 30 gegenüber Paris mit 17 und London mit 13). Eine wohl europaweit einzigartige Verdichtung an Frauenklöstern bestand am Niederrhein und im Mündungsgebiet des Rheins, also im engeren Ausstrahlungsbereich der in Deventer entstandenen „Devotio moderna" (vgl. etwa abgesehen von Köln sechzehn in Amsterdam, vierzehn in Utrecht, zwölf in Haarlem oder immerhin fünf im eher unbedeutenden Roermond).

civitas sancta Die Stadt in ihrer Gesamtheit begriff sich als „heilige Stadt", was mitunter auch auf den Siegeln seinen Niederschlag fand. Wenn sich etwa 1111 die Speyerer zu Gebetsleistungen gegenüber Heinrich V. verpflichteten, so ist daraus der Charakter der sich formierenden Stadtgemeinde als Kultgemeinschaft erkennbar. Ebenso waren, wie dargelegt, praktisch alle Bruderschaften/Gilden/Zünfte kultisch fundiert. Hierzu fügt sich auch der vor allem im späten Mittelalter zu beobachtende enge Konnex von Rat und Religion, der etwa in den Ratskapellen, städtischen Prozessionen, städtischer Pflegschaft gegenüber karitativen und religiösen Einrichtungen oder Aufsichtsbestrebungen des Rates gegenüber religiösen Fragen seinen Niederschlag fand.

6.2 Städte als Bildungszentren

Kloster- und Stifts- Einige Bischofssitze fungierten neben Aachen als Zentrum der karolin-
schulen gischen Renaissance und den Klöstern (z. B. Fulda, Reichenau, St. Gallen, Echternach) als wesentliche Kultur- und Bildungszentren des frühen und hohen Mittelalters, so etwa Freising schon im 8./9. Jahrhundert, Trier besonders im 10. Jahrhundert oder Lüttich und Hildesheim im 11. Jahrhundert. Neben den Kathedral- und Klosterschulen boten die Stiftsschulen den heranwachsenden Städten Bildungsmöglichkeiten, hinzu traten seit dem 13. Jahrhundert vor allem die Generalstudien der Bettelorden. Hier ist insbesondere auf das herausragende Bildungszentrum Köln mit Studieneinrichtungen aller vier Bettelorden und dem weithin ausstrahlenden Generalstudium der Dominikaner zu verweisen. Eine gewisse Grundversorgung für die männliche Bevölkerung wurde darüber hinaus über die Pfarrschulen gewährleistet. Brüssel verfügte 1320 über zehn Schulen, darunter vier für Mädchen. Ein derartiges Bildungsangebot auch für Mädchen war zu jener Zeit sicher reichs-, wenn nicht europaweit einzigartig und gewiss Ausdruck sowohl der wirtschaftlichen Möglichkeit der dank des Tuchgewerbes prosperierenden Stadt als auch ihrer Förderung durch das Herzogshaus.

Im späten Mittelalter versuchten die Städte, Zugriff auf die Pfarr- und Stiftsschulen zu erlangen und so das von der Geistlichkeit eifer-

süchtig gehütete Bildungsmonopol zu durchbrechen. Luxemburg z. B.
erhielt hierfür 1480 ein herzögliches Privileg und fungierte fortan als
recht bedeutendes Bildungszentrum in der Region.

Universitäten gab es in den romanischen Ländern (zu denen auch
England zu rechnen ist) seit der 1. Hälfte des 13. Jahrhunderts. Um die
Mitte des 14. Jahrhunderts gingen neue Impulse vom Osten aus: Dem
Vorbild der Luxemburger, die 1347 eine Universität in Prag gegründet
hatten, folgten die benachbarten Königreiche Polen mit Krakau (1364)
und Ungarn mit Pécs/Fünfkirchen (1367) und Ofen (1389) sowie die
mächtigste Dynastie im Südosten des Reiches: die Habsburger mit
Wien (1365/84). Während der darauffolgenden 150 Jahre entstanden
im ganzen Reichsgebiet neue Universitäten, ohne dass sich dabei ein
geographischer Schwerpunkt erkennen ließe; auffällig ist allenfalls
eine gewisse „Unterversorgung" der Niederlande. Als erste Dynastie
griffen die Pfalzgrafen das Beispiel der Habsburger auf und gründeten
1386 die Universität Heidelberg. Es folgten der Herzog von Mecklenburg in Rostock (1419), wiederum die Habsburger in Freiburg (1457),
die Herzöge von Bayern-Landshut in Ingolstadt (1472), die Grafen von
Württemberg in Tübingen (1476) und die Kurfürsten von Sachsen in
Wittenberg (1502). Der erste geistliche Territorialherr, der in seiner Bischofsstadt eine (allerdings nur kurzlebige) Universität gründete, war
der Bischof von Würzburg 1402; auch die Mainzer Universität (1477)
verdankte ihre Gründung dem Erzbischof. Die Städte selbst traten
ebenfalls als Gründer von Universitäten auf – erstmals Köln 1388 und
Erfurt 1392 sowie später Basel 1460 und Trier 1473. In einigen Fällen
schließlich ist eine gemeinsame Initiative und Finanzierung von Stadt
und Landesherren zu konstatieren: So wurde die Universität Leipzig
1409 in Zusammenwirken mit den Markgrafen von Meißen errichtet, in
Löwen beteiligten sich 1426 die Stadt und der Herzog von Burgund, in
Greifswald 1456 der Herzog von Pommern, der Bischof von Kammin
und die Stadt, in Frankfurt/Oder 1502 die Stadt und die Markgrafen von
Brandenburg. Mit der Übernahme des burgundischen Erbes verfügten
die Habsburger über insgesamt drei Universitäten (Wien, Löwen, Freiburg). Die Bedeutung und Ausstrahlungskraft der insgesamt siebzehn
am Ende des Mittelalters (noch) bestehenden Universitäten im Reich
war sehr unterschiedlich, wofür Köln, Wien oder Leipzig auf der einen
und insbesondere Trier, aber auch Mainz oder Basel auf der anderen
Seite als Beispiele genannt seien. Zur Finanzierung der Universitäten
wurden in aller Regel Kollegiatstifte herangezogen. So wandelte etwa
1459/60 der Markgraf von Baden die Pforzheimer Pfarrkirche Michael
im Zusammenhang mit der geplanten (aber gescheiterten) Universitäts-

Universitäten
als städtisches
Phänomen

gründung in ein Kollegiatstift um, im Erzstift Trier hatten sämtliche Kollegiatstifte zur Finanzierung der Universität beizutragen, und der Herzog von Mecklenburg gründete 1487 ein Stift an St. Jakobi zugunsten der Universität Rostock.

Am Ende des Mittelalters waren neben Köln vor allem Prag, Wien und Erfurt herausragende Bildungszentren, die böhmische Hauptstadt auch für die jüdischen Gemeinden.

7. Schlussbetrachtungen

Letztlich kann eine Darstellung der mittelalterlichen Stadt im Reichsgebiet nur mehr oder weniger verallgemeinerbare Tendenzen aufzeigen. Jede Stadt hatte ihre eigene Geschichte, erlebte unterschiedliche Zeiten der Blüte und des Niedergangs. So stagnierte etwa Duisburg seit der Zeit um 1300, wogegen sich die holländischen Städte sowie Basel als „Spätstarter" unter den Kathedralstädten erst im späten Mittelalter wirklich entfalteten. Im 11. Jahrhundert nahmen Lüttich, Verdun oder Speyer eine rasante Entwicklung, der Aufstieg Brüssels setzte seit dem ausgehenden 13. Jahrhundert ein. Würzburg war vom 8. bis ins 12., vielleicht 13. Jahrhundert (zeitweise neben Erfurt) die bedeutendste Stadt im nicht römisch vorgeprägten Europa, wurde dann aber von den jeweils 100 km entfernten Wirtschaftsmetropolen Frankfurt und Nürnberg überflügelt. Die Gründe für positive wie negative Entwicklungen konnten vielfacher Art sein. Frankfurt profitierte von seiner europaweit ausstrahlenden Messe, Brüssel vom Ausbau als Residenz und dem zeitgleichen Aufblühen des Tuchgewerbes, Duisburg geriet durch eine Rheinlaufverlagerung und die Verpfändung an die Grafschaft Kleve ins Abseits. Insgesamt gilt es, große regionale Unterschiede zu beachten, aber auch innerhalb einer Region konnten die Geschicke benachbarter Städte oder solcher mit ähnlichen Voraussetzungen ganz andersartig verlaufen. So wies etwa die Geschichte Heidelbergs und Pforzheims als bevorzugte Residenzen der Pfalzgrafen bei Rhein bzw. der Markgrafen von Baden viele Gemeinsamkeiten auf. Während beide Städte bis dahin etwa gleich groß waren, entwickelte sich Heidelberg in der Folgezeit sehr dynamisch, Pforzheim dagegen kaum noch.

Während die Kathedralstädte westlich des Rheins bis weit ins hohe Mittelalter aufgrund ihrer römischen Grundlagen einen deutlichen Entwicklungsvorsprung besaßen, büßten sie diese herausragende Stellung in der Folgezeit ein. Seit dem 14. Jahrhundert nivellierte der Aufstieg der Städte des Ostens den Vorsprung des Westens. Die mit

Abstand höchste Städtedichte wiesen nun jedoch die Niederen Lande auf.

Als demographische, wirtschaftliche, kultisch-kulturelle und herrschaftliche Zentren waren die Städte die Kristallisationspunkte der Zivilisation ihrer Zeit. Sie prägten ganz wesentlich das europäische Mittelalter, und auch als politischer Faktor spielten sie seit dem Aufkommen der Gemeinden um 1100 und verstärkt im 13. Jahrhundert sowie ihrer Teilhabe an der sich verfestigenden und die Städte mit einbeziehenden Landesherrschaft vor allem seit dem 15. Jahrhundert eine tragende Rolle.

II. Grundprobleme und Tendenzen der Forschung

1. Literatur- und Quellenlage

Einen ersten Zugriff zumindest auf die Geschichte der großen bis mittelgroßen Städte ermöglichen Nachschlagewerke wie das „Lexikon des Mittelalters". Das 1939–1964 von E. KEYSER und 1971–1974 von H. STOOB in 11 Bänden herausgegebene „Deutsche Städtebuch" bietet mit seiner systematischen Darstellung anhand eines einheitlichen Gliederungsschemas wertvolle erste Anhaltspunkte, ist jedoch nicht immer zuverlässig. Seit 1995 erscheint eine Neubearbeitung des „Deutschen Städtebuches", von der bisher die Bände zu Schlesien, Brandenburg/ Berlin und Hinterpommern erschienen sind. Das „Handbuch der historischen Stätten" (seit 1958) umfasst 20 Bände; die meisten davon wurden mehrfach neu aufgelegt, so zuletzt 2006 diejenigen für Nordrhein-Westfalen und Bayern.

Lexikonartige Nachschlagewerke, die Aufschluss über die Städte einzelner Regionen geben, sind weitgehend Mangelware. Allenfalls als Groborientierung brauchbar ist der 1970 von F. J. HIMLY herausgebrachte „Atlas des villes médiévales d'Alsace", der aber zahlreiche nicht nachvollziehbare, unrichtige oder von der Forschung mittlerweile überholte Angaben enthält. Für das Elsass ist stattdessen ein jüngerer Beitrag von B. METZ [148: Essai] heranzuziehen, worin freilich nur die mit A–R beginnenden Städte und lediglich die Zeit bis 1350 dargestellt sind. Die „Communes de Belgique/Gemeenten van België" – in 4 Bänden 1981–1983 erschienen – bieten mit ihren in Bezug auf das Mittelalter meist überaus knappen Angaben nur eine erste Orientierungshilfe; etwas Vergleichbares für die heutigen Niederlande fehlt. Einen – teils recht fehlerhaften – Überblick über die oberlothringischen Städte bis zur Mitte des 14. Jahrhunderts gewährt seit 2006 J.-L. FRAY [138: Essai]. Dieselbe Zeitgrenze findet sich bei der 2005 erschienenen Studie von M. ESCHER UND F. G. HIRSCHMANN [13: Zentren] mit Ortsartikeln zu urbanen Zentren im Südwesten des Reiches zwischen Rotterdam und Detmold im Norden, Brüssel im Westen, Frankfurt am Main im Osten und Schaffhausen und Winterthur im Süden.

Immer noch viele nützliche Informationen enthält H. PLANITZ' 1954 posthum veröffentlichtes und seither mehrfach wieder aufgelegtes Werk „Die deutsche Stadt im Mittelalter" [17] (mit vorwiegend rechtshistorischem Ansatz). Zu einem unersetzlichen Standardwerk ist E. ENNENS „Die europäische Stadt im Mittelalter" (1. Aufl. 1972, 4. verb. Aufl. 1987) [12] geworden, ebenso E. ISENMANNS „Die deutsche Stadt im Spätmittelalter 1250–1500" [14] sowie in überarbeiteter und erweiterter Form „Die deutsche Stadt im Mittelalter" [486] (mit Schwerpunkt auf der Rechts- und Sozialgeschichte sowie auf Süddeutschland). Einen ebenso knappen wie dichten Überblick bietet auch das Kapitel zur Stadt in E. SCHUBERTS „Einführung in die Grundlagen der deutschen Geschichte im Spätmittelalter" von 1992 [19].

Zwei in der Herangehensweise und im Detail nicht unumstrittene Überblicksdarstellungen haben 1993 E. ENGEL [10: Die deutsche Stadt des Mittelalters] und 2005 F. SCHMIEDER [18: Die mittelalterliche Stadt] vorgelegt. E. ENGEL und F.-D. JACOB [11: Städtisches Leben] konzentrieren sich auf den Alltag in der mittelalterlichen Stadt, gehen dabei verdienstvollerweise von Bild- und Schriftquellen aus, blenden andererseits aber ganze Bereiche (so den Nordwesten und das religiöse Leben) aus. Ein knapper, reich bebilderter Überblick B. FUHRMANNS ist 2006 erschienen [484: Stadt]. Als grundlegend kann die ausführliche (und zudem sehr preisgünstige) Darstellung mit zahlreichen Quellenverweisen von M. GROTEN aus dem Jahr 2013 gelten [485: Stadt].

Einen nicht mehr ganz aktuellen, aber immer noch überaus wichtigen und zuverlässigen Überblick über die mittelalterliche Stadtgeschichte der Niederen Lande bietet R. VAN UYTVENS „Stadsgeschiedenis in het Noorden en Zuiden" [158] von 1982. Für Luxemburg kann auf die diversen Arbeiten M. PAULYS [vor allem 150: Anfänge, und 151: Städte], für den Westen des Reiches darüber hinaus auf die 2006 erschienene dreibändige Publikation von M. ESCHER UND F. G. HIRSCHMANN [13: Zentren] verwiesen werden. Die im heutigen Frankreich gelegenen Städte werden im 1980 erschienenen zweiten Band des umfassenden Standardwerks „Histoire de la France urbaine" [16] mit Ausführungen der drei führenden Experten der französischen Stadtgeschichte behandelt: A. CHÉDEVILLE (1000–1150), J. LEGOFF (1150–1330) und J. ROSSIAUD (1330–1530), die auch die deutsche Geschichtsschreibung wesentlich beeinflusst haben. Eine vergleichbar breite wie tiefgehende Arbeit für das Reich fehlt. Generell gilt festzuhalten, dass die deutsche Stadtgeschichtsforschung auf der einen, die niederländische und belgische auf der anderen Seite immer noch wenig miteinander vernetzt sind. Die meisten umfassenden deutschen Darstellungen blen-

Übersichtsdarstellungen

den die Benelux-Staaten weitgehend aus, belgische und niederländische Forscher haben zwar wichtige Werke zur Stadtgeschichte vorgelegt, verzichten aber meist auf eine überregionale Einbettung ihrer Befunde. Zu hoffen bleibt somit, dass eine künftige Überwindung nationaler Forschungsgrenzen zu weiterem Erkenntnisgewinn führen wird.

Städteatlanten   Mitunter stellen die für eine Reihe von Regionen in Angriff genommenen Städteatlanten die aktuellsten Darstellungen zur jeweiligen Stadtgeschichte dar. Die einzelnen Reihen unterscheiden sich sehr in Bezug auf Aufbau und Umfang, sind in sich aber vergleichsweise einheitlich gestaltet. In aller Regel behandeln sie die Geschichte der Städte von den Anfängen bis zur Gegenwart nach einem einheitlichen Frageraster; alle enthalten moderne, die meisten auch historische Stadtpläne. Der „Deutsche Städteatlas" wurde in 50 Einzelblättern von 1973 bis 1993 von H. Stoob herausgegeben und 2000 mit einer weiteren Lieferung (Weimar, Altenbeken) fortgesetzt. Vom ebenfalls am Münsteraner Institut für vergleichende Städtegeschichte herausgegebenen Nachfolgeprojekt, dem „Deutschen historischen Städteatlas" sind seit 2006 die Blätter zu Quedlinburg, Schwerin, Herrnhut und Braunschweig erschienen.

Regionale Städteatlanten   Daneben existieren diverse regionale Atlasprojekte, die insbesondere in Nordrhein-Westfalen und Österreich weit fortgeschritten sind: Vom seit 1972 erscheinenden „Rheinischen Städteatlas" sind bisher rund 90 Einzelmappen veröffentlicht, vom „Westfälischen Städteatlas", 1975–1990 von H. Stoob, dann von W. Ehbrecht und seit 2009 von C. Kneppe und M. Siekmann herausgegeben, 90 Einzelblätter. Der „Österreichische Städteatlas" erscheint seit 1982 und umfasst bisher 54 Städte. Noch in den Anfängen steckt der auf 140 Städte projektierte „Hessische Städteatlas", von dem seit 2005 die Mappen zu Butzbach, Homberg/Ohm, Limburg, Wetter, Dieburg, Arolsen, Michelstadt, Grünberg, Hessisch Lichtenau, Bad Hersfeld, Bad Homburg, Bad Orb, Frankenberg, Rotenburg an der Fulda, Sachsenberg und Wetter erschienen sind.

Im Rahmen des „Historische Stedenatlas van Nederland" liegen seit 1982 erst die sieben Bände zu Haarlem, Amersfoort, Zutphen, Kampen, Schoonhoven, Venlo und Bergen op Zoom vor. Der „Historische Stedenatlas van België/Atlas Historique des Villes Belges" erscheint seit 1990 mit bisher nur drei auf dem früheren Reichsgebiet gelegenen Städten (Lier, Maaseik und Mecheln). Unter den im seit 1982 erscheinenden „Atlas Historique des villes de France" bereits publizierten Bänden liegen mit Belfort, Mömpelgard, Epinal, Nancy, Barle-Duc und Toul sechs Städte im mittelalterlichen Reichsgebiet. Der

„Historische Städteatlas der Schweiz" verzeichnet seit 1997 drei Liefe-
rungen (Frauenfeld, Neunkirch, Weesen). Weiter gediehen ist die Bear-
beitung der Städte im heutigen Polen: Im Rahmen des „Atlas History-
czny Miast Polskich/Historischer Atlas polnischer Städte" liegen seit
1993 die elf Teilbände zu Elbing, Thorn, Kulm, Graudenz, Marienburg,
Bromberg, Lötzen, Breslau, Neumarkt in Schlesien, Trebnitz und
Nimbtsch vor.

    Den materialreichsten Zugriff auf Stadtgeschichte bieten die zahl- Einzeldarstellungen
losen Einzeldarstellungen. Maßstäbe für die aktuelle mittelalterliche
Stadtgeschichtsschreibung setzt der 2001 erschienene erste Band der
großen dreibändigen „Geschichte der Stadt Würzburg" (2001) [121: U.
WAGNER (Hrsg.)], der den Anfängen und dem Mittelalter gewidmet ist.
Auf fast 800 Seiten stellen die jeweiligen Experten die Geschichte der
Stadt für ihr Fachgebiet auf neuestem Forschungsstand ebenso umfang-
wie aspektreich, dazu allgemeinverständlich und doch mit umfangrei-
chem wissenschaftlichen Apparat dar; Pläne und Abbildungen illustrie-
ren den Band. Die Beiträge rollen zum einen die mittelalterliche Stadtgeschichte chronologisch auf, zum anderen nehmen sie einzelne
Aspekte wie die Stadtverfassung, das religiöse Leben, die Wirtschaft,
das Spitalswesen, Architektur, Literatur, Volkskultur, die jüdische Gemeinde u. a. zusammenfassend in den Blick. Darüber hinaus werden in
sog. Schlaglichtern einzelne Personen, Ereignisse oder Gebäude vorge-
stellt. Demselben Prinzip folgen die im selben Verlag 2005 erschienen
Stadtgeschichten von Dresden [44: K. BLASCHKE (Hrsg.)] und Worms
[47: G. BÖNNEN (Hrsg.), Geschichte]. Konzeptionelle Gemeinsamkeiten weist auch die Mainzer Stadtgeschichte von 1998 [59. F. DUMONT/F.
SCHERF/F. SCHÜTZ (Hrsg.)] auf, die aber auf einen Anmerkungsapparat
komplett verzichtet.

    Umfangreiche aktuelle Monographien oder Sammelbände liegen
auch vor zu Städten wie Verdun (1991) [140: A. GIRARDOT, Droit] und
(1996) [78: F. G. HIRSCHMANN, Verdun], Münster (1993) [80: F.-J. JA-
KOBI (Hrsg.), Geschichte], Bern (vier Bände für das Mittelalter 1993–
2003) [56: F. DIVORNE, Bern und die Zähringerstädte; 108: R. C.
SCHWINGES (Hrsg.), Berns mutige Zeit; 42: R. BERGER, Gott ist Burger
zu Berne; 41: E. J. BEER: Berns große Zeit], Toul (1994) [46: G. BÖN-
NEN, Bischofsstadt], Trier [38: H. H. ANTON/A. HAVERKAMP (Hrsg.),
Trier], Dordrecht [76: J. HEERWAARDEN u. a., Geschiedenis] und Freiburg i. Br. [491: H. HAUMANN/H. SCHADEK (Hrsg.), Geschichte] (jeweils
1996), Utrecht [52: R. E. DE BRUIN u. a. (Hrsg.), Paradijs], Herzogenbusch [85: P. T. KUIJER, 's-Hertogenbosch], Nimwegen [51: H. BOTS/J.
KUYS (Hrsg.), Nijmegen], Ingolstadt [492: S. HOFMANN (Hrsg.), Geschich-

te] und Paderborn (jeweils 2000) [81: J. JARNUT (Hrsg.), Paderborn], Wien (2001) [55: P. CSENDES/F. OPLL (Hrsg.), Wien], Amsterdam (2004) [54: M. CARASSO-KOK (Hrsg.), Geschiedenis], Magdeburg (2005) [100: M. PUHLE/P. PETSCH (Hrsg.), Magdeburg], Osnabrück (2006) [111: B. STEINWASCHER (Hrsg.), Geschichte], Groningen (2008) [488: M. G. J. DUIVENDAK u.a. (Hrsg.), Geschiedenis], Soest (1996 und 2009) [77: H.-D. HEIMANN (Hrsg.), Soest, und 489: W. EHBRECHT (Hrsg.), Soest] Deventer (2010) [501: H. SLECHTE, Geschiedenis] und nunmehr auch Aachen [494-496: T. R. KRAUS, Aachen]. Bei den älteren Darstellungen ragen, nachdem die bahnbrechende Arbeit von A. JORIS zu Huy von 1959 [83: Ville] lange Zeit weitgehend allein gestanden hatte, in Bezug auf Aspektreichtum, Herangehensweise und Detailakribie etwa R. VAN UYTVENS Band zu Löwen (1980) [118: Leuven], die „Geschichte der Stadt Speyer" (1983) [60: W. EGER (Hrsg.)] und die „Geschichte Berlins" (1. Aufl. 1987) [500: W. RIBBE/E. BOHM (Hrsg.), Geschichte] heraus. Unter den (im Mittelalter) kleineren Städten sind etwa Pforzheim (1983) [40: H.-P. BECHT, Pforzheim], Nancy (1986) [67: J.-L. FRAY, Nancy-le-Duc], Düsseldorf (1988) [124: E. WISPLINGHOFF, Mittelalter], Rotterdam (1992 bzw. 1999) [115: A. VAN DER SCHOOR, Ontstaan; 116: DERS., Stad], Stade (1994) [48: J. BOHMBACH (Hrsg.), Stade], Ladenburg (1998) [499: H. PROBST (Hrsg.), Ladenburg], Saarbrücken (1999) [125: R. WITTENBROCK (Hrsg,), Geschichte], Boppard (1997) [119: O. VOLK, Boppard], Warendorf (2000) [86: P. LEIDINGER (Hrsg.), Geschichte], Halle an der Saale (2006) [70: W. FREITAG/F. RANFT (Hrsg.), Geschichte], Xanten (2003 bzw. 2006) [101: I. RUNDE, Xanten, und 75: H. HAWICKS, Xanten] sowie seit 2013 Duisburg [497: J. MILZ, Geschichte] und seit 2015 Leipzig [487: E. BÜNZ (Hrsg.), Geschichte] hervorragend untersucht. Andere Städte sind, auch wenn eine umfassende moderne Stadtgeschichte fehlt, über zahlreiche Einzelpublikationen gut erschließbar, so etwa Lüttich, Metz, Nürnberg, Augsburg, Halberstadt oder Braunschweig. Dagegen stellen etwa moderne und umfassende Darstellungen zu Basel, Bremen, Delft, Frankfurt am Main, Haarlem, Hamburg, Lüneburg, Maastricht, Mons oder München Forschungsdesiderate dar, und im Rahmen der mehrbändigen neuen Stadtgeschichten fehlen sowohl für Köln als auch für Bonn die Mittelalter-Bände. Für Soest dagegen ist der lange vermisste erste Band der Stadtgeschichte 2010 erschienen, und mit den in schneller Folge und auf höchstem Niveau publizierten Bänden zur Aachener Stadtgeschichte konnte 2013–15 eine lange beklagte Lücke in der Stadtgeschichtsforschung geschlossen werden.

Die stadtgeschichtliche Forschung in Deutschland verdankt dem Münsteraner Institut für vergleichende Städtegeschichte wichtige in Print-Form vorliegende Stadtbibliographien. Den Anfang machte die 1969 von E. KAYSER herausgegebene „Bibliographie zur Städtegeschichte Deutschlands", auf welche die „Bibliographie zur deutschen historischen Städteforschung" 1986 für Nord-, Mittel- und Ostdeutschland und 1996 für West- und Süddeutschland folgte. Seit 2000 liegt zudem die von B. SCHRÖDER zusammengestellte „Auswahlliste von Neuerscheinungen zur Städtegeschichte" vor, die zweimal im Jahr mit jeweils rund 300 Titeln (einschließlich zur Neuzeit) erscheint und auch online unter www.uni-muenster.de/Staedtegeschichte/portal/ abrufbar ist.

Bibliographische Hilfsmittel

Entsprechende Unternehmungen im benachbarten Ausland sind die „Bibliographie d'histoire des villes de Belgique et du Grand-Duché de Luxembourg/Bibliografie van de geschiedenis van de steden van België en van het Groothertogdom Luxemburg" von 1998 und die „Bibliographie der Stadtgeschichte der Schweiz" von 2002. Für Österreich liegen die von W. RAUSCH 1984 herausgegebene „Bibliographie zur Geschichte der Städte Österreichs" und vor allem deren aktuelle Fortsetzung in der Zeitschrift „Pro Civitate" des Österreichischen Arbeitskreises für Stadtgeschichtsforschung und die zugehörige jährlich überarbeitete online-Datenbank unter www.stadtgeschichtsforschung. at/bibliografie.php vor.

Überaus nützlich sind darüber hinaus weitere Online-Bibliographien und Datenbänke. Insbesondere ist hier für das Reichsgebiet (und darüber hinaus) auf www.regesta-imperii.de und auf die Jahres.berichte für deutsche Geschichte (jdgdb.bbaw.de/cgi-bin/jdg/) sowie für die nördlichen und südlichen Niederlande auf www.dbng.nl zu verweisen. Vergleichbares für Frankreich und Polen fehlt.

Sehr wichtige Informationen enthält auch die alljährlich von V. HENN (seit 2013 gemeinsam mit N. JÖRN) zusammengestellte „Hansische Umschau" in den „Hansischen Geschichtsblättern", da sie zusätzlich zu den (allerdings auf Monographien und Sammelbänden beschränkten) bibliographischen Angaben Rezensionen bietet. Der Schwerpunkt liegt auf dem Hanseraum, jedoch werden auch Städte außerhalb desselben systematisch erfasst.

Eine auf die Stadtgeschichte spezialisierte Zeitschrift fehlt sowohl im deutschsprachigen Raum als auch in Frankreich und den Benelux-Ländern.

Mit dem 2011 von B.-U. HERGEMÖLLER und N. CLARUS herausgegebenen Glossar zur Stadtgeschichte liegt nun ein wertvolles Hilfsmittel
zur Erschließung der mittelalterlichen Quellen vor [480: Glossar].

Die mittelalterliche Stadtarchäologie nahm – ausgehend von den

Stadtarchäologie Grabungen der 1930er Jahre in Haithabu bei Schleswig – ihren Anfang
in den zerstörten Städten nach dem Zweiten Weltkrieg [hierzu und zum
folgenden 440: H. STEUER, Überlegungen] und konzentrierte sich dabei
bis in die 1970er Jahre auf Vor- und Frühformen der Stadt, insbesondere in Norddeutschland. Mit der Umgestaltung der Städte und dem
Bau von Kaufhäusern und Tiefgaragen entstand in den 1970er Jahren
die Stadtkernforschung. Nun etablierte sich die Mittelalterarchäologie
als eigene Disziplin und konzentrierte sich fortan auf die hoch- und
spätmittelalterliche Stadt. Dabei liefert die Dendrochronologie wich-

Dendrochronologie, tige Datierungshilfen, und dank Archäozoologie und Archäobotanik
Archäozoologie, können Aussagen über konkrete Lebens- und Umweltverhältnisse in
Archäobotanik der Stadt getroffen werden. Entscheidend waren in Deutschland die
Forschungen D. ECKSTEINS in den 1960er Jahren, der erstmals compu-
tergestützte Auswertungsverfahren einsetzte und die ergrabenen Reste
Haithabus exakt datieren konnte. Als archäologisch am besten erforsch-
te Stadt gilt Lübeck, jedoch hat sich in den letzten Jahren etwa auch in
Halberstadt, Osnabrück oder Stralsund sehr viel getan. Über diese und
zahlreiche weitere Städte wäre unser Wissen ohne die Befunde aus der
Archäologie teils nur rudimentär, bzw. können durch aktuelle Gra-
bungsergebnisse einige für historische Fakten gehaltene Befunde un-
termauert oder im Gegenteil erschüttert werden. Nach wie vor weist
aber die deutsche Forschung einen Rückstand gegenüber der britischen,
niederländischen, skandinavischen, französischen oder osteuropäi-
schen Stadtarchäologie auf.

Einen guten Überblick über die historische Entwicklung der Disziplin wie ihrer Ergebnisse bietet G. P. FEHRING [430: Stadtarchäologie].
Aspekte der stadtarchäologischen Forschung zu Südwestdeutschland
enthält der von B. KIRCHGÄSSNER und H.-P. BECHT 2000 herausgegebenen Sammelband [434: Stadt und Archäologie]. Eine methodisch inno-
vative Einzelstudie, welche die Ergebnisse der Geschichtsforschung,
der Baugeschichte und der Archäologie zu einer Synthese zusammen-
führt, liegt seit 2010 für Greifswald vor [493: K. IGEL, Bürgerhaus].
Generell fällt jedoch auf, dass die niederländische und norddeutsche
Forschung zur Stadtarchäologie mehr publiziert als die süddeutsche.
Dies spiegeln auch die auch online unter www.dgamn.de abrufbaren
„Mitteilungsblätter der deutschen Gesellschaft für Archäologie des
Mittelalters und der Neuzeit" wider. Dass die Städte des gesamten Han-

seraums mittlerweile als sehr umfassend und aspektreich untersucht gelten können, ist den seit 1997 von M. GLÄSER herausgegebenen „Lübecker Kolloquien zur Stadtarchäologie" zu danken, von denen bisher neun Bände mit Beiträgen zahlreicher internationaler Experten erschienen sind. Über Forschungseinrichtungen und Forschungsstand in den einzelnen Bundesländern informiert www.mittelalterarchaeologie.de.

Bereits 1963 hat E. KEYSER die Bedeutung des Stadtgrundrisses als Geschichtsquelle hervorgehoben und in diesem Zusammenhang nochmals betont, dass man Stadtwerdung als längeren Prozess, aufbauend auf vielerlei Funktionen, und nicht als Gründungsakt zu sehen hat [345: Stadtgrundriß]. Diesen Ansatz erweitert K. BLASCHKE 1998, indem er die Bedeutung des Blicks auf den Stadtplan, der in der Regel schon sehr viel über Stadtwerdung und Stadtentwicklung aussagt, sowie der Einbeziehung von Straßennamen und Kirchenpatrozinien für die Erforschung der mittelalterlichen Stadt hervorhebt [446: Naissance]. *Stadtgrundriss als Geschichtsquelle*

2. Definitionen von Stadt

Die Stadtgeschichtsforschung des 19. Jahrhunderts suchte im Wesentlichen nach einem distinktiven Merkmal, welches die Stadt vom Dorf unterschied. So betonte G. L. MAURER etwa 1869 [32: Geschichte] die eminente Bedeutung der Mauern für die Stadt, wogegen O. VON GIERKE [455: Genossenschaftsrecht] diese 1868 als Unterscheidungsmerkmal zwischen Stadt und Dorf ablehnte; an anderer Stelle wiederum hob MAURER die Bedeutung der städtischen Verfassung hervor, welche die Stadt vom Dorf unterscheide. Dagegen hat G. WAITZ 1885 [469: Jahrbücher] bereits richtig erkannt: „Nicht das Eine oder Andere allein gibt den Ausschlag. Wohl aber haben alle diese Momente eine gewisse Bedeutung. Wo eine größere Zahl von Wohnungen neben einander und benachbart lagen, wo an dem Sitz eines Bischofs oder Klosters, bei einer Pfalz des Königs die Menschen sich in engerer Vereinigung ansiedelten, oder unter dem Schutz von Mauern und Gräben wohnten, vor allem wo ein Markt sich fand, Handel und Gewerbe einen Mittelpunkt des Lebens abgaben, überall fand man ein Gemeinsames, was diese Ortschaften von den einfachen Dörfern oder Höfen der Landbauern unterschied", was man zu Recht als „den Forschungsstand seiner Zeit weit überholende[n] Ausweitung der begrifflichen Perspektive" [25: A. HEIT, Städte] bezeichnet hat. In die gleiche Richtung zielte 1889 G. VON *G. Waitz' vielschichtiger Stadtbegriff*

BELOW [20: Entstehung], dem zufolge sich die mittelalterliche Stadt von der ländlichen Ortschaft durch eine Reihe von „Attributen" wie Markt, Mauer oder Gerichtsbezirk unterschied.

Bei G. SCHMOLLER [461: Grundriß] standen 1908 gemäß seiner Forschungsschwerpunkte wirtschaftliche Fragen im Vordergrund, auch er gelangte jedoch zu einer auf mehreren Kriterien aufbauenden Stadtdefinition, zu welchen auch Topographie, Befestigung und Verfassung gehören; dieser Ansatz wurde durch seinen Schüler W. SOMBART [467: Kapitalismus] weiter ausdifferenziert [25: A. HEIT, Städte].

M. Webers okzidentale Stadt

Auf überaus große Resonanz stießen die Überlegungen M. WEBERS [36: Stadt], die 1920/21 posthum und unvollendet veröffentlicht wurden und 1999 Eingang in die Gesamtausgabe seiner Werke fanden. Dabei handelt es sich nicht um ein systematisches, sondern zum Teil eher assoziatives Werk, WEBER selbst war sich der Schwächen bewusst. Er wendet sich zunächst den ökonomischen Funktionen der Stadt zu und unterscheidet dabei die „Konsumentenstadt" (diese wiederum unterschieden in „Fürstenstadt" und „Beamtenstadt" auf der einen und „Rentnerstadt" auf der anderen Seite) von der „Produzentenstadt" und der „Händlerstadt". Er geht davon aus, dass in der empirischen Realität fast nur Mischtypen vorkommen und die Städte „daher nur nach ihren jeweils vorwiegenden ökonomischen Komponenten klassifiziert werden können". Um einen politisch-administrativen Begriff der Stadt zu definieren, betont er deren Befestigung und die Marktfunktionen als universelles Phänomen sowie das eigene Gericht, den Verbandscharak-

Autonomie und Autokephalie

ter und zumindest ansatzweise Autonomie und Autokephalie als spezifische Merkmale der okzidentalen Stadt. WEBER versucht mit seiner Leitfrage herauszufinden, warum sich nur im Okzident ein sich selbst verwaltetes Bürgertum herausgebildet hat, wobei er unter diesem Begriff sowohl die griechisch-römische Antike als auch das europäische Mittelalter fasst. Als grundlegend erachtet WEBER den Verbrüderungscharakter der Stadtgemeinde (im Gegensatz zu den Abstammungsgemeinschaften der nichtokzidentalen Stadt), wobei die beteiligten Gruppen und Individuen prinzipiell gleichberechtigt seien und es stets die kultische Dimension dieser Gemeinschaften in den Blick zu nehmen gelte. In der Eidverschwörung *(coniuratio)* zu einer solchen Bruderschaft (beginnend im ausgehenden 10. Jahrhundert in Norditalien) sieht WEBER den konstitutiven Akt bei der Herausbildung der mittelalterlichen Stadtgemeinde *(commune)*. Auch die weitere Entwicklung ist für ihn durch beschworene Einungen von Bürgern geprägt, indem die Zünfte/Gilden nun ihrerseits ihren Anteil an der Stadtherrschaft beanspruchten. Noch ungeklärt ist, inwieweit WEBER, wenn er von „Genos-

senschaft" und „Herrschaft" spricht, allgemeine Terminologie der Zeit
verwandte oder in O. VON GIERKES Schuld stand.

Vor allem seit den 1980er Jahren hat M. WEBERS Stadtbegriff ver.
stärkt das Interesse der Forschung auf sich gezogen. Insbesondere G.
DILCHER ist stark von ihm geprägt und hat ihm zahlreiche Einzelstudien
gewidmet [hierzu 34: O. G. OEXLE, Max Weber]. Er sieht WEBERS Stadt
als eine Rechtsgenossenschaft mit Autonomie und Autokephalie getra-
gen durch ein Vertragsverhältnis sowie ein subjektives Zusammenge-
hörigkeitsgefühl. O. G. OEXLE hat 2003 wiederum die Bedeutung M.
WEBERS betont, der noch längst nicht überholt und bei weitem nicht
umfassend erforscht sei, und dargelegt, dass dessen Ansatz Herr-
schafts-, Rechts-, Musik- und Religionssoziologie integriert. G. Dilcher und O. G. Oexle zu Max Weber

Für H. AMMANN [127: Thesen] war 1930 „Stadt" „in erster Linie H. Ammann
ein wirtschaftlicher Begriff" und kennzeichnet einen Ort mit im Wesentlichen über die Landwirtschaft hinaus entwickeltem Erwerbsleben,
d. h. mit Handel und Gewerbe oder Industrie. Erst in zweiter Linie be-
zieht sich der Begriff ,Stadt' auch auf die für einen derartigen Wirt-
schaftsmittelpunkt notwendigen besonderen Rechts- und Verwaltungs-
formen. Für das Mittelalter kommt als dritter wesentlicher Bestandteil
des Stadtbegriffes die Stadtbefestigung als der Ausdruck der politischen Kräfte, die bei der Stadtbildung mitwirkten, hinzu. Während er
hier die Wirtschaft in den Vordergrund rückte, scheint an anderer Stelle
eine Gleichwertigkeit der Kriterien durch, so bei seinen „Thesen" von
1930, die er 1954 noch einmal aufnahm: „Jeder Versuch der Forschung,
Stadtwerdung und Stadtentwicklung nur vom wirtschaftlichen, vom
politischen oder vom rechtlichen Standpunkt her zu erklären, muß deshalb Stückwerk bleiben." [hierzu 25: A. HEIT, Städte].

Während somit bereits WAITZ, SCHMOLLER,WEBER oder AMMANN
erkannt haben, dass ein sich nur an einem Kriterium ausrichtender
Stadtbegriff in jedem Fall unzulänglich ist, hat seit C. HAASES Mono- C. Haases kombi-
graphie zur Entstehung der westfälischen Städte von 1958 [142] dessen nierter Stadtbegriff
kombinierter Stadtbegriff allgemeine Anerkennung gefunden: „Man
wird notwendigerweise zu einem ,kombinierten' Stadtbegriff kommen
müssen, der die Einzelbegriffe in ihrer Einseitigkeit überwindet, in sich
aufnimmt und so die Stadt als Ganzheit zu erfassen strebt. Nur eine
Summe von Kriterien kann den Stadtbegriff ausmachen." Dabei stellt
er auch die Frage nach der Auswahl der Kriterien und betont, dass deren Bedeutung oder ihr Aufkommen im Prozess der städtischen Entwicklung regional unterschiedlich und zeitlich gebunden sein konnten.
„Zumindest ändern die einzelnen Komponenten ihr Gewicht, ihre
Rangordnung verschiebt sich." Unabhängig von ihrer langfristigen und

bis heute zu Recht nicht in Frage gestellten Wirkung beabsichtigte HAASE keineswegs eine neue Stadtdefinition, vielmehr galt für ihn: „Alles Allgemeine, was über den Begriff der Stadt zu sagen ist, hat Max Weber . . . im Grunde schon 1921 gesagt".

E. ENNEN hat seit den späten 1970er Jahren eine Bündelung der Kriterien in solche des äußeren Erscheinungsbildes (Zusammensiedlung, Zusammenballung, starkes Gefälle im Siedlungsaufriss, Befestigung, besondere Qualität des Wohnens), der Struktur (arbeitsteilige Wirtschaft, geschichtete, leistungsständisch geordnete Gesellschaft, besondere Rechtsstellung der Bewohner, breit gestreute Schriftlichkeit) und der Funktion (vielfältige Zentralität ökonomischer, politisch-administrativer, ständestaatlicher und kultisch-religiöser Natur) vorgeschlagen.

E. Ennen

Ein bis heute nicht ganz überwundenes Problem besteht darin, dass sich die stadtgeschichtliche Forschung generell zu häufig an nationalen Grenzen orientiert. Insbesondere haben sich die deutsche und die niederländisch-belgische Forschung viel zu wenig zur Kenntnis genommen. Der deutschen Seite fehlt dadurch oft ein angesichts der Größe und Innovationskraft vieler niederländischer und belgischer Städte in seiner Bedeutung kaum zu überschätzender Teil der Geschichte der Städte im Reichsgebiet, der niederländisch-belgischen Seite die Möglichkeit, ihre wichtigen Befunde in einen größeren Rahmen einzuordnen und durch einen überregionalen Vergleich neue Erkenntnisse zu gewinnen. Bis heute ist in den meisten Übersichtsdarstellungen wie auch Einzelanalysen der Nordwesten nahezu völlig ausgegrenzt, so etwa 2006 bei E. ENGEL und F.-D. JACOB [11: Städtisches Leben], obwohl dort ausdrücklich das *regnum Teutonicum* als Bezugsraum genannt wird.

Nationale Grenzen als Forschungsgrenzen

In den letzten Jahrzehnten wurden immerhin die Methoden, Ansätze und Ergebnisse der französischen Ecole des Annales wahrgenommen, die auf die Gründung der Zeitschrift „Annales d'histoire économique et sociale" 1929 durch M. BLOCH und L. FEBVRE zurückgeht, die ihrerseits von dem deutschen Historiker K. LAMPRECHT beeinflusst wurden. Sie und ihre Nachfolger vertreten einerseits einen sozioökonomischen Ansatz und arbeiten mit quantifizierenden Methoden, betonen andererseits die Bedeutung der Struktur- und Mentalitätsgeschichte. Ihnen kommt es darauf an, geschichtliche Phänomene in ihrer „longue durée" zu erfassen. Zudem betonen sie immer wieder, wie wichtig der Aspekt des Vergleichs ist, insbesondere auch in Hinblick auf die Städtegeschichte. Seit den 1970er Jahren bewirkte die Ecole des Annales auch in der deutschsprachigen Stadtgeschichtsforschung eine verstärkte Hinwendung zur Alltags- und Mentalitätsgeschichte, wie sie

Ecole des Annales

Struktur- und Mentalitätsgeschichte

etwa bei E. ENGEL und F.-D. JACOB [11: Städtisches Leben] im Vordergrund steht.

Allgemeine Akzeptanz hat die von F. IRSIGLER 1980 vorgelegte Stadtdefinition gefunden: „Stadt ist eine vom Dorf und nichtagrarischen Einzwecksiedlungen unterschiedene Siedlung relativer Größe mit verdichteter, gegliederter Bebauung, beruflich spezialisierter und sozial geschichteter Bevölkerung und zentralen Funktionen (politischherrschaftlich-militärisch) für eine bestimmte Region oder regionale Bevölkerung". Diese hat er zuletzt 2003 aufgegriffen und in die seitherige Forschung eingebettet [27: Siedlung]. *F. Irsigler*

In eine vergleichbare Richtung zielt der jüngste Definitionsvorschlag P. JOHANEKS von 1997, der allerdings das kulturell-religiöse Element außer Acht lässt. Demzufolge sei die Stadt zu fassen als „verdichtete und gegliederte Bebauung auf umgrenzter, durch Befestigung markierter Fläche, rechtlich vom sie umgebenden Umland geschieden, bewohnt von im Prinzip rechtlich gleichgestellten und sich selbst verwaltenden Bürgern. Diese Stadtbevölkerung selbst ist beruflich spezialisiert und sozial geschichtet, der Platz selbst ausgestattet mit politischherrschaftlich-militärischen und vor allem wirtschaftlichen zentralen Funktionen, wobei bei den letzteren Handwerk, Gewerbe und Handel dominieren." [28: Tradition]. *P. Johanek*

Eine ähnliche Definition hat auch R. VAN UYTVEN [158: Stadsgeschiedenis] 1982 in der „Algemene geschiedenis der Nederlanden" vorgelegt, die in deutscher Übersetzung wie folgt lautet: „Die Stadt ist eine Niederlassung mit zentralen Funktionen, welchen sie ihre diversifizierte soziale und wirtschaftliche Struktur, ihre relativ dichte Bevölkerung und konzentrierte Bebauung sowie ein sich von der Umgebung absetzendes Aussehen und eine eigene Mentalität verdankt." Posthum erschienen 2004 zwei von A. HEIT [26: Vielfalt] erarbeitete Stadtdefinitionen: „Innerhalb eines wählbaren räumlich-zeitlichen Bezugssystems, für das der Begriff ‚Siedlung' sinnvolle Anwendung finden kann, ist ‚Stadt' diejenige gestuft realisierte Siedlungsform, die durch die Modalkategorie der Steigerung gekennzeichnet ist gegenüber einer inferioren Vergleichsgesamtheit nichtstädtischer Siedlungen." bzw. „Mit Bezug auf die der Siedlung inhärenten Kategorien ist Stadt diejenige Siedlungsform, bei der sich eine variante Verbindung quantitativ wie qualitativ unterschiedlich gesteigerter Elemente zu einer gestuften Pluralität individualisierender Prägung vereinigt." *R. van Uytven* *A. Heit*

Auch in Österreich stehen neue Themen im Zentrum der Forschung, so die Definition des Stadtbegriffs, interdisziplinärer Forschungsansatz, das Bemühen um vergleichende Städtegeschichte. R. *Die Forschung in den Nachbarländern*

CZAJA und J. ŽEMLIČKA kommt das Verdienst zu, die polnische bzw. tschechische Stadtgeschichtsforschung mit der deutschen verknüpft und die jeweiligen Forschungsergebnisse in Deutschland sowie die deutschen in ihrer Heimat bekannt gemacht zu haben. M. BOONE und W. BLOCKMANS haben durch ihre grundlegenden Untersuchungen zu den flandrischen Städten des Spätmittelalters die deutsche Forschung ebenfalls erheblich befruchtet und diese wiederum für ihre Arbeiten nutzbar gemacht. Vor allem auch für die Stadt-Umland-Forschung, die städtischen Führungsgruppen und die Bedeutung der geistlichen Institutionen hat die französische Forschung wichtige Akzente gesetzt, so in den Monographien von P. DESPORTES 1979 zu Reims [472: Reims], O. GUYOTJEANNIN 1987 zu Beauvais und Noyon [473: Episcopus], J. LUSSE und A. SAINT-DENIS 1992 und 1995 zu Laon [475: Naissance; 478: Apogée].

W. Christaller und die Theorie der zentralen Orte

Die von dem Geographen W. CHRISTALLER 1933 vorgelegte Theorie der zentralen Orte [261: Orte] fand in den 1960er Jahren Eingang in die Geschichtswissenschaft, welche sie seitdem in überaus fruchtbarer Weise bereichert. Insbesondere hat sie Wesentliches zur Erforschung des Verhältnisses von Stadt und Umland beigetragen und konnte für die Definition des Stadtbegriffs nutzbar gemacht werden. Hierzu haben vor allem K. FEHN 1970 [263: Funktionen], R. KIESSLING 1979 [268: Umweltpolitik] und die zahlreichen Arbeiten F. IRSIGLERS [etwa 264: Raumkonzepte; 265: Stadt und Umland; 266: Stadt und Umland] beigetragen. J.-L. FRAY hat sie 2006 auf Lothringen angewandt und sie somit in der französischen Forschung verankert [138: Villes et bourgs]. P. SCHÖLLER [271: Zentralitätsforschung] definiert 1972: „Unter zentralen Orten werden Siedlungen verstanden, die Mittelpunkte eines Gebietes sind, Dienste und Güter anbieten, deren Gesamtbedeutung über die eigene Einwohnerzahl hinausgeht und die zur Versorgung dieses Gebietes dienen. Zentralität ist damit die relative Bedeutung einer Siedlung in Bezug auf das sie umgebende Gebiet oder der Grad, in dem der Ort zentrale Funktionen ausübt." F. IRSIGLER [265: Stadt und Umland] weist zu Recht darauf hin, dass hier zu einseitig der Blick auf die Stadt gelenkt wird und die Leistungen des Umlandes für diese ausgeblendet bleiben. Daher steht heute weniger der Gegensatz zwischen Stadt und Land im Zentrum der Forschung, stattdessen richtet sich der Blick auf die Beziehungen der Städte zu ihrem Umland. Dabei betont IRSIGLER die grundlegende Bedeutung des Marktes: „es gibt zwar Märkte ohne Stadtcharakter, aber keine mittelalterliche Stadt ohne Marktfunktionen irgendwelcher Art; denn diese beziehen das Umland erst in das städtische Wirtschaftsleben ein" [Ebd.].

Stadt-Umland-Beziehungen

H. STEUER hat 2002 eine Stadtdefinition aus der Sicht der Mittelal- | Der Stadtbegriff
ter-Archäologie vorgelegt [440: Überlegungen]. Er unterscheidet dabei | Der Stadtbegriff
in einer ersten Gruppe folgende Ebenen: die archäologische Realität, | der Mittelalter-
die daraus erschließbaren wirtschaftlichen und gesellschaftlichen Ni- | Archäologie
veaus, die auf gemeinsamem Handeln basierenden überindividuellen
Lebensbereiche, den städtischen Lebenszuschnitt, die Stadtherrschaft,
die Brücke zur Schriftlichkeit. Die zweite Gruppe beschreibt „das sich
überraschend rasch wandelnde Bild der Stadt und der Strukturen der
Stadt" und untersucht die ständigen Erneuerungen und Ergänzungen
der Gebäude, die fehlende berufliche Konzentration in einzelnen Straßen, das individuelle Schicksal der Parzellen und Gebäude sowie
schließlich jeder einzelnen Stadt. Die dritte Gruppe analysiert die gemeinsamen Befundtypen, die vierte den zivilisatorischen Zuschnitt, die
fünfte rechtliche und raumgreifende Strukturen. STEUER betont, dass
„jede Stadt . . . als Ganzheit ihr individuelles Schicksal (hat), das von
der besonderen Topographie und verkehrsmäßigen Lage bestimmt
wird, aber durchaus auch von unverwechselbaren individuellen politischen Vorgängen."

Der kombinierte Stadtbegriff mit einem mehr oder weniger aus-
differenzierten Kriterienbündel kann heute weitestgehend als Konsens | Internationaler
der Forschung erachtet werden, so auch in Osteuropa [474: F. HOFF- | Konsens über den
MANN, České město, 1992], auf der Iberischen Halbinsel [476: C. MAZ- | begriff
ZOLI-GUINTARD, Ciudades, 2000] oder in England [471: B. BRODT, Städ- | kombinierten Stadt-
te, 1997; 477: D. NICHOLAS, Later Medieval City, 1997].

Dieser bildet auch die Grundlage für die Untersuchungen von M.
ESCHER und F. G. HIRSCHMANN zu den Städten im Westen des Reiches | M. Escher und
[13: Zentren]. Die Autoren gehen von fließenden Übergängen zwischen | F. G. Hirschmann
Stadt und Dorf aus und unterscheiden dabei diverse Zentralitäts- und
Urbanitätskriterien:
– administrative und gerichtliche Funktionen (Burg, Amtssitz, Notariat,
Gerichtsort) bzw. Residenz mit all den diese ausmachenden unterschiedlichen Faktoren (Herrscheraufenthalte, Sitz der Landstände,
Grablege der Dynastie, Sitz der Rechnungsbehörden, des obersten Ge-
richts, der Kanzlei)
– Existenz einer Gemeinde (Bezeichnung als solche, Privilegierung,
Verfügung über Siegel, Glocken, Versammlungsorte, Archive, Rechnungswesen, Milizen und andere Gemeinschaftseinrichtungen bis hin
zu einem eigenen Territorium)
– wirtschaftliche Funktionen wie Marktgeschehen (wobei im Idealfall
nach Häufigkeit und Einzugsbereich des Marktes zu differenzieren ist),
Jahrmarkt (mit der großen Bandbreite zwischen lokalem Kirchweihfest

und überregional besuchter Messe), Hafen, gewerbliche Differenzierung bis hin zu für den überregionalen Export arbeitenden Gewerben, Zoll und Stapel, Hallen und Kaufhäuser, Fernhändler, Geldhändler (Juden, Lombarden, Wechsler)

– kultisch-kulturelle Funktionen wie Pfarrei (wobei deren Zahl wenig aussagekräftig ist für die urbane Qualität einer Siedlung), gegebenenfalls Archidiakonats- oder Landdekanatssitz, Zahl der Klöster und Stifte sowie der Klosterhöfe, Schulen, überregional ausstrahlende Wallfahrt

– topographische Kriterien wie Stadtmauer und Größe der ummauerten Fläche, Badstuben, Mühlen u. a.

– toponymische Kriterien, wie sie J.-L. FRAY [68: Saint-Dié] in die Diskussion eingebracht hat, indem er aufzeigen konnte, dass im Lothringischen Orte als Referenz bei der Benennung anderer kleinerer Orte dienen („x apud y" usw.)

F. IRSIGLER hat 2004 vorgeschlagen [412: Überlegungen], diese Kriterien zu Gruppen (Herrschaft/Verwaltung, Wirtschaft, Kult/Kultur, weitere Infrastrukturelemente) zusammenzufassen, dem folgt J.-L. FRAY 2006 in seinen Untersuchungen zu Lothringen [138: Villes]. Hierbei ergibt sich jedoch das Problem der oftmals nicht eindeutig zuordenbaren Funktionen. Abteien waren als Produzenten und Konsumenten auch Wirtschaftsfaktoren, sowohl wirtschaftliche als auch kultische Funktion sowie gemeindliche kamen etwa den Bruderschaften zu, ebenso lassen sich insbesondere die Hospitäler aufgrund ihrer Multifunktionalität keinem Sektor zuweisen.

Erstmals verkartet wurde ein solcher Kriterienkatalog bei E. EN-
NEN 1982 für den „Geschichtlichen Atlas der Rheinlande", dann 1992 von R. VAN UYTVEN für Brabant [157: Villes], H.-W. HERRMANN für den Saarraum [144: Städte], F. BURGARD für Kurtrier [130: Städtenetz] und M. PAULY [151: Städte] für die Grafschaft Luxemburg. Es folgten 1995 das Touler Umland durch G. BÖNNEN [46: Bischofsstadt], wobei die Autoren als Darstellungsform in der Regel Säulen oder Symbolreihen wählten, 1996 das Verdunois durch F. G. HIRSCHMANN (hier erstmals mit Umsetzung der verschiedenen Kriterien in unterschiedlich große, die Bedeutung der jeweiligen Siedlung widerspiegelnde Kreise) [78: Verdun] und 1997 die sponheimischen Grafschaften durch M. UHRMACHER [241: Freiheitsprivilegien]. 2005 legten M. ESCHER und F. G. HIRSCH-MANN ihre Kartenserien für den Westen des Reiches und Ostfrankreich vor [13: Zentren], und seit 2006 ist die Habilitationsschrift von J.-L. FRAY für den oberlothringischen Raum veröffentlicht [138: Villes et bourgs].

Verkartung von Kriterienkatalogen

Dabei legt sich keiner der Autoren fest, wann von einer Siedlung als Stadt gesprochen werden kann. So verkartet etwa ENNEN im Untersuchungsraum des „Geschichtlichen Atlas der Rheinlande" 52 Städte, ESCHER/HIRSCHMANN für denselben Zeitraum bis 1250 im selben Kartenausschnitt zwar mit 53 urbanen Zentren annähernd dieselbe Zahl, aber die Verteilung im Raum ist recht unterschiedlich. Während nämlich Borken, Bocholt, Goch, Grieth, Beckum, Wipperfürth, Hachenburg und Ahrweiler nur bei ENNEN erscheinen, haben ESCHER/HIRSCHMANN abweichend von der Atlas-Karte auch Herzogenrath, Werden, Münstereifel, Sinzig, Münstermaifeld, Karden, St. Goar, Bacharach und Kaiserslautern aufgenommen, weshalb sich das bei ENNEN ins Auge stechende Übergewicht des niederrheinischen Nordens hier nicht fassen lässt.

Hier zeigt sich, dass es müßig ist, Zahlenangaben zu Städten zu einem bestimmten Zeitpunkt zu treffen, da dies ja einen einheitlichen Stadtbegriff bzw. eine identische Anzahl von Kriterien voraussetzen würde. Aussagen wie bei G. KOCHER („Von 1024–1254 . . . stieg im Hl. Römischen Reich die Zahl der Städte durch Neugründungen von rund 200 auf rund 1500.") [346: Entwicklung] oder J. E. SCHNEIDER („In der Ostschweiz gab es im späten 12. Jahrhundert sechs Städte: Konstanz, Zürich, St. Gallen, Schaffhausen, Diessenhofen (vor 1178) und Winterthur (nach 1180). Im 13./14. Jahrhundert kamen 23 weitere hinzu. Neun „Städte" gingen in diesem Zeitraum auch wieder ab.") [153: Städtegründungen] setzen absolute und allgemein verbindliche Kriterien von Stadt voraus. T. SCOTT dagegen ist sich bei seinen Ausführungen zu den Städtelandschaften des Elsass, des Neckartals und der Romandie durchaus der Problematik bewusst, dass die Grenzen zwischen Städten und Dörfern fließend sind und die von ihm als Neugründungen verkarteten Städte zum Teil ältere Wurzeln hatten, trifft dann allerdings ebenfalls verabsolutierende Aussagen, denen zufolge etwa im Elsass vier Städte vor 1200, 31 zwischen 1200 und 1350 und 19 Städte sowie 8 Marktorte zwischen 1350 und 1500 gegründet worden sein sollen; Verkartungskriterium bleibt letztlich das Stadtrecht [426: Städte].

Die Problematik der Abgrenzung von Stadt und Dorf hat G. DIL-CHER 2004 zugespitzt auf die Aussage: „Nicht einmal die allerallgemeinste Definition, die die Stadt von einer ländlichen Siedlung, einem Dorf abgrenzt, ist im einzelnen als Definition griffig. Im übrigen wäre sie von einer für die wissenschaftliche Arbeit wenig nützlichen, leeren Allgemeinheit . . . Es ist dann durchaus konsequent, . . . jede Stadt als historisches Individuum zu sehen, das in seiner Einmaligkeit durch die

Die fließenden Übergänge von Stadt und Land

Vielfalt der genannten Faktoren bestimmt ist und nur beschreibend historisch erfaßt werden kann" [23: Einheit].

Als wichtigste gegenwärtige „Innovationszentren" der mittelal-

terlichen Stadtgeschichtsforschung nennt F. IRSIGLER [457: Stadt im Mittelalter] das 1969 gegründete Institut für vergleichende Städtege-schichte an der Universität Münster, den formal seit 1965 bestehenden, aber in seinen Anfängen auf die späten 1950er Jahre zurückgehenden „Südwestdeutschen Arbeitskreis für Stadtgeschichtsforschung", den Österreichischen Arbeitskreis für Städtegeschichtsforschung seit 1969 mit Sitz in Linz, den seit 1980 tagenden Arbeitskreis Niederrheinischer Kommunalarchive und den von 1987 bis 2002 bestehenden Sonderfor-schungsbereich „Zwischen Rhein und Maas" an der Universität Trier. Seit rund zehn Jahren gehen die wohl wichtigsten Impulse für die mit-telalterliche Stadtgeschichte vom Regensburger Forum Mittelalter aus, welches auf breiter interdisziplinärer Zusammenarbeit basierend zahl-reiche Aspekte neu in den Blick nimmt. Langfristig wirksame Akzente gingen laut IRSIGLER [453: Stadt im Mittelalter] nach dem Zweiten

Weltkrieg vor allem von E. MASCHKE (1900–1982), W. SCHLESINGER (1908–84), C. HAASE (1920–1990), H. AMMANN (1894–1967), H. STOOB (1919–1997), E. ENNEN (1907–1999) (Schriftenverzeichnis 15: Städte-wesen) und W. RAUSCH (geb. 1927) aus. „Sie haben die Städtegeschich-te nach dem Zweiten Weltkrieg aus einer gewissen Verengung der Inte-ressen und Fragestellungen herausgeführt, den zweifellos wichtigen verfassungs- und rechtsgeschichtlichen Themenkomplex erweitert durch den Einbezug der Wirtschafts- und Sozialgeschichte, der Kir-chen- und Kulturgeschichte, die Öffnung für Nachbarwissenschaften wie Mittelalterarchäologie, Geographie und Raumforschung, Soziolo-gie und Ökonomie." Diese Reihe ist zu ergänzen um R. VAN UYTVEN (geb. 1933) (nicht mehr ganz aktuelles Schriftenverzeichnis in „Liber Amicorum" von 1998), A. HAVERKAMP (geb. 1937) (Schriftenverzeich-nis unter www.uni-trier.de/in.dex.php?id=12204), P. JOHANEK (geb. 1937) (Schriftenverzeichnis bis 2002 unter [449: W. EHBRECHT u. a. (Hrsg., Blick], Fortsetzung bis 2012 unter www.degruyter.com/view/ books/boehlau.9783412215620/boehlau.9783412215620.441/boehlau. 9783412215620.441.xml), F. IRSIGLER selbst (geb. 1941) (Schriften-verzeichnis unter www.uni-trier.de/index.php?id=14537), W. EHBRECHT (geb. 1941) (Schriftenverzeichnis unter www.wilfriedehbrecht.de), R. KIEßLING (geb. 1941) (Schriftenverzeichnis unter www.philhist. uni-augsburg.de/lehrstuehle/geschichte/bayerische/downloads/Down-load-pdf/schriftenverzeichnis_kiessling_2013.pdf) u. a.

3. Rolle der Stadtrechte

Die Stadtgeschichte des 19. Jahrhunderts war stark von verfassungsgeschichtlichen Fragen dominiert, wofür etwa auf die breit angelegten
Untersuchungen G. L. VON MAURERS von 1869–1871 [32: Geschichte],
G. VON BELOWS von 1889 [20: Entstehung] oder F. KEUTGENS von 1895
[30: Untersuchungen] zu verweisen ist. Auch H. PLANITZ hob besonders
das ius mercatum und die schwurgemeinschaftlichen Zusammenschlüsse als stadtkonstituierend hervor [17: Stadt im Mittelalter].

G. DILCHER [in 163: H. JANKUHN/W. SCHLESINGER/H. STEUER   G. Dilcher
(Hrsg.), Vor- und Frühformen] hat 1973 M. WEBERS Typus rechtshisto-
risch zugespitzt auf städtische Freiheit, städtischen Frieden, eigenes
städtisches Recht und eigene stadtbürgerliche Verfassung, ein Ansatz,
den E. ISENMANN 1988 [14: Stadt im Spätmittelalter] weitgehend über-
nommen hat. In seinem umfassenden Standardwerk zur Rechtsgeschichte betonte DILCHER 1999 [233: Rechtsgeschichte] erneut die in
Anlehnung an M. WEBER die „als Typus einheitliche, weltgeschichtlich
wohl doch einmalige Rechtsform der okzidentalen Stadt", Autonomie
und Autokephalie und den konstitutiven Charakter des Eides als – wiederum Weber aufgreifend – „revolutionäre Usurpation", die eine „Legitimation von Herrschaft aus dem Bürgerverbande" schafft. Im Schwur
erblickt er das wichtigste Strukturprinzip der Bürgergemeinde, und
2002 hebt DILCHER [232: Bürgerrecht] akzentuiert die Bedeutung von
Bürgerrecht und Bürgereid als handlungsleitende Normen der Bürgerschaft hervor und betrachtet die Stadtgemeinde als Eidverbrüderung.

Dem stehen jedoch auf der anderen Seite Forschungsrichtungen
entgegen, die das Stadtrecht als nicht konstitutiv für den Urbanisie-   Einwände gegen den
rungsprozess sehen. So erkannte O. A. KIELMEYER 1932, dass es sich bei   rein rechtshistori-
Privilegien wie der Loi de Beaumont im Lothringisch-Luxemburgi-   schen Stadtbegriff
schen oder auch etwa den Sammelprivilegien des Trierer Erzbischofs
lediglich um „Dorfbefreiungen" handelte, denen zentrale Funktionen in
erster Linie im territorialen Landesausbau, nicht aber im Hinblick auf
eine qualitative Siedlungsverdichtung zukamen [238: Dorfbefreiung].

Nach dem Zweiten Weltkrieg hat sich die Stadtgeschichtsforschung vom rechtshistorischen Begriff der Stadt abgewendet; wirt-
schaftsgeschichtliche, sozialgeschichtliche und geographisch-topogra-
phische Gesichtspunkte traten in den Vordergrund.

Auf niederländischer Seite hat etwa W. DE VRIES 1956 davor gewarnt, die Bedeutung der Stadtrechte zu überschätzen, da hier oftmals
lediglich bereits bestehende Verhältnisse schriftlich fixiert wurden [35:
Oppidum]. Zwei Jahre später hat F. L. WAGNER für den Trierer Raum

festgestellt: „Für den Nachweis städtischer Rechte können die Sammelprivilegien daher nicht als beweiskräftige Urkunden herangezogen werden; vielmehr läßt sich eine sichere Beurteilung nur durch eine gründ-
liche ortsgeschichtliche Einzeluntersuchung gewinnen" [219: Ministe-
rialität]. Er erkannte, dass diesen Privilegien Bedeutung für den
territorialen Landesausbau, nicht aber für die qualitative Siedlungsverdichtung zukam. E. ENNEN hat 1988 darauf hingewiesen, wie problema-
tisch Stadtrechtsorte und Freiheiten von landesherrlichen Städten abzugrenzen sind [234: Franchises]. G. DESPY hat 1992 ebenfalls die Un-
brauchbarkeit des Stadtrechts bei der Stadtdefinition betont und dies u.
a. daran veranschaulicht, dass man sonst allein in Luxemburg auf rund
200 Städte käme [22: Repères]. M. PAULY konnte 1993 aufzeigen, dass
sich in Luxemburg gerade die mit einer Loi de Beaumont ausgestatte-
ten Siedlungen nicht zu Städten entwickelten [150: Anfänge], und A.
GIRARDOT hat 1992 betont, dass diesen Privilegien – dargestellt am Verdunois – vor allem eine „importance stratégique" zukam [140: Droit].
Daran anknüpfend stellte F. G. HIRSCHMANN 1996 fest, dass die Loi de
Beaumont und vergleichbare Privilegien „nicht als Gradmesser für –
noch so bescheidene – Urbanisierung gelten" können [78: Verdun]. M.
ESCHER und F. G. HIRSCHMANN gingen 1995 sogar so weit, unter ihren
zahlreichen Zentralitäts- und Urbanitätskriterien das Stadtrecht nicht
als solches zu werten [13: Zentren]. Auch betonen sie in Anlehnung an
V. HENN, dass der angeblich mittelalterliche Rechtssatz „Stadtluft
macht frei" weder nachweisbar mittelalterlich ist noch in seiner Aussage allgemeine Gültigkeit besitzt.

T. SCOTT nimmt 2006 ESCHER/HIRSCHMANN auf und betont, dass
die dort publizierten Karten von den bisherigen, auf Stadtrecht- bzw.
Marktrechtverleihung basierenden erheblich abweichen. Er bezweifelt
allerdings, ob die bewusste Ausklammerung des Stadtrechts als Kriterium gerechtfertigt ist. Zugleich räumt aber auch er ein, dass zahlreichen Winzerdörfern am Neckar im Laufe des 13. Jahrhunderts durch
die Territorialherren in diesem herrschaftlich zersplitterten Raum
Stadtrechte gewährt wurden, „ohne dass sich an ihrem Wirtschafts-
oder Gesellschaftsprofil Wesentliches ändern sollte" [426: Städte].

Den Gegensatz zwischen dem (meist geistlichen) Stadtherrn und
der Stadtgemeinde hat die ältere deutsche wie belgische Forschung herausgearbeitet, ebenso das Streben der Stadtbevölkerung nach bürgerli-
H. Pirenne   chen Freiheiten, wie es etwa die belgische Forschung um H. PIRENNE als
geradezu konstitutiv für die mittelalterliche Stadt hervorgehoben hat.
Freie Händler und Kaufleute galten als idealtypische Bürger dieser
Stadt, der Stadtherr und seine Ministerialen, die Geistlichkeit und der

Adel als ihre natürlichen Gegner, die freiheitsliebende Bürgerschaft als
isolierter Mikrokosmos einer grund- und lehnsherrschaftlich geprägten
Umwelt [hierzu 454: Fortune historiographique].
Insbesondere die Arbeiten von K. SCHULZ seit den späteren 1960er
Jahren [216: Ministerialität; 182: Richerzeche; 216: Ministerialität;   K. Schulz
184: familia; 181: Freiheit, und zusammenfassend 218: Ministerialität;
505: Handwerk] haben einen erheblichen Erkenntnisgewinn zur Folge
gehabt, konnte er doch aufzeigen, dass die Ministerialen keineswegs
nur Parteigänger ihrer Dienstherren im Kampf gegen die Autonomie
erstrebende Bürgergemeinde waren, sondern im Gegenteil eine wesentliche Kraft im gemeindlichen Stadtwerdungsprozess darstellten und ein
integrativer, oftmals gar bestimmender Teil der städtischen Führungsgruppen waren.

G. GLEBA hat 1989 die Ausbildung „verschiedenster Formen in-
stitutionalisierter Kollektivität" als generelles Charakteristikum des
Hochmittelalters bezeichnet [171: Gemeinde]. 1994 hat G. SCHWER-
HOFF davor gewarnt [185: Freiheit], hier ein modernes Freiheitsver-
ständnis vorauszusetzen; stattdessen gelte es, „soziale und politische
Kräfte der Vergangenheit im Medium ihrer damaligen begrifflichen
Abgrenzung und im Selbstverständnis des vergangenen Sprachge-
brauchs der beteiligten Partner" aufzuschlüsseln. A. HAVERKAMP   A. Haverkamp
[175: Comunità] hat 2001 Gemeinschaft über die horizontale Gleichheit der Mitglieder, die Führungspersönlichkeiten und die transper-
sonalen Elemente wie Kasse, Ordnung, Siegel, Glocke sowie über
die Verfügbarkeit eines Versammlungsraumes und affektive Bindun-
gen definiert.

Auch in Bezug auf die seit der Wende zum 14. Jahrhundert nahe-   Innerstädtische Aus-
zu überall im Reich zu beobachtenden innerstädtischen Auseinander- einandersetzungen
setzungen hat man lange Zeit geglaubt, klare Gegensätze zwischen in
sich mehr oder weniger homogenen Gruppen ausmachen zu können.
Die alte Forschung hatte sich ganz auf den Gegensatz zwischen Patriziern und Zünften konzentriert, jedoch konnte E. MASCHKE 1974 auf-   E. Maschke
zeigen, dass der Frontverlauf keineswegs so eindeutig war und weder
das Patriziat noch die Zünfte homogene Gruppen bildeten, an der
Spitze der Zünfte oftmals die reich gewordenen, aber von der Partizipation am Stadtregiment ausgeschlossenen Kaufleute standen [165: Städ-
te], und bereits 1952 hatte P. DOLLINGER darauf hingewiesen, dass etwa
in den oberrheinischen Städten die Kämpfe vorwiegend zwischen bürgerlichen Patriziern und stadtsässigem Adel stattfanden [211: Patrizi-
at]. A. HAVERKAMP hat 1991 herausgearbeitet, dass diese Auseinandersetzungen zudem keineswegs nur innerstädtisch waren, sondern auch

das Umland erfassten und zum Teil in überlokalen Zusammenhängen standen [177: Auseinandersetzungen].

G. Bönnen In einem grundlegenden Aufsatz hat G. Bönnen die Anfänge der Stadtgemeinden im Reich untersucht, dabei eine „Zustimmungsgemeinschaft von Bischöfen, Geistlichkeit und entstehendem Meliorat" erkannt, den „Konnex zwischen Kult und Gemeinde: Bruderschaften, Hospitäler, Pfarreien und urbane Gemeinschaftsbildung" betont und den „Zusammenhänge zwischen stadtherrschaftlichem Wandel und salischer Königsherrschaft" herausgearbeitet [170: Aspekte]. Neben den bereits erwähnten grundlegenden Arbeiten G. Dilchers spiegelt der 1994 von W. Ehbrecht vorgelegte Sammelband „Verwaltung und Politik" [207] die aktuelle Debatte um die Verfassung der mittelalterlichen Stadt wider. Ein umfassender Überblick über die Herausbildung der Stadtgemeinden im Reich findet sich seit 2012 bei F. G. Hirschmann [520: Anfänge].

In Zusammenhang mit dem Entstehen der Stadtgemeinden im nordalpinen Reich ist ein gegen Erzbischof Anno II. gerichteter Aufstand in Köln aus dem Jahre 1074 zu nennen. Lampert von Hersfeld beschreibt den Interessengegensatz zwischen dem Erzbischof und Teilen der Kaufleuteschaft, den *primores civitatis*, detailliert. Angeführt von einem reichen Kaufmannssohn formierte sich eine Opposition gegen den erzbischöflichen Stadtherrn. Der Bischofshof wurde geplündert, Anno verschanzte sich zunächst im Dom, floh dann aus der Stadt, kehrte aber nach ein paar Tagen mit einem starken Heer zurück und schlug den Aufstand nieder. Als dann König Heinrich IV. nach Köln kam und Gericht hielt, verlangte er von Anno u. a. er möge den Aufständischen verzeihen und ihm Geiseln stellen, was der Erzbischof ihm verweigerte. Daraufhin soll es zu einer Verschwörung gekommen sein. Diese Ereignisse hat die ältere Stadtgeschichtsforschung – so noch 1971 H. Jakobs [178: Verfassungstopographische Studien] und 1994 H. Stehkämper [186: Gemeinde] als Streben der Stadtgemeinde nach autonomem Handeln interpretiert, jedoch hat E. Ennen bereits 1975 darauf hingewiesen, dass sich hier nicht die gesamte Bürgerschaft gegen den Erzbischof erhob, sondern es um die Partikularinteressen insbesondere der Kaufleute ging. So konnte denn F.-R. Erkens 1998 pointiert formulieren: „Von kommunaler Eigenständigkeit ist dagegen nichts zu bemerken" [452: Sozialstruktur].

Die strittigen Anfänge der Stadtsiegel im Reich Seit Jahren wurde eine lebhafte Diskussion um die Anfänge der Stadtsiegel im nordalpinen Reich bzw. speziell die Kölner, Mainzer und Trierer Siegel geführt. In seiner detaillierten Studie zu den verschiedenen Positionen zwischen Frühdatierung auf vor 1120 (etwa T.

DIEDERICH 1969 und 1984, M. GROTEN 1984 u. a.) und Spätdatierung auf vor 1149 (etwa A. HAVERKAMP 1987 und H. JAKOBS 1980 und 1993) [189: DIEDERICH, Stadtsiegel; 188: DERS., Städtesiegel; 192: GROTEN: Studien; 291: HAVERKAMP, Städte; 193: JAKOBS: Eugen III.; 194: JAKOBS, Eugen III.] sowie zwischen erzbischöflicher Verleihung und eigenständigem Handeln durch die Stadtgemeinde entscheidet sich B. RÖDER 1999 gewiss zu Recht für den späteren Zeitpunkt und eine Initiative der städtischen Führungsgruppen, ohne dahinter eine bereits autonome Stadtverwaltung erkennen zu wollen [195: Romnachfolge]. Damit verbunden ist auch die strittige Frage, ob es sich bei den Stadtsiegeln um ein vom Stadtherrn verliehenes Zeichen handelt, oder ob sich die Stadtgemeinden dieses selbst zulegten bzw. ob ein Siegel überhaupt als Indikator für eine funktionierende, über Handlungsspielraum verfügende Gemeinde brauchbar ist, was etwa M. PUNDT 1988 bezweifelt hat [214: Metz und Trier]. Die Datierungsfrage dürfte nunmehr zugunsten der Spätdatierung entschieden sein, denn M. GROTEN ist 2008 von seiner früheren Position abgerückt [191: Heilige] und schlägt nun für Köln eine Datierung auf die 1140er Jahre vor. Damit und durch die grundlegende Studie B. RÖDERs dürfte auch für Mainz und Trier das Thema erschöpft sein.

4. Stadttypen

Immer wieder hat die Stadtgeschichtsforschung der letzten Jahrzehnte versucht, Stadttypologien zu entwickeln, war sich dabei aber auch stets der Problematik bewusst, dass solche Typologien die Gefahr bergen, einerseits zu starr, auf der anderen Seite zu schwammig zu sein.

H. AMMANN hat 1956 die Städte noch ihrer Größe in Typen eingeteilt. Demnach gelten mittelalterliche Städte über 50 000 Einwohner als Weltstadt (was im Reich nicht vorkam), über 20 000 Einwohner als bedeutende Großstadt, über 10 000 Einwohner als Großstadt, über 5000 Einwohner als größere, über 2000 Einwohner als kleinere Mittelstadt, über 1000 Einwohner als ansehnliche Kleinstadt, über 500 Einwohner als mittlere Kleinstadt, über 200 Einwohner als kleinere Kleinstadt und darunter als Zwergstadt. Dies sei freilich für andere Räume, etwa Flandern oder Italien zu differenzieren [442: Stadt]. *Größentypen*

F. IRSIGLER hat sich 2004 mit der Problematik von Typologien auseinandergesetzt und unterscheidet etwa Residenzstädte, Salzstädte, Bergbaustädte, Burg- und Residenzstädte, Gewerbestädte, Exportgewerbestädte oder Fernhandelsstädte. Zudem zeigt er auf, dass es zwar *Funktionstypen*

allgemein üblich ist, von Bischofs- und Kathedralstädten zu sprechen, eine Typologie dieses Stadttyps aber noch nicht erarbeitet ist und der Begriff gerade in den mittel-, nord- und ostdeutschen Kolonisationsgebieten nicht unproblematisch ist, wofür Lübeck ein anschauliches Beispiel darstellt. Die Schwierigkeit, Typen zu bilden, illustriert IRSIGLER am Falle Kölns, das zugleich Bischofs- und Kathedralstadt, Exportgewerbe- und Fernhandelsstadt, Universitätsstadt, Wallfahrtsstadt, freie Reichsstadt, ja auch Weinstadt und Bierstadt war [415: Überlegungen].

Am klarsten fassbar ist der Typ der Bergstadt mir dem sächsischen Freiberg als frühestem und bedeutendstem Beispiel. Diese Städte sind im Wesentlichen monofunktional, und der Bergbau bestimmt dort nicht nur das Wirtschaftsleben, sondern auch die Verfassung.

„Abteistädte" H. TRAUFFLER hat vor einer zu pauschalen Verwendung des Begriffs „Abteistadt" gewarnt, da aus abteilicher Wurzel entweder keine Städte entstanden oder die Abtei aus ihrer Stellung als alleinige Grundherrin durch die Stadtgemeinden, laikale Herrschaftsträger oder beide verdrängt wurden [320: Klostergrundherrschaft]. Eine Definition dieses Stadttyps stammt von A. GILLEN: „Erst wenn die Funktionen der Stadt für geistliche wie laikale Kräfte auf allen Ebenen (in kultisch-kultureller, herrschaftlich-administrativer und wirtschaftlicher Hinsicht) und im Raum (in Bezug auf das Umland, die Grundherrschaft und die Region) sowie die Funktionen jener Kräfte und des Raumes für die Stadt herauskristallisiert und ein Übergewicht der Abtei festgestellt werden kann, erscheint der Begriff Abteistadt als ‚von einer solchen Institution primär geprägte Stadt' zutreffend" [72: Saint-Mihiel].

L. CLEMENS hat in seinen Untersuchungen zu Trier 1993 einen Kriterienkatalog entwickelt, mit Hilfe dessen man eine „Weinstadt" bestimmen kann. Maßgeblich sind demnach die Lage in einem Weinbaugebiet, die Beteiligung breiter Bevölkerungsschichten an der Weinproduktion, ein differenziertes Weinbaugewerbe im Rahmen genossenschaftlicher Organisationsformen, die Existenz eines in der Stadtwirtschaft dominierenden Weinmarktes und damit ausreichender Lagermöglichkeiten [447: Trier].

„Gründungsstädte" Zu prüfen bleibt, ob ähnliche Definitionsansätze auch bei anderen Städten mit gemeinsamen Merkmalen zu greifen vermögen. Mit dem vermeintlichen Typus der Gründungsstadt haben sich zuletzt M. ESCHER und F. G. HIRSCHMANN auseinandergesetzt. In aller Regel sind diese nicht aus wilder Wurzel entstanden und konnten die Gründungsanstöße durch die Territorialherren unterschiedlichste Formen haben (Privilegierung, Urbarmachung, Gründung von Institutionen usw.) [13: Zentren].

Für E. KEYSER war bereits 1963 klar, dass man Stadtwerdung als Prozess, aufbauend auf vielerlei Funktionen, zu sehen hat und man nicht von einem Gründungsakt, sondern von einer längeren Entwicklung auszugehen hat [345: Stadtgrundriß]. 1970 hat K. BLASCHKE Kritik an H. PLANITZ und der deutschen Stadtgeschichtsforschung der Nach. kriegszeit geübt, die sich zu sehr auf die Stadtgründung als planerischen Akt konzentrierte und den Neu- und Vorstädten wenig Beachtung schenkte: „Die Stadt wurde im wesentlichen von der ‚eigentlichen' Stadt, der durch einen Gründungsakt als Verfassungskörper ins Leben getretenen Stadt, der ‚Altstadt' her gesehen, zu der alles Vorangegangene letztlich doch nur Vor- und Frühform von untergeordnetem Rang und alles Nachfolgende nur Ergänzung darstellte." [336: Altstadt-Neustadt-Vorstadt]. Er wies auch darauf hin, dass E. ENNEN bereits 1953 [162: Frühgeschichte] die Absolutheit der „Stadtgründung" abgeschwächt und auf die Bedeutung funktional unterschiedlicher Bestandteile der Stadt hingewiesen hat.

Bereits 1869 hat G. L. VON MAURER auf die Irrelevanz der zeitgenössischen Bezeichnungen, um zu einer Differenzierung zu gelangen, hingewiesen. Er erkannte, dass Begriffe wie *oppidum, castrum, urbs, civitas, burg* im deutschen Sprachraum synonym gebraucht wurden – im Gegensatz zum romanischen Sprachraum, wo man sehr wohl zwischen *civitas* für den Bischofssitz und Begriffen wie *castrum* unterschied [32: Geschichte]. Für die Zeit bis ins 11./12. Jahrhundert hinein gilt dies freilich auch im Reichsgebiet, erst danach verlor der *civitas*-Begriff zunehmend an Schärfe und Klarheit. Zuletzt hat 2006 W. KATZINGER betont, dass sich aus der mittelalterlichen Terminologie keine entscheidenden Unterschiede erarbeiten lassen [417: Forum].

Von dieser Regel gibt es jedoch Ausnahmen: So haben M. ESCHER und F. G. HIRSCHMANN 2005 zusammenfassend herausgearbeitet, dass mit *oppidum* stets eine befestigte Siedlung, in Ausnahmefällen auch ein besonderer Rechtsraum, gemeint ist [13: Zentren], und F. IRSIGLER konnte 2004 aufzeigen, dass die aus Frankreich übernommene Bezeichnung *bonnes villes* „zumindest im Ansatz auch ein Typenbegriff" war und in westlichen Territorien wie Brabant, Luxemburg oder Bar eine mehr oder weniger feste Gruppe von Städten umfasste, die als einzige Anteil an der Landesherrschaft hatten [415: Überlegungen].

5. Die kleinen und mittelgroßen Städte
als Objekte der Forschung

Seit etwa 1990 fand insofern ein Paradigmenwechsel in der Stadtgeschichtsforschung statt, als das Augenmerk bis dahin vorwiegend den
Reichs- und Bischofsstädten (und unter diesen wiederum vor allem denen im Westen des Reiches) sowie den großen Hansestädten gegolten
hatte, seither aber landesherrliche mittelgroße und kleine Städte in den
Vordergrund rückten [453: H. FLACHENECKER, Umgang; 145: F. IRSIGLER,
Städtelandschaften].

Paradigmenwechsel in der Stadtge- schichtsforschung

Für Erstere hat M. BUR 1997 den Begriff des „second réseau
urbain" geprägt [410: Origines]. Flächendeckende Forschungen zu den
kleinen Städten liegen vor für den Westen des Reiches mit Luxemburg,
dem Mündungsgebiet des Rheins, Brabant, den Maaslanden, der Eifel,
der Saarregion, Kurtrier und Lothringen [422: Petites villes] sowie für
den Südwesten [258: J. TREFFEISEN/K. ANDERMANN (Hrsg.), Städte], aber
auch Westfalen, die Uckermark, das Havelland, Schlesien, Österreich,
den Niederrhein, den Schweizer Raum und Altbayern [Literatur bei
145: F. IRSIGLER, Städtelandschaften].

Seit Jahrzehnten wird der Übergangsbereich zwischen Stadt und
Dorf viel diskutiert, den H. STOOB 1959 als „Minderstädte" bezeichnet
hat [427: Minderstädte]. O. A. KIELMEYER hatte 1932 die rheinischen
Burgtalprivilegien und die bis ins Sauerland verbreiteten Freiheiten
und die champagnische, aber auch in Lothringen stark verbreitete
Charte de Beaumont als „gefreite Dörfer" zusammengefasst [238:
Dorfbefreiung]. STOOB unterschied mehrere Phasen der Stadtentstehung in Mitteleuropa: die Ausbildung der sog. Mutterstädte bis ins
12. Jahrhundert, dann bis zur Mitte des 13. Jahrhunderts die Zeit der
„großen Gründungsstädte", auf welche die „Kleinstadtzeit" folge und
schließlich im späten Mittelalter die Fortsetzung der Welle der Kleinstädte mit „Kümmerformen" und „Minderstädten" [vgl. hierzu auch
411: W. EHBRECHT, Minderstadt]. Er erkannte, dass den Weichbildern
und Freiheiten in Norddeutschland die Märkte in Bayern und Österreich bis nach Südböhmen entsprechen und meinte damit die „ganze
Breite der Skala zwischen Stadt und Dorf". Dies findet sich ähnlich bei
R. KIEßLING 2004 [419: Stadt] und wiederum W. EHBRECHT 2006 [411:
Minderstadt]. Letzterer hat darauf hingewiesen, dass sich die Weichbilder eher in Niederdeutschland finden, die Freiheiten eher in der Mitte
vom Moselraum bis nach Hessen und Thüringen. KIEßLING hat dies dahingehend ergänzt, dass dem für den alemannisch-fränkisch-oberpfäl-
zischen Raum die Zwergstädte entsprechen.

„Minderstädte"

C. HAASE hat zwar 1965 dargelegt, wie der Stadtbegriff aufweicht, wenn man ihn einseitig vom Stadtrecht her angeht und auch Freiheiten, Weichbilder usw. mit einbezieht, dann aber für die Siedlungen zwischen Stadt und Nicht-Stadt doch mit dem Terminus „Minderstadt" gearbeitet [142: Entstehung]. Dagegen lehnte E. ENNEN 1987 diesen Begriff ab und betonte, dass die rheinischen Freiheiten, westfälischen Wigbolde und süddeutschen Märkte „keine missglückten Stadtgründungen" waren, sondern „ein Instrument der Territorialpolitik", also Teil eines auf Stadtrechte setzenden Territorialkonzepts [hierzu 411: W. EHRBRECHT, Minderstadt]. Auch P. JOHANEK ist 1994 [416: Städte] dieser Deutung gefolgt, wenn er die kleinen Städte vor allem als Instrumente landesherrlicher Politik versteht. T. SCOTT hat 2006 noch einmal ausgeführt, dass der Begriff „Minderstadt" abzulehnen ist, weil er den Eindruck einer klar abgrenzbaren Gruppe erweckt und ein Scheitern impliziert und man zudem mit der „Vollstadt" des 12. und frühen 13. Jahrhunderts einen falschen Maßstab anlegt [426: Städte]. Neu in die Debatte geworfen hat H. OBERMAIR 2006 den Begriff „Bastard Urbanism" für einen „mittleren Aggregatzustand des spätmittelalterlich-regionalen Städtischen" [421: Bastard Urbanism].

> Kleine Städte als Instrumente landesherrlicher Politik

Auf europäischer Ebene sind diese Orte minderer Urbanität untersucht durch E. ENNEN 1987 [412: Minderstädte] und P. JOHANNEK 1994 [416: Städte], auf regionaler etwa durch M. SCHAAB 1979 für den Südwesten des Reiches [423: Städtlein], für Altbayern, Franken und Schwaben sind die Ergebnisse in einem von H. FLACHENECKER und R. KIESSLING 1999 herausgegebenen Band zusammengefasst [135: Städtelandschaften].

Sehr zu Recht hat K. FEHN 1993 betont, dass es sich dabei jedoch nicht um einen klar zu definierenden Typus, sondern um einen „Ausschnitt aus dem Kontinuum von Siedlungen, das bei dem rein agrarwirtschaftlich orientierten Dorf beginnt, ein breites Spektrum von ganz unterschiedlichen Orten umfasst und bei der Weltstadt endet", handelt [414: Entstehung]. R. KIESSLING wiederum hat darauf hingewiesen, dass die Vorstellung vom Stadt-Land-Kontinuum ebenfalls offen lässt, ab wann man Urbanisierung ansetzen kann, und dass sicher kein rein rechtlicher Stadtbegriff tragfähig ist [419: Marktbegriff].

> Fließende Grenzen zwischen Stadt und Dorf

W. KATZINGER hat bereits 1978 aufgezeigt, dass die süddeutschen Märkte eine große Rolle als landesherrliche Instrumente im Spannungsfeld von bischöflicher bzw. adeliger Herrschaftsbildung und landesherrlicher Gewalt spielten [418: Märkte]. Wichtige Forschungsergebnisse R. KIESSLINGS sind ferner die Erkenntnis, dass die hochmittelalterlichen Märkte oft zu Städten wuchsen, die seit dem 13./14. Jahr-

> R. Kießlings Marktdefinition

hundert entstehenden jedoch in der Regel nicht mehr, dass die Zahl der Märkte in Süddeutschland diejenige der Städte bei weitem übertraf, seit dem 15. Jahrhundert aber stagnierte und dass die landesherrlich gefreiten Märkte gleichberechtigt mit den Städten an den bayerischen Landtagen teilnahmen. Derselbe Autor hat auch eine Marktdefinition vorgelegt, der zufolge sich diese Siedlungen durch eine besondere Rechtsqualität (Marktfrieden), gewisse administrative Funktionen, Marktgeschehen, kulturelle Funktionen wie etwa eine Schule, ferner durch soziale Differenzierung und gewerbliche Tätigkeit auszeichnen und ihre Bevölkerungszahl über die umgebenden dörflichen Siedlungen hinausgeht. Er konnte aufzeigen, dass in vielen süddeutschen Territorien (Baden, Kempten, Freising, Passau, Regensburg, Unterstift Eichstätt u. a.) die zentralen Orte unterhalb der Ebene von Städten, also Märkte, Amtsflecken u. a., die dominierende Form urbaner Siedlungen bildeten, und dies dahingehend differenzieren, dass die Märkte etwa in Altbayern überwiegend aufgrund herrschaftlicher Initiative entstehen, in Ostschwaben aber deren ökonomische Funktion überwog [419: Marktbegriff]. Bereits 1969 konnte für Altbayern [71: P. FRIED, Landsberg am Lech] aufgezeigt werden, dass die Verlagerung der Gerichts- und Amtsfunktionen von den Burgen in die urbanen Zentren (Städte bzw. Märkte) bis zur Mitte des 14. Jahrhunderts abgeschlossen war.

„Ackerbürgerstädte"　　Längst hat die Forschung, etwa von M. SCHAAB 1979 [423: Städtlein] oder J. SYDOW 1983 [428: Klein- und Mittelstadt], mit der bis dahin weit verbreiteten Meinung aufgeräumt, viele Kleinstädte seien vorwiegend agrarisch geprägt gewesen („Ackerbürgerstädte"). Dabei hat SCHAAB in Auseinandersetzung mit den Orten „zwischen Stadt und Dorf" bzw. der Frage nach deren Sonderstellung hervorgehoben, „wie fließend die Grenzen nach oben und nach unten sein konnten, wenn eine Analyse der – oftmals fälschlicherweise noch als ausschließlich städtische Verfassungsmerkmale definierten – Elemente Befestigung, Markt und Privilegierung erfolgte".

6. Stadt und Kirche

Seit den 1970er Jahren ist eine verstärkte Rückbindung der Stadtgeschichte an die Religions- und Kirchengeschichte zu beobachten. R. KIEßLING hat 1971 in seiner grundlegenden Arbeit zum spätmittelalterlichen Augsburg die Bedeutung der geistlichen Institutionen, ihre Verflechtungen mit dem Bürgertum sowie ihre Rolle als Wirtschaftsfaktoren betont [267: Stadt]. Maßstäbe haben auch 1987 A. HAVERKAMP

[291: Heilige Städte] und 1995 W. EHBRECHT [285: Stadt und ihre Heiligen] gesetzt. HAVERKAMP hat aufgezeigt, dass sich zahlreiche Städte   Heilige Städte
als „heilig" nach dem Vorbild Jerusalems (und Roms definierten) und
dies etwa über Siegel, Inschriften u. ä. zum Ausdruck brachten. Insbesondere betont er – wie auch in seinen anderen Arbeiten –, dass die
Stadtgemeinden nicht von der Konfrontation mit der Kirche, sondern
aus der Symbiose mit der Kirche lebten. EHBRECHTS grundsätzliche wie
methodisch überaus wichtige Ausführungen beinhalten auch eine Definition des Phänomens Stadtpatron anhand eines Kriterienbündels. Eine
umfassende Studie zu den Stadtpatronen an Rhein und Mosel verdankt   Stadtpatrone
die historische Forschung T. DIEDERICH [282: Stadtpatrone]. Die Funktion der Stadt als Sakralgemeinschaft steht für die heutige Forschung
außer Frage und wurde aktuell noch von A. RANFT und M. RUPRECHT für
Halle/Saale erforscht [315: Kommunebildung]. Auch der von F.-H.
HYE 1995 herausgegebene Tagungsband zu „Stadt und Kirche" [300]
hat die wechselseitige Bedeutung beider Elemente pointiert aufgezeigt.
Erheblichen Erkenntnisgewinn brachten zudem seit 2005 die Publikationen des Regensburger Forum Mittelalter, deren interdisziplinärer Forschungsansatz auch und gerade den Themenzusammenhang von Stadt
und Religion beleuchtet [513: S. EHRICH/J. OBERSTE (Hrsg.), Kulte; 515:
J. OBERSTE (Hrsg.), Pluralität].

Umso erstaunlicher ist die Tatsache, dass die religiösen Aspekte
noch immer auch bei aktuellen Übersichtsdarstellungen ausgeblendet
bleiben, so bei E. ENGEL und F.-D. JACOB, welche die Stadt ausschließlich in Hinsicht auf ihr Recht, die Kaufleute und das Gewerbe behandeln [11: Städtisches Leben]. Hier wird übersehen, dass städtisches
Leben immer auch religiöses Leben bedeutete.

Entsprechend dem Stellenwert des Religiösen für die Stadt kann
die Rolle der geistlichen Institutionen – welche die ältere Forschung
häufig in einem antagonistischen Verhältnis zum Bürgertum betrachtet
hatte – kaum überschätzt werden. M. HEITZENRÖDER hat dies 1982 etwa
für die vier wetterauischen Reichsstädte Frankfurt, Friedberg, Gelnhausen und Wetzlar, allerdings beschränkt auf rechtliche Beziehungen zur
Stadtgemeinde, betont [295: Reichsstädte], M. GECHTER hat 1983 die
Rolle der geistlichen Institutionen für die spätmittelalterliche Wirtschaft Kölns [289: Kirche] und 2007 speziell die der Frauenklöster aufgearbeitet [288: Frauenklöster]. Die Bedeutung der geistlichen Institu   Bedeutung der geisttionen für die Stadtentwicklung wurde in den 1990er Jahren etwa am   lichen Institutionen
Beispiel der oberlothringischen Kathedralstädte Metz [313: M. MÜL   für die Stadt
LER, Schnittpunkt], Toul [46: G. BÖNNEN, Bischofsstadt] und Verdun
[78: F. G. HIRSCHMANN, Verdun] belegt, ebenso aber auch bereits 1988

für Eichstätt [65: H. FLACHENECKER, Geistliche Stadt]. Die engen personellen Verflechtungen zwischen stadtsässigem Klerus, geistlichen Institutionen und Kathedralstädten haben etwa U. HÖROLDT 1994 zu Köln
[299: Studien] und G. MINN 2002 zu Metz [309: Kathedralstadt] her-
ausgestellt, A. GILLEN hat dies für das wesentlich durch seine zentrale
geistliche Institution geprägte St. Mihiel dargelegt [72: Saint-Mihiel].
Als Konsens kann heute gelten, dass die Benediktinerklöster den Städten keineswegs eher distanziert gegenüberstanden – so noch 1999 W.
HERBORN [297: Reichs-, Abtei- und Territorialstadt].

Stadt und Stift Die Bedeutung der Kollegiatstifte ist seit den 1980er Jahren in
den Vordergrund gerückt durch die Arbeiten von I. CRUSIUS [281: Kollegiatstift; 280: Basilicae], P. MORAW [310: Hesssische Stiftskirchen;
312: Typologie; 311: Stiftskirchen] oder G. P. MARCHAL [306: Stadtstift;
307: Kanonikerstift 1999] sowie diverse auf Fachtagungen basierenden
Sammelbände [308: E. MEUTHEN (Hrsg.), Stift; 305: S. LORENZ/O. AUGE
(Hrsg.), Stiftskirchen]. Von M. ESCHER-APSNER [63: Stadt und Stift]
sind diese als „Stätte der Begegnung von Kirche und Welt", „Träger
sozialen, wirtschaftlichen und politischen Einflusses" und „städtische
Sache" erkannt worden. Die engen politischen, wirtschaftlichen und
personellen Verflechtungen zwischen Stadt und Stiftsklerus wurden
etwa von H. JOHAG 1977 zu Köln [301: Beziehungen], F. BURGARD 1991
zu Trier [245: Familia Archiepiscopi] oder M. ESCHER-APSNER 2004 zu
Stift und Stadt als Münstermaifeld aufgezeigt, weshalb letztere von einer „Einverständ-
„Einverständnis- nisgemeinschaft" von Stift und Stadt (sowie dem Landesherrn) spricht
gemeinschaft" [63: Stadt].

Darüber hinaus sind regionale Unterschiede herausgearbeitet
worden. So hat P. MORAW [311: Stiftskirchen] darauf hingewiesen, dass
die Hälfte aller Kollegiatstifte im Reich westlich des Rheins oder am
Rhein lag und der Vorsprung des linken Niederrheins noch größer wird,
wenn man die Pfründenzahl in den Blick nimmt. G. P. MARCHAL wiederum hat 1982 hervorgehoben, dass es durch die Stadtgemeinden gegründete Kollegiatstifte nur im Gebiet der heutigen Schweiz gab [306:
Stadtstift].

Einen Katalog sämtlicher Kollegiatstifte im Reich mit Ausnahme
der Bistümer Cambrai, Toul und Verdun haben A. WENDEHORST und
S. BENZ erarbeitet [324: Verzeichnis], eine Zusammenstellung aller –
von ihrer Natur her stets stadtsässigen – Domannexstifte findet sich bei
F. G. HIRSCHMANN [298: Domannexstifte].

Bettelorden als Indi- Die seit langem bekannte Bedeutung der Bettelorden für die
kator der urbanen Stadtentwicklung hat den französischen Forscher J. LEGOFF 1968 [303:
Entwicklung Apostolat mendiant] zu der Aussage veranlasst, es gebe keine Stadt

ohne Bettelordensniederlassung und deren Zahl sei der zentrale Indikator für Größe und Bedeutung einer Stadt. Auch wenn dies in derartiger Verabsolutierung kaum haltbar ist [317: H.-J. SCHMIDT, Bettelorden], bleibt der Zusammenhang zwischen Mendikanten und Stadt evident [13: M. ESCHER/F. G. HIRSCHMANN, Zentren].

Eine ganze Reihe neuerer Arbeiten hat die Rolle der Bettelorden in einzelnen Städten oder Territorien umfassend untersucht. Hier ist zunächst N. HECKER mit seinen überregional angelegten Studien zu Bettelorden und Bürgertum im Spätmittelalter von 1981 zu nennen [293: Bettelorden und Bürgertum], ferner P. A. HENDERIKX 1977 zu Holland und Seeland [296: Bedelordekloosters], M. SEHI 1981 zu Würzburg [316: Bettelorden], I. GRÜBEL 1984 zu Straßburg und Basel [290: Bettelorden und Frauenfrömmigkeit], H.-J. SCHMIDT 1986 zu Trier [317: Bettelorden], 1994 dann P. MÜLLER zu Hildesheim [314: Bettelorden und Stadtgemeinde] und T. BERGER zu den Bistümern Mainz, Worms und Speyer [277: Bettelorden], I. ULPTS 1995 zu Mecklenburg [321: Bettelorden], A. RÜTHER 1997 zu Straßburg [316: Bettelorden in Stadt und Land], P. BERTRAND 2004 zu Lüttich [278: Commerce] und speziell zu den Franziskanern in Thüringen der 2008 von T. T. MÜLLER herausgegebene Tagungsband [514: Gott].

Auf die in der Forschung zu Recht betonte große Bedeutung der Prozessionen für die städtische Gemeinschaftsbildung hat sich A. LÖTHER 1999 konzentriert und herausgearbeitet, dass sich auch in Prozessionen mit exklusivem Teilnehmerkreis die Sakralgemeinschaft Stadt konstituierte [304: Prozessionen].

Verstärkt widmet sich die Forschung zudem den Klöstern und Stiften als Wirtschaftsfaktoren in der mittelalterlichen Stadt [hierzu zuletzt 284: C. DOBRINSKI/B. GEDDERTH/W. WIPFLER (Hrsg.), Kloster und Wirtschaftswelt].

7. Demographie

Die historische Forschung ist sich seit langem des Problems bewusst, dass Angaben zu Einwohnerzahlen mittelalterlicher Städte bis weit ins späte Mittelalter hinein lediglich grobe Schätzwerte sein können [12: E. ENNEN, Europäische Stadt]. Als Quellen kommen hierzu etwa Häuserlisten, Feuerstättenverzeichnisse, Steuerlisten u. ä. in Frage. Die ältesten Quellen aus dem Reichsgebiet auf territorialer Ebene stammen aus dem Herzogtum Brabant mit insgesamt sieben Haushaltszählungen zwischen 1374 und 1526 [443: R. S. J. MOLS, Introduction];

Problematische Quellenlage

darüber hinaus sind seit der Mitte des 14. Jahrhunderts Steuerlisten für einzelne Städte erhalten. Direkte Rückschlüsse auf die Einwohnerzahl erlauben aber auch diese Quellen nicht, da wesentliche Gruppen der Stadtbevölkerung (Arme, Klerus) nicht erfasst sind. Allgemein geht man von einem Koeffizienten von 4–5 Personen pro erfasstem Haushalt [12: ENNEN, Europäische Stadt] aus, jedoch müssen je nach Stadt unterschiedliche Werte angesetzt werden, so etwa bei den größeren holländischen Städten der Faktor 4,5–4,7, bei den kleineren der Faktor 6 [76: J. HEERWAARDEN u. a., Geschiedenis]. Auch die Größe der ummauerten Fläche erlaubt wegen der unterschiedlich dichten Bebauung der Städte nur indirekte Rückschlüsse; so haben K. FLINK und B. THISSEN etwa darauf hingewiesen, dass die beiden geldrischen Städte Nimwegen und Zutphen mit 48 bzw. 44 ha annähernd gleich groß sind, Nimwegen am Ende des Mittelalters jedoch mehr 10 000, Zutphen weniger als 3500 Einwohner zählte [137: Gelderns Städte, 211]. Die im vorliegenden Band, S. 19-21, genannten Zahlen, sollen als Groborientierung dienen und basieren durchweg auf den neusten Publikationen zu den einzelnen Städten bzw. Informationen der ausgewiesenen Experten vor Ort.

8. Teilaspekte zur Stadtgeschichte

Das Verdienst, bereits 1984 das Augenmerk auf die besondere Stellung der Frauen in der mittelalterlichen Stadt gelenkt zu haben, kommt E. ENNEN zu [370: Frauen]. K. ARNOLD hat 1990 die Literatur zu Frauen in den mittelalterlichen Hansestädten zusammengestellt [368: Frauen], M. WENSKY die Stellung der Frau im spätmittelalterlichen Köln untersucht [528: Stellung; 376: Frauen; 527: Erwerbstätige Frauen], E. GUBIN und J.-P. NANDRIN [371: Ville] haben der Rolle der Frau in den heute belgischen Städten 1993 eine interdisziplinäre Fachtagung gewidmet. B. STUDER hat 2002 anhand von Bürgerbüchern die rechtliche Stellung der Frau in den Städten des Mittelalters untersucht. Sie konnte aufzeigen, dass diese im Süden und Westen besonders stark war, damit oftmals eine Aufgabe der Geschlechtsvormundschaft einherging, die Rechte der Frauen aber von Stadt zu Stadt sehr unterschiedlich waren [375: Frauen im Bürgerrecht]. Sehr zu Recht hat M. WENSKY hervorgehoben, dass Köln „den Frauen im Mittelalter und in der Frühneuzeit mehr rechtliche und wirtschaftliche Möglichkeiten geboten hat als jede andere europäische Stadt" [527: Erwerbstätige Frauen, 150]. Zu ergän-

Frauen als Gegenstand der Stadtgeschichte

zen ist diese Aussage um die in Köln ebenfalls europaweit einzigartigen Möglichkeiten religiösen Gemeinschaftslebens für Frauen. In der Forschung zu Frauen in der Stadt hat man sich insbesondere auf die Beginen konzentriert. Zu verweisen ist etwa auf die wichtigen Studien B. DEGLER-SPENGLER 1969 für Basel [369: Beginen], A. WILTS 1993 für den Bodenseeraum [377: Beginen], M. SPIES 1998 für Frankfurt am Main [374: Beginengemeinschaften] und W. SIMONS für die Niederlande [373: Cities], die mit ihren fest institutionalisierten Beginenhöfen von oft bemerkenswerten Ausmaßen einen Sonderfall darstellen, viel stärker in die Amtskirche eingebunden waren und von den Beginenverfolgungen des 14. Jahrhunderts explizit ausgenommen waren. Nahezu alle niederländischen Städte des Spätmittelalters besaßen mindestens einen solchen Beginenhof, die man sehr treffend als „virtual towns for women within the town" bzw. „cities of ladies" [373: W. SIMONS, Cities] charakterisiert hat. Einzelstudien zu den Beginen im späten Mittelalter liegen etwa für Köln und Straßburg vor [523: L. BÖRINGER, Kölner Beginen; 525: S. SCHMIDT, Verfolgung]. Einen umfassenden Überblick mit Schwerpunkt auf Thüringen hat 2012 J. VOIGT vorgelegt [526: Beginen].

Zu Juden in mittelalterlichen Städten ist insbesondere auf die bahn- — Juden
brechenden Arbeiten A. HAVERKAMPS und seiner Schüler am Arye-Maimon-Institut für die Geschichte der Juden an der Universität Trier zu verweisen: 1995 zum Mittelrhein [388: F.-J. ZIWES, Studien] und zum Elsass [386: G. MENTGEN, Studien], 2000 zu den Niederlanden [378: C. CLUSE, Studien] und 2002 zu Nordwestdeutschland [385: R. KOSCHE, Studien], ferner auf HAVERKAMPS Ausführungen zur „Concivilitas von Christen und Juden" von 1996 [382], den Sammelband zu jüdischen Gemeinden und ihrem christlichen Umfeld von 2003 [380: C. CLUSE/A. HAVERKAMP/I. YUVAL (Hrsg.)] und das 2002 erschienene Atlaswerk [383: A. HAVERKAMP, Geschichte]. Den Blick in den weiteren europäischen Horizont eröffnet ein Sammelband von 2004 [379: C. CLUSE (Hrsg.) Europas Juden im Mittelalter]; ein unersetzliches Nachschlagewerk mit Artikeln zur jüdischen Siedlung in den einzelnen Städten liegt mit der für das Mittelalter 2003 abgeschlossenen „Germania Judaica" vor. HAVER- — A. Haverkamp und
KAMP und seine Schüler haben neben der Aufarbeitung der jüdischen — seine Schüler
Siedlung sowie der Erfassung von Verfolgung und Vertreibung vor allem betont, dass Juden und Christen über lange Zeiten friedlich zusammenlebten und sie sich – etwa in Bezug auf gemeindliche Organisationsformen – gegenseitig befruchteten *(conciviltas)*. Dies endete jedoch im Wesentlichen mit den Pestpogromen 1348–50 und endgültig an der Wende zur Neuzeit. A. HAVERKAMP hat die Gemeinsamkeiten zwischen Christen

und Juden betont, H.-J. Gilomen die jüdischen Bürgerrechte zusammengestellt und analysiert [235: Städtische Sondergruppen].

Zu den Ereignissen, die in besonderem Maße die Aufmerksamkeit der Forschung auf sich gezogen haben, gehört die Ermordung der Nürnberger Juden durch die städtischen Führungsgruppen 1349. 1348 hatten sich hier städtische Kräfte gegen die Herrschaft der Luxemburger formiert; um sich der Unterstützung der Burggrafen wie auch anderer Adeliger zu versichern, übertrug Karl IV. diesen mehrere jüdische Liegenschaften für den Fall, dass die Juden ermordet würden. Nach der Niederwerfung der Opposition formierten sich die luxemburgisch gesinnten Führungsgruppen, es mehrten sich die Anzeichen für ein Pogrom, und in der Tat wurden 1349 über 500 Juden ermordet. An der Stelle ihres Wohnviertels errichtete man zwei Marktplätze und eine Marienkapelle. Das Vorgehen gegen die Juden war gesteuert von einer „großbürgerlichen Machtgruppe, die ihre wirtschaftlichen Mittel gezielt und meist erfolgreich zu politischen Zwecken einsetzte" – so W. von Stromer 1978 [387: Metropole; vgl. auch 387: A. Haverkamp, Jewish quarters] – dies vor dem Hintergrund, dass Nürnberg von der Pest verschont geblieben war. Der Konnex zwischen Stadtgeschichte, Königtum, Hochfinanz und Juden wird hier besonders sichtbar.

Lombarden   Die Erforschung der Lombarden ist im Wesentlichen das Verdienst W. Reicherts, der hierzu diverse Studien und 2003 ein umfangreiches Kartenwerk mit Ortskatalog vorgelegt hat [464: Lombarden].

Randgruppen   Wichtige Akzente für die Erforschung der Randgruppen (wie Prostituierte, Henker, Spielleute, Aussätzige) haben die Untersuchungen von F. Irsigler und A. Lassotta 1984 zu Köln [391: Bettler und Gaukler], der 1986 von B. Kirchgässner und F. Reuter herausgebrachte Tagungsband [392: Städtische Randgruppen] sowie der 1990 erstmals erschienene und zuletzt 2001 von B.-U. Hergemöller überarbeitete Sammelband [390: Randgruppen] gesetzt.

Kommunikation und Öffentlichkeit: Glocken, Belfriede, Fahnen, Rolande   A. Haverkamp hat 1995 die Bedeutung der Glocken für die Stadt eingehend untersucht, sie als Alleinstellungsmerkmal der okzidentalen Stadt hervorgehoben und dezidiert formuliert: „Ohne Glocke keine Gemeinde" [407: Glocke] – ein Leitsatz, den M. Escher und F. G. Hirschmann zehn Jahre später auch in einer mittelalterlichen Quelle explizit fanden [13: Zentren]. Eine von Haverkamp konzipierte Tagung untersuchte 1998 die Kommunikationsstrukturen und die Öffentlichkeitswirkung in der mittelalterlichen Stadt [406: Information, Kommunikation und Selbstdarstellung] mit Beiträgen insbesondere zu Belfrieden, Glocken, Fahnen oder Arbeits- und Geschäftszeiten [etwa 403: Bönnen, Kirche, oder 409: R. van Uytven, Belfriede].

Die heutige Rolandforschung befasst sich auch mit anderen, nicht explizit als Roland bezeichneten Figuren und vor allem mit der Wirkungsgeschichte, gibt aktuelle Übersicht über Rolandstandorte und betont, dass deren rechtliche Bedeutung, wie sie erstmals 1404/20 in Bremen fassbar wird, nach wie vor ungeklärt ist [239: D. Pötschke (Hrsg.), Stadtrecht, Roland und Pranger]. 2007 hat D. Pötschke eine umfangreiche Monografie zu den Rolanden vorgelegt [522: Rolande].

In diesem Zusammenhang ist ferner auf K. Gresshöners grundlegenden Forschungsüberblick zum Rathausbau von 2010 zu verweisen [519: Rathausbau].

V. Henn hat 2000 die kommunikativen Aspekte der Hansestädte untersucht, die auf Abstimmung gemeinsamen Vorgehens und Wahrnehmung gemeinsamer Interessen beruhten und vor allem innerhalb einer Region (hier der ostniederländisch-niederrheinischen Städte) funktionierten [408: Kommunikative Beziehungen]. Das Regensburger Forum Mittelalter hat 2007 und 2008 zwei wichtige, auf interdisziplinärer und internationaler Zusammenarbeit basierende Bände zu städtischer Kommunikation und Repräsentation vorgelegt [533: J. Oberste (Hrsg.), Kommunikation; 537: Ders. (Hrsg.), Repräsentationen].

An die Stelle der Erforschung der „Stadtwirtschaft" ist seit den 1970er Jahren ein verstärktes Interesse für Wirtschaftsräume, Wirtschaftsbeziehungen und das Stadt-Umland-Verhältnis getreten. Maßstäbe hat hier bereits 1971 R. Kießling mit seiner oben erwähnten Arbeit zu Augsburg [267: Stadt] gesetzt. A. Haverkamp hat 1975 nachhaltig die Wechselbeziehungen zwischen Stadt und Land betont und auf die Bedeutung einer landesgeschichtlich orientierten Stadtgeschichtsforschung hingewiesen [176: Frühbürgerliche Welt]. 1979 hat H. Schoppmeyer die zentralörtlichen Funktionen und Stadt-Umland-Beziehungen Paderborns nach verschiedenen Kriterien wie Geltungsbereich der Münze, Herkunftsorte der Bürger, stadtrechtliche Verflechtungen usw. aufgezeigt [272: Probleme]. A. Girardot hat in einer umfangreichen, von der deutschen Forschung viel zu wenig beachteten Studie 1992 die Stadt-Umland-Beziehungen im spätmittelalterlichen Verdunois untersucht und dabei insbesondere auch das Kirchenrecht für die Landesgeschichte nutzbar gemacht, indem er auf die Instrumentalisierung des Kanonischen Rechts durch die geistlichen Institutionen bei deren Zugriff auf das Umland hingewiesen hat [140: Droit]. Auch die Arbeiten von M. Müller zu Metz [313: Schnittpunkt], G. Bönnen 1995 zu Toul [46: Bischofsstadt], F. G. Hirschmann 1996 zu Verdun [78: Verdun], A. Gillen 2003 zu St. Mihiel [72: Saint-Mihiel] oder M. Escher-Apsner 2004 zum kleinen Münstermaifeld [63: Stadt und Stift]

Stadt und Umland

verfolgen einen ähnlichen Ansatz. 2015 hat N. PETERSEN eine ausführliche Untersuchung zu Lüneburg und seinem Umland im Spätmittelalter vorgelegt [512: Stadt].

Migrations-
bewegung

Schon H. AMMANN hat 1963 zwischen Wanderungsbewegungen von Stadt zu Stadt und dem Zuzug aus dem engeren Einflussbereich in die Stadt (10–20 km) unterschieden und erkannt, dass letztere die „Masse des Zuzugs" ausmachte und vorwiegend „die unteren Schichten der Einwohnerschaft" betraf [445: Lebensraum]. Dies hat die Forschung seither anhand von Einzelanalysen im Wesentlichen bestätigen können. R. KIEßLING hat 2002 die Frage aufgeworfen, ob die von der Migrationsforschung definierte „Kernzone" des Zuzugs in der Stadt tatsächlich mit dem städtischen Umland identisch ist und dies anhand von Beispieluntersuchungen weitgehend bejahen können. Besonderes Augenmerk richtete er dabei auf die Interessen der Zünfte und die Bürgerrechtsbeziehungen der Städte zum Umland [268: Umlandpolitik].

Migrationsräume

R. C. SCHWINGES hat anhand der überlieferten Bürgerbücher 2002 die Migrationsräume untersucht und kommt zu einem etwas differenzierteren Ergebnis. Er unterscheidet: 1) „einen zielortnahen, im wesentlichen herrschaftlich geprägten Migrationsraum, den Kernraum", 2) einen Raum, der durch Zuwanderung vor allem von Handwerkern aus den Städten gekennzeichnet ist und sich weitgehend mit den Handelsinteressen der Zielstadt deckte, 3) einen fernen Migrationsraum, aus dem vor allem berufliche Spezialisten aus den Städten zuwanderten. Dabei war die räumliche Ausdehnung der drei Raumsegmente von Stadt zu Stadt sehr unterschiedlich. Zudem konnte er gegen die ältere Forschung aufzeigen, dass im Schnitt nur gut ein Drittel der Migranten aus dem näheren Umland (bis 30 km) stammte, ein weiteres Drittel aus einem 100-km-Umkreis, das dritte Drittel aus einer Entfernung von über 100 km. „Die Fernwanderung war also insgesamt bedeutender als die aus kürzerer Distanz"; sie ging aber ab 1330 etwas zurück [273: Herkunft]. Einen Überblick über den Forschungsstand von 2002 zu den Außenbürgern bietet G. P. MARCHAL [269: Pfahlburger].

Städtische Infra-
struktur

Was Städtebau und Topographie, insbesondere an den Bischofssitzen bis ins 11. Jahrhundert betrifft, so hat 1963 E. HERZOGs Monographie zur ottonischen Stadt Maßstäbe gesetzt [342: Ottonische Stadt]. Auch wenn diese im Detail großenteils veraltet ist, wirkt sie doch bis heute erheblich nach. Ebenfalls haben sich C. BRÜHL 1975 und 1990 [338: Palatium und Civitas] sowie F. G. HIRSCHMANN 1998 [343: Stadtplanung] den Kathedralstädten (und im Großen und Ganzen demselben Zeitrahmen) gewidmet, wobei Letzterer vor allem den Zusammenhang zwischen Städtebau und Heilsordnung betont. Seit 2011/12 liegt eine Ausweitung der letztgenannten Arbeit für die Kathedralstädte im Reich bis zur Mitte des 12. Jahrhunderts vor [520: F. G. HIRSCHMANN, Anfänge]. In einer Zusammenschau dieser und weiterer Arbeiten hat M. STERCKEN 2006 für die Stadtvorstellungen und die Planung der Stadt im Mittelalter den Begriff der „gebauten Ordnung" geprägt [349]. Zu Recht von der Forschung unbeachtet bzw. zurückgewiesen [vgl. 349: M. STERCKEN, Gebaute Ordnung; 350: M. UNTERMANN, Strassen, Areae, Stadtmauern] blieben die ebenso prätentiösen wie abstrusen Thesen von K. HUMPERT und M. SCHENK [344: Entdeckung].

Zwei von J. SYDOW 1981 bzw. P. JOHANEK 2000 vorgelegte Tagungsbände widmen sich der Versorgung und Entsorgung (vorwiegend südwestdeutscher Städte) bzw. dem Gesundheits- und Fürsorgewesen [468: SYDOW (Hrsg.), Städtische Versorgung und Entsorgung; 351: P. JOHANEK (Hrsg.), Städtisches Gesundheits- und Fürsorgewesen].

Das Verteidigungssystem der mittelalterlichen Stadt nehmen zwei von B. KIRCHGÄSSNER und G. SCHOLZ 1989 bzw. G. ISENBERG und B. SCHOLKMANN 1997 herausgegebene Bände in den Blick [460: B. KIRCHGÄSSNER/G. SCHOLZ (Hrsg.), Stadt und Krieg; 359: G. ISENBERG/B. SCHOLKMANN (Hrsg.), Befestigung]. Entgegen älteren, die konstitutive Wirkung von Stadtmauern beim Stadtwerdungsprozess stark betonenden Ansätzen oder solchen, die vor allem den rechtsetzenden Charakter der Mauern in den Vordergrund stellten, hat H. C. PEYER 1995 darauf hingewiesen, dass auch hier die einzelnen Städte sowie die Zeitumstände beachtet werden müssen und scheinbare Grundsätze nicht zu verallgemeinern sind [363: Stadtmauer]. *Städtisches Verteidigungswesen*

Auf die Multifunktionalität der Hospitäler haben sich etwa W. MORITZ 1981 am Beispiel von Frankfurt am Main oder U. KNEFELKAMP 2000 konzentriert [354: W. MORITZ, Fürsorgeanstalten; 353: KNEFELKAMP, Stadt und Spital]. Neben Einzeluntersuchungen und dem umfassenden Überblick über die Hospitäler zwischen Rhein und Maas von 2007 [356: M. PAULY, Hospitäler] fehlt eine Übersichtsdarstellung über das mittelalterliche Hospital, auf dessen Bedeutung als Indikator für urbane Qualität etwa zuletzt A. GILLEN 2003 verwiesen hat [72: Saint-Mihiel]. *Hospitäler*

Auch Badstuben und Bordelle wurden noch nicht großflächig vergleichend erforscht, während für die Frauenhäuser P. SCHUSTERS grundlegende Untersuchung von 1992 vorliegt [364: Frauenhaus]. Wichtige Ansatzpunkte finden sich in der Studie von F. IRSIGLER und A. LASSOTTA von 1984 [391: Bettler und Gaukler].

Städtebünde   Die seit der Mitte des 13. Jahrhunderts entstehenden Städtebünde sind in den letzten Jahren umfassend aufgearbeitet worden. So hat J. K. W. Berns 1991 die Bündnisse der westfälischen Städte untersucht [220: Studien], B. Kirchgässner und H.-P. Becht haben 1994 einen Band zu südwestdeutschen Bündnissystemen zusammengestellt [229: Städtebund], B. Kreutz hat 2005 die rheinische Städtebünde mit Fokus auf Worms analysiert [230: Städtebünde]. Einen knappen aktuellen Überblick bietet ein 2006 erschienener Band von F. J. Felten [223: Städtebünde].

Hanse   Für die Geschichte der Hanse sind immer noch die zwei aspektreichen, auch zahlreiche Städte in knappen Einzeldarstellungen behandelnden von J. Bracker 1989 herausgegebenen Bände „Die Hanse – Lebenswirklichkeit und Mythos" grundlegend [221]. Ferner ist auf die aus dem Jahre 2000 stammende Darstellung von R. Hammel-Kiesow zu verweisen [224: Hanse]. Daneben liegen aktuelle Sammelbände zu wichtigen Teilaspekten vor, so der 1999 von N. Jörn, D. Kattinger und H. Wernicke herausgegebene zu den genossenschaftliche Strukturen [227: Genossenschaftliche Strukturen], der ein Jahr später von wiederum N. Jörn, W. Paravicini und H. Wernicke vorgelegte zu Hansekaufleuten in Brügge [228] und der 2003 von C. Kimminus-Schneider und M. Schneider publizierte zu Klöstern und monastischer Kultur [302]. Nach dem Mauerfall und der Öffnung Europas nach Osten traten zudem die weit östlich gelegenen Hansestädte des Baltikums verstärkt auch in den Blick der deutschen Forschung. Dies fand etwa seinen Niederschlag in den 1998 von Z. H. Nowak und J. Tandecki [149: Hansestädte], 2001 von N. Angermann und P. Kaegbein [Fernhandel und Handelspolitik], 2003 wiederum von N. Angermann [128: Städtisches Leben] und 2005 von I. Mis-ans und H. Wernicke [92: Riga und der Ostseeraum] herausgegebenen Bänden seinen Niederschlag. Unter den neueren Veröffentlichungen ist vor allem auf den 2010 von H. Brand und E. Knol veröffentlichten Tagungsband [207: Koggen], das 2015 in 2. Auflage erschienene Standardwerk von R. Hammel-Kiesow, M. Puhle und S. Wittenburg [509: Hanse] und die einen schnellen, quellengestützten und kostengünstigen Zugriff auf neustem Stand der Forschung ermöglichende Darstellung von G. Graichen und R. Hammel-Kiesow [208: Deutsche Hanse] zu verweisen.

Bruderschaften/   Neue Forschungsansätze zu den Bruderschaften und Zünften ent-
Zünfte   hält der von B. Schwineköper herausgegebenen Sammelband [208: Gilden und Zünfte]. F. Irsigler unterscheidet darin die kaufmännisch geprägten Gilden von den handwerklich geprägten Zünften sowie die gewerblichen von den politischen Zünften [202: Problematik]; G. Dil-

CHER betont den genossenschaftlichen Charakter von Gilden und Zünften aus rechtshistorischer Sicht [196: Genossenschaftliche Struktur]; J. SYDOW analysiert den Zusammenhang zu Kirchenrecht und Kanonistik [209: Fragen]; O. G. OEXLE betont den Schwurcharakter der Bruderschaften [206: Conjuratio und Gilde].

Die ältere Forschung neigte dazu, die religiös ausgerichteten Bruderschaften von den wirtschaftliche Interessen verfolgenden Zünften zu trennen, was jedoch mittlerweile als Irrtum erkannt wurde. Im Detail unterscheiden sich die Ansätze der beiden auf diesem Gebiet wohl führenden Forscher, O. G. OEXLE und A. HAVERKAMP, insofern, als OEXLE vor allem den Schwurcharakter der Bruderschaften für ausschlaggebend hält und generelle Bedenken gegen „Bruderschaft" als Forschungsbegriff vorträgt, während HAVERKAMP von einem offeneren Bruderschaftsbegriff ausgeht. Jüngst hat er folgenden – das Religiöse gegenüber dem Wirtschaftlichen stark akzentuierenden – Definitionsvorschlag vorgelegt: „Als Bruderschaften verstanden werden sollen alle auf Dauer zielenden Vereinigungen von prinzipiell gleichberechtigt partizipierenden Männern und/oder Frauen, die sich selbst Satzungen geben, was Einflüsse von außen nicht ausschloß, und ihre Amtsträger für befristete Zeiten wählten. Sie verpflichteten sich zu gemeinsamen religiös-kultischen Handlungen in Versammlungen, die in der Regel mit Messen und Mahlen verknüpft waren, und des öfteren auch zu individuellen Gebeten. Sie intendierten auf diese Weise, aber auch in anderen Verhaltensweisen mit unterschiedlichen Akzenten die Förderung des irdischen Wohlergehens und des Seelenheils ihrer lebenden und verstorbenen Mitglieder. Sie bildeten auf religiöser Grundlage eine in Riten und Symbolen Ausdruck findende Kult-, Memorial- oder auch Seelsorgegemeinschaft und zugleich eine Fürsorgegemeinschaft" [200: Bruderschaften]. HAVERKAMP betont zudem stark die Zusammenhänge zwischen Bruderschaften und Gemeinden. Auch K. SCHULZ lehnt in seiner grundlegenden neuen Monographie [505: Handwerk] eine Trennung der Begrifflichkeiten zu Recht ab und verweist darüber hinaus darauf, dass Begriffe wie „Gilde" oder „Amt" eher dem Norden, „Zunft" oder „Zeche" eher dem Süden zuzuordnen sind.

Eine wichtige Erkenntnis der neueren Forschung besteht auch darin, dass Bruderschaften ihr hauptsächliches Betätigungsfeld je nach Zeit und Umständen flexibel variieren konnten, etwa zwischen Bauaufgaben und Hospitalsbetreuung [197: M. ESCHER-APSNER, Bauförderung].

Zu verweisen ist ferner auf den von P. JOHANEK 1993 herausgegebenen Sammelband [203: Einungen und Bruderschaften] und insbesondere auch auf den von G. FOUQUET, M. STEINBRINK und G. ZEILINGER 2003 vorgelegten, thematisch und regional breit gestreuten, wichtige neue Akzente setzenden Band [199: Geschlechtergesellschaften] sowie den von M. ESCHER-APSNER 2009 publizierten Band zu den städtischen Bruderschaften in gesamteuropäischer Perspektive [504: Bruderschaften]. Die grundlegende Monografie zu diesem Thema (mit zahlreichen Beispielen und Quellen sowie breitem Zeitrahmen bis ins 16. Jahrhundert) hat K. SCHULZ 2010 vorgelegt [505: Handwerk].

Stadt und Residenz   Ein Kriterienbündel, mit Hilfe dessen sich „Residenz kaum definieren, eigentlich nur beschreiben" lässt, hat K. NEITMANN 1990 vorgelegt [254: Residenz], welches J. KOLB in seiner Untersuchung zu Heidelberg 1999 aufgegriffen hat. Er versteht Residenz „als Ort, an dem in quantitativ und qualitativ deutlich höherem Maße als an anderen Orten des Herrschaftsgebietes die mit der formalen Herrschaftsausübung verbundenen Funktionen . . . erfüllt werden" [249: Heidelberg]. Die Residenzen-Kommission der Akademie der Wissenschaften zu Göttingen arbeitet an einer vollständigen Erfassung aller spätmittelalterlichen Herrschaftssitze im Reich. Das bereits erschienene, nach Herrschaftsträgern geordnete Handbuch ist auch unter resikom.adw-goettingen. gwdg.de/index.php abrufbar.

Kommunale   T. HERRMANN hat 2006 ausgehend von seinen Untersuchungen zu
Schriftlichkeit Aachen die Anfänge kommunaler Schriftlichkeit ausführlich und fundiert dargestellt [532: Anfänge].

Städtische Ge-   Die städtische Geschichtsschreibung stellt ein weitgehend ver-
schichtsschreibung nachlässigtes Forschungsgebiet dar. Darauf hat P. JOHANEK 2000 hingewiesen und zugleich versucht, mit dem von ihm herausgegebenen Band diese Lücke wenigstens teilweise zu schließen [398: Städtische Geschichtsschreibung]. Es gibt zwar punktuelle Einzeluntersuchungen wie die in dem 1983 von H. E. SPECKER unter dem Titel „Stadt und Kultur" zusammengestellten [401], jedoch keinerlei Überblicksdarstellung – abgesehen von einem Aufsatz E. ENNENS von 1980/81 [396: Geschichtsbewußtsein und Geschichtsschreibung] und den Ausführungen von K. WRIEDT mit Schwerpunkt auf Norddeutschland [402: Bürgerliche Geschichtsschreibung]. Weiterführend sind auch W. EHBRECHTS Überlegungen [395: Konsens und Konflikt], die deutlich über das von ihm analysierte Beispiel hinausgehen und als Ansätze für eine Typologie der städtischen Geschichtsschreibung betrachtet werden können, wobei er darauf hinweist, dass die Grenze etwa zwischen Stadt- und Bistumschroniken fließend ist.

Bürgerbücher   Eine Forschergruppe um R. C. SCHWINGES hat die Bürgerbücher im Reichsgebiet systematisch erfasst und deren Bedeutung als Quelle –

etwa für die Migrationsgeschichte – betont. Ihre 2002 erschienene Übersicht über Aufkommen und Verbreitung [274: Neubürger] verdeutlicht, dass es kein einheitliches Bürgerrecht gab, man vielmehr von großen Unterschieden von Stadt zu Stadt und Differenzierungen innerhalb einzelner Städte auszugehen hat. H.-J. GILOMEN etwa hat Sondergruppen im städtischen Bürgerrecht untersucht und Parallelen im Sonderrecht der Lombarden wie auch der Kleriker zu dem der Juden herausgearbeitet [235: Städtische Sondergruppen].

Der bereits von H. AMMANN 1930 [127: Thesen], E. ENNEN 1957 [450: Aufgaben] und W. SCHLESINGER im selben Jahr [152: Mitteleuropäische Städtelandschaften] für das Verbreitungsgebiet eines bestimmten Stadttyps verwendete Begriff „Städtelandschaft" hat erst 40 Jahre später verstärkt das Augenmerk der Forschung auf sich gezogen. Nachdem der schwedische Geograph H. ANDERSSON 1970 eher beiläufig einen Definitionsversuch für „Städtelandschaft" als „etwa das Gebiet ..., in welchem die Städte eine ungefähr gleiche Entwicklung durchliefen und sich mit den gleichen Kriterien beschreiben lassen" vorlegte [470: Urbanisierte Ortschaften], stieß H. SCHMIDT mit seinen Überlegungen zur Tauglichkeit des Begriffs „Geschichtslandschaft" 1976 eine Diskussion an [465: Anwendbarkeit], die auch zu neuen Überlegungen zu Städtelandschaften führte. Mit dem Konzept des Raumes haben sich insbesondere F. IRSIGLER 1987 [264: Raumkonzepte] und A. HEIT 1993 [456: Raum 1993] auseinandergesetzt. M. ESCHER, A. HAVERKAMP und F. G. HIRSCHMANN definierten 1998 Städtelandschaft als „einen Raum mittlerer Größe, dessen Städte untereinander in synchroner wie diachroner Betrachtung hinlänglich viele Gemeinsamkeiten aufweisen, um sie von benachbarten Räumen unterscheiden zu können" [143: Städtelandschaft]. Zur Abgrenzung von Städtelandschaften gegeneinander schlugen sie ein Kriterienbündel vor, welches die naturräumlichen Gegebenheiten, die herrschaftlichen und gemeindlichen Strukturen, die Wirtschaft, Kult und Religion sowie (im Idealfall) Raumbewusstsein und Raumperzeption umfasst, und für deren Definition auch die kommunikativen Beziehungen (Städtenetz) und das zentralörtliche Gefüge herangezogen werden können.

Ähnlich fordert A. HEIT bei der Erforschung von Städtelandschaften die Herausarbeitung der jeweiligen landschaftlichen Charakteristika „unter morphologischen, rechtlichen, politisch-herrschaftlichen, wirtschaftlichen und kultisch-kulturellen Aspekten". Dies hat F. IRSIGLER 1999 im Wesentlichen aufgegriffen, als er mittelalterliche Städtelandschaften „als naturräumliche Großeinheiten oder durch territoriale, kirchliche, sprachlich-dialektale bzw. kulturräumliche Grenzen oder

Städtelandschaften

durch gemeinsame Lagemerkmale (Flusslage, küstennahe Lage) oder durch die Verdichtung von Kommunikation" definierte [145: Städtelandschaften]. R. KIEßLING schlägt vor, die Unterscheidung zwischen „Städtelandschaft" und „Städtenetz" aufzugeben, da sie sich vielfältig überschneiden. „Städtelandschaft" ist für ihn „die räumliche Struktur von Städten als einem System von zentralen Orten mit einer markanten strukturellen Ausformung in einer bestimmten Region mittlerer Reichweite, deren Zugehörigkeit sich dadurch abgrenzen lässt, dass die Interaktion zwischen ihnen höher ist als zu anderen außerhalb und die ihrerseits in dem Sinne die Region prägen, als sie entscheidende Impulse für deren Charakter und Entwicklung ausformen" [147: Strukturen].

T. SCOTT hat 2006 betont, dass Südwestdeutschland (unter eventueller Ausklammerung Sachsens) als das städtereichste Gebiet im Reich gilt, dies aber in die Irre führt, wenn man es mit dem Urbanisierungsgrad Brabants vergleicht, zudem hat er richtig erkannt, dass es sich im Südwesten vorwiegend um kleine Städte handelt [426: Städte].

R. GERBER hat 2002 in seiner Untersuchung zu den Einbürgerungsfrequenzen spätmittelalterlicher Städte die Ausdehnung von Städtelandschaften „einerseits durch ihre geografische[n] Lage innerhalb gleicher oder ähnlich beschaffener Natur- und Wirtschaftsräume, sowie andererseits durch die politischen Zusammenschlüsse der Städte in regionalen Bündnissystemen" definiert und dabei acht – sehr großräumige – Städtelandschaften im Reich ausgemacht: die Ostseeküste, Thüringen-Sachsen-Brandenburg, Niedersachsen, den Niederrhein (einschließlich des Mittelrheins und Hollands), Brabant mit dem nicht zum Reich gehörigen Flandern, Franken-Oberpfalz, Schwaben, Ober- und Hochrhein. Mit Hilfe von Frequenzanalysen konnte er für jede dieser Landschaften spezifische Einbürgerungshäufigkeiten in den Städten aufzeigen [139: Einbürgerungsfrequenzen].

H. AMMANN hat bereits 1930 die Erforschung von Städtelandschaften als wichtiges Desiderat ausfindig gemacht und ausgeführt: „... muß der Versuch, von einem einzelnen Beispiele oder von einer beschränkten Zahl von Beispielen aus allgemeingültige Regeln für das Städtewesen zu entwickeln, verunglücken. Nur genaue, möglichst auch auf Ortskenntnis gestützte Einzeluntersuchungen aller Seiten des Städtewesens an größeren Gruppen von Städten, möglichst den gesamten Städten einer Landschaft, können allmählich Bausteine zu einer wirklichen Kenntnis des Städtewesens liefern" [127: Thesen]. Eine systematische Erfassung und Analyse einzelner Städtelandschaften erfolgt jedoch erst seit den 1990er Jahren [161: ZEILINGER, Netz]. Dies fand vor allem in den von H. FLACHENECKER und R. KIEßLING 1999 zu den süddeutschen Städtelandschaften (vor allem Franken und Schwaben) [135] und von M. ESCHER, A. HAVERKAMP und F. G. HIRSCHMANN 2000 mit Schwerpunkt im Westen des Reiches [143] publizierten Tagungsbänden seinen Niederschlag. Der Westen des Reiches zwischen dem Münsterland im Norden und dem Hochrhein im Süden wurde von ESCHER und HIRSCHMANN 2005 aufgearbeitet [13: Zentren].

Mehrere Sammelbände sind der urbanen Entwicklung zu be- Zeitschnitte stimmten Zeitstufen gewidmet. Zu nennen wären hier der 1996 von A. VERHULST herausgegebene Band zur urbanen Entwicklung in den Niederen Landen bis um 1000 [159: Anfänge], der dreiteilige Katalog von A. WIECZOREK und H.-M. HINZ von 2000 zu „Europas Mitte um 1000" [169], der insbesondere den neuesten Forschungsstand zu den slawischen Burgsiedlungen umfassend dokumentiert, sowie vier Sammelbände zur Stauferzeit, nämlich der von E. MASCHKE und J. SYDOW von 1980 [166: Südwestdeutsche Städte], der von W. HARTMANN von 1995 (mit Beiträgen u. a. zu Straßburg, Lübeck, Regensburg, Köln und Wien) [174: Europas Städte], der von E. REINHARD und P. RÜCKERT von 1998 zu den staufischen Gründungen am Oberrhein [257: Staufische Stadtgründungen] sowie der von K. IGEL u. a. 2013 herausgegebene, thematisch breit angelegte Tagungsband zur Stadt um 1200 [503: Wandel].

Andere Bände nehmen spezielle Aspekte in den Blick so etwa die Spezielle Aspekte „Stadt am Fluß" [461: E. MASCHKE/J. SYDOW (Hrsg.)] mit Beiträgen zu Schwäbisch-Hall, Straßburg und anderen Städten im Südwesten des Reiches, der auch E. MASCHKES programmatischen Aufsatz zu Brücken enthält, „Stadt an der Grenze" [459: B. KIRCHGÄSSNER/W. O. KELLER (Hrsg.)], Stadt und Salz mit Schwerpunkt im Südosten [463: RAUSCH (Hrsg.)], Stadtregiment und Bürgerfreiheit [180: K. SCHREINER/U. MEIER (Hrsg.)] u. a. zu Köln und Augsburg oder den Zusammenhang zwischen Grundherrschaft, Kirche und Stadt [136: K. FLINK/W. JANSSEN (Hrsg.), Grundherrschaft und Stadtentstehung; 292: A. HAVERKAMP/F. G. HIRSCHMANN (Hrsg.) Grundherrschaft – Kirche – Stadt].

III. Quellen und Literatur

Falls nicht anders angegeben, entsprechen die Siglen den Abkürzungen der Historischen Zeitschrift.

A. Quellen

Die wichtigsten übergreifenden Quellensammlungen sind:
1. G. VON BELOW/F. KEUTGEN (Hrsg.), Urkunden zur städtischen Verfassungsgeschichte. Berlin 1901.
2. F. B. FAHLBUSCH/H. STOOB (Hrsg.), Urkunden zur Geschichte des Städtewesens in Mittel- und Niederdeutschland. Bd. 2. 1351–1475. Köln u. a. 1992.
3. K. HÖHLBAUM u. a. (Hrsg.), Hansisches Urkundenbuch. Halle u. a. 1876–1916.
4. R. SPRANDEL (Hrsg.), Quellen zur Hanse-Geschichte. Darmstadt 1982.
5. H. STOOB (Hrsg.), Urkunden zur Geschichte des Städtewesens in Mittel- und Niederdeutschland bis 1350. Köln u. a. 1985.
6. C. VAN DE KIEFT (Hrsg.), Elenchus fontium historiae urbanum. 3 Bde. Leiden 1967–1997.
   Weitere Quellen findet man bei:
7. W. DOTZAUER (Hrsg.), Quellenkunde zur deutschen Geschichte im Spätmittelalter (1350–1550). Darmstadt 1996.

B. Literatur

Nicht aufgenommen wurden die in Teil II behandelten Lexikonartikel, Nachschlagewerke und Geschichtsatlanten. Auf Reihenangaben und mitunter auch Untertitel wurde verzichtet.

1. Aktuelle Bibliographien

8. P. Beusen/H. Rombaut/M. Pauly, Bibliographie d'histoire des villes de Belgique et du Grand-Duché de Luxembourg/Bibliografie van de geschiedenis van de steden van België en van het Groothertogdom Luxemburg. Bruxelles 1998.
9. M. Körner (Hrsg.), Bibliographie der Stadtgeschichte der Schweiz. Bern u. a. 2002.

2. Überblicksdarstellungen

10. E. Engel, Die deutsche Stadt des Mittelalters. München 1993.
11. E. Engel/F.-D. Jacob, Städtisches Leben im Mittelalter. Schriftquellen und Bildzeugnisse. Köln u. a. 2006.
12. E. Ennen, Die europäische Stadt im Mittelalter. 4. Aufl. Göttingen 1987.
13. M. Escher/F. G. Hirschmann, Die urbanen Zentren des hohen Mittelalters. Vergleichende Untersuchungen zu Städten und Städtelandschaften im Westen des Reiches und in Ostfrankreich. Kommentiertes Kartenwerk mit Ortslexikon. 3 Bde. Trier 2005.
14. E. Isenmann, Die deutsche Stadt im Spätmittelalter 1250–1500. Stadtgestalt, Recht, Stadtregiment, Kirche, Gesellschaft, Wirtschaft. Stuttgart 1988.
15. W. Janssen/M. Wensky (Hrsg.), Mitteleuropäisches Städtewesen in Mittelalter und Frühneuzeit. Köln u. a. 1999.
16. J. Legoff (Hrsg.): La ville en France au Moyen Age des Carolingiens à la Renaissance. Paris 1980.
17. H. Planitz, Die deutsche Stadt im Mittelalter. Von der Römerzeit bis zu den Zunftkämpfen. Graz u. a. 1954.
18. F. Schmieder, Die mittelalterliche Stadt. Darmstadt 2005.
19. E. Schubert, Einführung in die Grundprobleme der deutschen Geschichte im Spätmittelalter. Darmstadt 1992, 97–153.

3. Zum Stadtbegriff

20. G. VON BELOW, Die Entstehung der deutschen Stadtgemeinde. Düsseldorf 1889.
21. H. BRUHNS/W. NIPPEL (Hrsg.), Max Weber und die Stadt im Kulturvergleich. Göttingen 2000.
22. G. DESPY, Repères pour une définition de la Ville Médiévale, in: 425, 5–19.
23. G. DILCHER, Einheit und Vielheit in Geschichte und Begriff der europäischen Stadt, in: 29, 13–30.
24. G. DILCHER, Rechtshistorische Aspekte des Stadtbegriffs, in: 163, 12–32.
25. A. HEIT, Die mittelalterlichen Städte als begriffliches und definitorisches Problem, in: Die alte Stadt 5 (1978) 350–401.
26. A. HEIT, Vielfalt der Erscheinung – Einheit des Begriffs? Die Stadtdefinition in der deutschsprachigen Stadtgeschichtsforschung seit dem 18. Jahrhundert, in: 29, 1–12.
27. F. IRSIGLER, Was machte eine mittelalterliche Siedlung zur Stadt?, in: Universitätsreden der Universität des Saarlandes 51 (2003) 17–44.
28. P. JOHANEK, Tradition und Zukunft der Stadtgeschichtsforschung in Mitteleuropa, in: Im Dienste der Stadtgeschichtsforschung. Festgabe für Wilhelm Rausch. Linz 1997, 37–62.
29. P. JOHANEK/F.-J. POST (Hrsg.), Vielerlei Städte. Der Stadtbegriff. Köln u. a. 2004.
30. F. KEUTGEN, Untersuchungen über den Ursprung der deutschen Stadtverfassung. Leipzig 1895.
31. G. KÖBLER, *Civitas* und *vicus, burg, stat, dorf* und *wik,* in: 163, 61–76.
32. G. L. VON MAURER, Geschichte der Stadtverfassung in Deutschland. Bd. 1. Erlangen 1869.
33. C. MEIER (Hrsg.), Die okzidentale Stadt nach Max Weber. Zum Problem der Zugehörigkeit in Antike und Mittelalter. München 1994.
34. O. G. OEXLE, Max Weber und die okzidentale Stadt, in: A. Cordes/ J. Rückert/R. Schulze (Hrsg.), Stadt – Gemeinde – Genossenschaft. Fschr. für Gerhard Dilcher zum 70. Geburtstag. Berlin 2003, 375–388.
35. W. DE VRIES, Oppidum en civitas, in: Verslagen en mededelingen van de Vereniging tot uitgaaf der bronnen van het Oud-Vaderlandse recht 2 (1956) 271–279.

36. M. WEBER, Die Stadt, in: Archiv für Sozialwissenschaft und Sozialpolitik 47 (1920/21) 621–772.

4. Einzelne Städte

37. M. ANGERER/H. WANDERWITZ (Hrsg.), Regensburg im Mittelalter. Regensburg 1995.
38. H. H. ANTON/A. HAVERKAMP (Hrsg.), Trier im Mittelalter. Trier 1996.
39. I. BÁTORI u. a. (Hrsg.), Geschichte der Stadt Koblenz. Bd. 1. Von den Anfängen bis zum Ende der kurfürstlichen Zeit. Stuttgart 1992.
40. H.-P. BECHT (Hrsg.), Pforzheim im Mittelalter. Studien zur Geschichte einer landesherrlichen Stadt. Sigmaringen 1983.
41. E. J. BEER, Berns große Zeit. Das 15. Jahrhundert neu entdeckt. Bern 1999.
42. R. BERGER, Gott ist Burger zu Bern. Eine spätmittelalterliche Stadtgesellschaft zwischen Herrschaftsbildung und sozialem Ausgleich. Weimar 2001.
43. W. BETTECKEN, Stift und Stadt Essen. „Coenobium Atnide" und Siedlungsentwicklung bis 1244. Münster 1988.
44. K. BLASCHKE (Hrsg.), Geschichte der Stadt Dresden. Bd. 1. Von den Anfängen bis zum Ende des Dreißigjährigen Krieges. Stuttgart 2005.
45. W. BOCKHORST/W. MARON (Hrsg.), Geschichte der Stadt Rüthen. Paderborn 2000.
46. G. BÖNNEN, Die Bischofsstadt Toul und ihr Umland während des hohen und späten Mittelalters. Trier 1995.
47. G. BÖNNEN (Hrsg.), Geschichte der Stadt Worms. Stuttgart 2005.
48. J. BOHMBACH (Hrsg.), Stade. Von den Siedlungsanfängen bis zur Gegenwart. Stade 1994.
49. O. BORST, Geschichte der Stadt Esslingen am Neckar. Esslingen 1977.
50. E. BOSHOF u. a. (Hrsg.), Geschichte der Stadt Passau. Regensburg 1999.
51. H. BOTS/J. KUYS (Hrsg.), Nijmegen. Geschiedenis van de oudste stad van Nederland. Bd. 2. Middeleeuwen en Nieuwe Tijd. Nijmegen 2000.
52. R. E. DE BRUIN u. a. (Hrsg.), „Een paradijs vol weelde". Geschiedenis van de stad Utrecht. Utrecht 2000.

53. W. Brunner (Hrsg.), Geschichte der Stadt Graz. 2 Bde. Graz 2003.

54. M. Carasso-Kok (Hrsg.), Geschiedenis van Amsterdam tot 1578. Een stad uit het niets. Amsterdam 2004.

55. P. Csendes/F. Opll (Hrsg.), Wien. Geschichte einer Stadt. Bd. 1. Von den Anfängen bis zur Ersten Wiener Türkenbelagerung (1529). Wien/Köln/Weimar 2001.

56. F. Divorne, Bern und die Zähringerstädte im 12. Jahrhundert. Mittelalterliche Stadtkultur und Gegenwart. Bern 1993.

57. H. Dopsch/R. Hoffmann (Hrsg.), Geschichte der Stadt Salzburg. Salzburg u. a. 1996.

58. H. Dopsch (Hrsg.), Geschichte Salzburgs. Stadt und Land. Bd. 1. Vorgeschichte – Altertum – Mittelalter. Salzburg 1981.

59. F. Dumont/F. Scherf/F. Schütz (Hrsg.), Mainz. Die Geschichte der Stadt. Mainz 1998.

60. W. Eger (Hrsg.), Geschichte der Stadt Speyer. Bd. 1 und 3. 2. Aufl. Stuttgart 1983.

61. W. Ehbrecht (Hrsg.), Lippstadt. Beiträge zur Stadtgeschichte. Bd. 1. Lippstadt 1985.

62. C. Ehlers, Metropolis Germaniae. Studien zur Bedeutung Speyers für das Königtum (751–1250). Göttingen 1996.

63. M. Escher-Apsner, Stadt und Stift. Studien zur Geschichte Münstermaifelds im hohen und späteren Mittelalter. Trier 2004.

64. R. Fischer, Aschaffenburg im Mittelalter. Studien zur Geschichte der Stadt von den Anfängen bis zum Beginn der Neuzeit. Aschaffenburg 1989.

65. H. Flachenecker, Eine geistliche Stadt. Eichstätt vom 13. bis zum 16. Jahrhundert. Regensburg 1988.

66. N. Flüeler (†)/M. Flüeler-Grauwiler (Hrsg.), Geschichte des Kantons Zürich. Bd. 1. Frühzeit bis Spätmittelalter. Zürich 1995.

67. J.-L. Fray, Nancy-le-Duc. Essor d'une capitale princière dans les deux derniers siècles du Moyen Age. Nancy 1986.

68. J.-L. Fray, Saint-Dié et le haut Vl de Meurthe du XIe au milieu du XIVe siècle, développement urbain et centralité géographique dans un milieu de moyenne montagne au Moyen Age, in: 422, 359–379.

69. J.-L. Fray, Sarrebourg und der obere Saargau im Lichte der Zentralitätsforschung. Ein Beitrag zur Geschichte der mittelgroßen lothringischen Städte im Mittelalter, in: H.-W. Herrmann (Hrsg.), Die alte Diözese Metz/L'ancien diocèse de Metz. Saarbrücken 1993, 147–163.

70. W. Freitag/A. Ranft (Hrsg.), Geschichte der Stadt Halle. Bd. 1. Halle im Mittelalter und in der Frühen Neuzeit. Halle 2006.

71. P. Fried, Die Stadt Landsberg am Lech in der Städtelandschaft des frühen bayerischen Territorialstaats, in: ZBLG 32 (1969) 68–103.

72. A. Gillen, Saint-Mihiel im hohen und späten Mittelalter. Studien zu Abtei, Stadt und Landesherrschaft im Westen des Reiches. Trier 2003.

73. G. Gottlieb u. a. (Hrsg.), Geschichte der Stadt Augsburg von der Römerzeit bis zur Gegenwart. Stuttgart 1984.

74. P. H. Haberkorn, Weißenburg in Bayern. Stationen seiner Geschichte vom römischen Zentralort zur spätmittelalterlichen Reichsstadt. Mammendorf 1996.

75. H. Hawicks, Xanten im späten Mittelalter. Stift und Stadt im Spannungsfeld zwischen Köln und Kleve. Köln u. a. 2007.

76. J. Heerwaarden u. a., Geschiedenis van Dordrecht tot 1572. Hilversum 1996.

77. H.-D. Heimann (Hrsg.), Soest. Geschichte der Stadt. Bd. 2. Die Welt der Bürger. Politik, Gesellschaft und Kultur im spätmittelalterlichen Soest. Soest 1996.

78. F. G. Hirschmann, Verdun im hohen Mittelalter. Eine lothringische Kathedralstadt und ihr Umland im Spiegel der geistlichen Institutionen. 3 Bde. Trier 1996.

79. E. Hoffmann, Lübeck im Hoch- und Spätmittelalter: Die große Zeit Lübecks, in: A. Grassmann (Hrsg.), Lübeckische Geschichte. Lübeck 1988, 79–339.

80. F.-J. Jakobi (Hrsg.), Geschichte der Stadt Münster. Münster 1993.

81. J. Jarnut (Hrsg.), Paderborn. Geschichte der Stadt und ihrer Region. Bd. 1. Das Mittelalter. Bischofsherrschaft und Stadtgemeinde. 2. Aufl. Paderborn u. a. 2000.

82. U. Jecklin (Hrsg.), Churer Stadtgeschichte. Bd. 1. Von den Anfängen bis zur Mitte des 17. Jahrhunderts. Chur 1993.

83. A. Joris, La ville de Huy au Moyen Age. Des origines à la fin du XIVe siècle. Paris 1959.

84. G. Kaldewei (Hrsg.), Die Stadt im Mittelalter. Kalkar und der Niederrhein. Kalkar 1994.

85. P. T. J. Kuijer, 's-Hertogenbosch. Stad in het hertogdom Brabant ca, 1185–1629. Zwolle 2000.

86. P. Leidinger (Hrsg.), Geschichte der Stadt Warendorf. Bd. 1. Vor- und Frühgeschichte, Mittelalter, Frühe Neuzeit (vor 1800). Warendorf 2000.

87. F.-Y. LE MOIGNE (Hrsg.), Histoire de Metz. Toulouse 1986.

88. G. LIVET/F. RAPP (Hrsg.), Histoire de Strasbourg des origines à nos jours. Bd. 2. Strasbourg des grandes invasions au XVIe siècle. Strasbourg 1981.

89. G. LUNTOWSKI u. a., Geschichte der Stadt Dortmund. Dortmund 1994.

90. H. MAURER, Konstanz im Mittelalter. 2 Bde. 2. Aufl., Konstanz 1989.

91. J. MILZ/H. PIETSCH, Duisburg im Mittelalter. Duisburg 1985.

92. I. MIS-ANS/H. WERNICKE (Hrsg.), Riga und der Ostseeraum. Von der Gründung 1201 bis in die Frühe Neuzeit. Marburg 2005.

93. E. MITTLER (Hrsg.), Heidelberg. Geschichte und Gestalt. Heidelberg 1996.

94. P. MOSER, Bamberg. Geschichte einer Stadt. Bamberg 1998.

95. H. NEUHAUS (Hrsg.), Nürnberg. Eine europäische Stadt in Mittelalter und Neuzeit. Nürnberg 2000.

96. L. NYS/A. SALAMAGNE (Hrsg.), Valenciennes aux XIVe et XVe siècles. Art et Histoire. Valenciennes 1996.

97. M. PAULY, Luxemburg im späten Mittelalter. Bd. 1. Verfassung und politische Führungsschicht der Stadt Luxemburg im 13.–15. Jahrhundert. Luxembourg 1992.

98. R. POHANKA, Wien im Mittelalter. Wien 1998.

99. J. PRIEUR (Hrsg.), Geschichte der Stadt Wesel. 2 Bde. Wesel 1991.

100. M. PUHLE/P. PETSCH (Hrsg.), Magdeburg. Geschichte der Stadt 805–2005. Dössel 2005.

101. I. RUNDE, Xanten im frühen und hohen Mittelalter. Sagentradition – Stiftsgeschichte – Stadtwerdung. Köln u. a. 2003.

102. W. SCHICH (Hrsg.), Beiträge zur Entstehung und Entwicklung der Stadt Brandenburg im Mittelalter. Berlin u. a. 1993.

103. W. SCHLÜTER (Hrsg.), Mercatum et Monetam. 1000 Jahre Markt-, Münz- und Zollrecht in Osnabrück. Osnabrück 2002.

104. P. SCHMID (Hrsg.), Geschichte der Stadt Regensburg. Bd. 1. Regensburg 2000.

105. H. SCHMIDT, Oldenburg in Mittelalter und früher Neuzeit, in: Geschichte der Stadt Oldenburg. Bd. 1. Von den Anfängen bis 1830. Oldenburg 1997, 12–182.

106. M. SCHMITT, Die städtebauliche Entwicklung Aachens im Mittelalter unter Berücksichtigung der gestaltbildenden Faktoren. Diss. Aachen 1972.

107. H. SCHÜLLER/F.-J. HEYEN (Hrsg.), Geschichte von Mayen. Mayen 1991.

108. R. C. SCHWINGES (Hrsg.), Berns mutige Zeit: Das 13. und 14. Jahrhundert neu entdeckt. Bern 2003.

109. A. SIEBRECHT (Hrsg.), Halberstadt. Vom Bischofssitz zur Hansestadt. Skizzen zur Halberstädter Geschichte mit einem Exkurs zur Halberstädter Münzgeschichte. 2. Aufl. Halberstadt 2003.

110. G. SIVÉRY (Hrsg.), Histoire de Maubeuge. Dunkerque 1984.

111. B. STEINWASCHER (Hrsg.), Geschichte der Stadt Osnabrück. Belm bei Osnabrück 2006.

112. J. STIENNON (Hrsg.), Histoire de Liège. Toulouse 1991.

113. R. STOBBE, Die Stadt Friedberg im Spätmittelalter. Sozialstruktur, Wirtschaftsleben und politisches Umfeld einer kleinen Reichsstadt. Darmstadt u. a. 1992.

114. L. TRENARD (Hrsg.), Histoire de Cambrai. Lille 1982.

115. A. VAN DER SCHOOR, Het ontstaan van de middeleeuwse stad Rotterdam. Nederzettingsgeschiedenis in het Maas-Merwedegebied van ca. 400 tot 1400. Alphen aan den Rijn 1992.

116. A. VAN DER SCHOOR, Stad in aanwas. Geschiedenis van Rotterdam tot 1813. Zwolle 1999.

117. R. VAN UYTVEN (Hrsg.), De geschiedenis van Mechelen. Van heerlijkheid tot stadsgewest. Mechelen 1991.

118. R. VAN UYTVEN (Hrsg.), Leuven, „de beste stad van Brabant". Bd. 1. De geschiedenis van het stadsgewest Leuven tot omstreeks 1600. Leuven 1980.

119. O. VOLK, Boppard im Mittelalter, in: H. E. Mißling (Hrsg.), Boppard. Geschichte einer Stadt am Mittelrhein. Bd. 1. Von der Frühzeit bis zum Ende der kurfürstlichen Herrschaft. Boppard 1997, 61–412.

120. E. VOLTMER, Reichsstadt und Herrschaft. Zur Geschichte der Stadt Speyer im hohen und späten Mittelalter. Trier 1981.

121. U. WAGNER (Hrsg.), Geschichte der Stadt Würzburg. Bd. 1. Von den Anfängen bis zum Ausbruch des Bauernkriegs. Stuttgart 2001.

122. M. WENSKY, Moers im Mittelalter, in: dies. (Hrsg.), Moers. die Geschichte der Stadt von der Frühzeit bis zur Gegenwart. Bd. 1. Von der Frühzeit bis zum Ende der oranischen Zeit (bis 1702). Köln u. a. 2000, 69–157.

123. E. WISPLINGHOFF, Geschichte der Stadt Neuss. Bd. 1 und 4. Neuss 1975 und 1989.

124. E. WISPLINGHOFF, Mittelalter und frühe Neuzeit. Von den ersten schriftlichen Nachrichten bis zum Ende des Jülich-Klevischen Erbstreits (ca. 700–1614), in: H. Weidenhaupt (Hrsg.), Düssel-

dorf. Geschichte von den Ursprüngen bis ins 20. Jahrhundert. Bd. 1. Von der ersten Besiedlung zur frühneuzeitlichen Stadt (bis 1614). Düsseldorf 1988, 161–445.

125. R. WITTENBROCK (Hrsg.), Geschichte der Stadt Saarbrücken. Bd. 1. Von den Anfängen zum industriellen Aufbruch (1860). Saarbrücken 1999.

126. W. ZORN, Augsburg. Geschichte einer europäischen Stadt. Von den Anfängen bis zur Gegenwart. 4. Aufl. Augsburg 2001.

5. Regionen und Städtelandschaften

127. H. AMMANN, Thesen als Grundlage für eine Aussprache über die Stadtwerdung in der deutschen Schweiz und die Theorien über die Entstehung des mittelalterlichen Städtewesens, in: Zs. für Schweizerische Gesch. 10 (1930) 527–529.

128. N. ANGERMANN (Hrsg.), Städtisches Leben im Baltikum zur Zeit der Hanse. Lüneburg 2003.

129. M. BUR (Hrsg.), Aux origines du second réseau urbain. Les peu. plements castraux dans les Pays de l'Entre-Deux. Alsace, Bourgo. gne, Champagne, Franche-Comté, Lorraine, Luxembourg, Rhé. nanie-Palatinat, Sarre. Nancy 1993.

130. F. BURGARD, Städtenetz und Ämterorganisation in Kurtrier bis zur Mitte des 14. Jahrhunderts, in: 422, 199–224.

131. E. H. P. CORDFUNKE/F. W. N. HUGENHOLTZ/K. SIERKSMA (Hrsg.), De Hollandse stad in de dertiende eeuw. Muiderberg 1988.

132. G. DESPY, Villes, bourgades et franchises en Ardenne au moyen âge, in: Saint-Hubert d'Ardenne. Cahiers d'hist. 6 (1982) 3–22.

133. H. DUCHHARDT/W. REININGHAUS (Hrsg.), Stadt und Region. Inter. nationale Forschungen und Perspektiven. Kolloquium für Peter Johanek. Köln u. a. 2005.

134. R. FELD, Das Städtewesen des Hunsrück-Nahe-Raumes im Spät. mittelalter und in der Frühneuzeit. Untersuchungen zu einer Städ. telandschaft. Trier 1972.

135. H. FLACHENECKER/R. KIEßLING (Hrsg.), Städtelandschaften in Alt. bayern, Franken und Schwaben. Studien zum Phänomen der Kleinstädte während des Spätmittelalters und der Frühen Neuzeit. München 1999.

136. K. FLINK/W. JANSSEN (Hrsg.), Grundherrschaft und Stadtentste. hung am Niederrhein. Kleve 1989.

137. K. FLINK/B. THISSEN, Gelderns Städte im Mittelalter. Daten und Fakten – Aspekte und Anregungen, in: J. Stinner/K.-H. Tekath (Hrsg.), Gelre – Geldern – Gelderland. Geschichte und Kultur des Herzogtums Geldern. Geldern 2001, 205–242

138. J.-L. FRAY, Villes et bourgs de Lorraine. Réseaux urbains et centralité au Moyen-Age. Clermont-Ferrand 2006.

139. R. GERBER, Die Einbürgerungsfrequenzen spätmittelalterlicher Städte im regionalen Vergleich, in: 274, 251–288.

140. A. GIRARDOT, Le droit et la terre. Le Verdunois à la fin du Moyen Age. 2 Bde. Nancy 1992.

141. H. T. GRÄF/K. KELLER (Hrsg.), Städtelandschaft – Réseau urbain – Urban Network. Städte im regionalen Kontext in Spätmittelalter und Früher Neuzeit. Köln u. a. 2004.

142. C. HAASE, Die Entstehung der westfälischen Städte. 2. Aufl. Münster 1965.

143. M. ESCHER/A. HAVERKAMP/F. G. HIRSCHMANN (Hrsg.), Städtelandschaft – Städtenetz – zentralörtliches Gefüge. Ansätze und Befunde zur Geschichte der Städte im hohen und späten Mittelalter. Mainz 2000.

144. H.-W. HERRMANN, Städte im Einzugsbereich der Saar bis 1400, in: 422, 225–317.

145. F. IRSIGLER, Städtelandschaften und kleine Städte, in: 135, 13–38.

146. P. JOHANEK, Entstehung und Entwicklung des Städtenetzes in Oberschlesien, in: T. Wünsch (Hrsg.), Stadtgeschichte Oberschlesiens. Studien zur städtischen Entwicklung und Kultur einer ostmitteleuropäischen Region vom Mittelalter bis zum Vorabend der Industrialisierung. Berlin 1996, 57–74.

147. R. KIEßLING, Strukturen südwestdeutscher Städtelandschaften zwischen Dominanz und Konkurrenz. Der Fall Oberschwaben, in: 141, 65–90.

148. B. METZ, Essai sur la hiérarchie des villes médiévales d'Alsace (1200–1350), in: Rev. de l'Alsace 128 (2002), 47–100 und 134 (2008) 129–167.

149. Z. H. NOWAK/J. TANDECKI (Hrsg.), Die preußischen Hansestädte und ihre Stellung im Nord- und Ostseeraum des Mittelalters. Torun´ 1998.

150. M. PAULY, Die Anfänge der kleineren Städte im früheren Herzogtum Luxemburg vor 1500, in: Siedlungsforschung 11 (1993) 123–165.

151. M. PAULY, Die luxemburgischen Städte in zentralörtlicher Perspektive, in: 422, 117–162.

152. W. Schlesinger, Über mitteleuropäische Städtelandschaften der Frühzeit, in: BlldtLG 93 (1957) 15–42.

153 J. E. Schneider, Städtegründungen und Stadtentwicklung, in: 66, 241–268.

154 F. Seibt u. a. (Hrsg.), Vergessene Zeiten. Mittelalter im Ruhrgebiet. 2 Bde. Essen 1990.

155. J. Sporck/M. Goossens, Het stedennet. Invloedssferen en hiërarchie der steden, in: Driemaandelijks tijdschrift. Gemeentekredit van België 39 (1985) 191–204.

156. R. van Uytven, Brabantse en Antwerpse centrale plaatsen (14de–19de eeuw), in: Le réseau urbain en Belgique dans une perspective historique (1350–1850). Une approche statistique et dynamique/Het stedelijk netwerk in België in historisch perspectief (1350–1850). Een statistische en dynamische benadering. Bruxelles/Brussel 1992, 29–79.

157. R. van Uytven, Les moyennes et petites villes dans le Brabant Septentrional avant 1400, in: 422, 65–84.

158. R. van Uytven, Stadsgeschiedenis in het Noorden en Zuiden. in: Algemene geschiedenis der Nederlanden. Bd. 2. Middeleuwen, Haarlem 1982, 188–253.

159. A. Verhulst (Hrsg.), Anfänge des Städtewesens an Schelde, Maas und Rhein bis zum Jahre 1000. Köln u. a. 1997.

160. O. Volk, Wirtschaft und Gesellschaft am Mittelrhein vom 12. bis zum 16. Jahrhundert. Wiesbaden 1998.

161. G. Zeilinger, Das Netz wird dichter. Neue Veröffentlichungen zu alteuropäischen Städtelandschaften, in: JbRegG 25 (2007), 89–99.

6. Zeitschnitte

162. E. Ennen, Frühgeschichte der europäischen Stadt. Bonn 1953.

163. H. Jankuhn/W. Schlesinger/H. Steuer (Hrsg.), Vor- und Frühformen der europäischen Stadt im Mittelalter. 2 Bde. Göttingen 1973.

164. J. Jarnut/P. Johanek (Hrsg.), Die Frühgeschichte der europäischen Stadt im 11. Jahrhundert. Köln u. a. 1998.

165. E. Maschke, Deutsche Städte am Ausgang des Mittelalters, in: 167, 1–44.

166. E. Maschke/J. Sydow (Hrsg.), Südwestdeutsche Städte im Zeitalter der Staufer. Sigmaringen 1980.

167. W. RAUSCH (Hrsg.), Die Stadt am Ausgang des Mittelalters. Linz 1974.
168. B. TÖPFER (Hrsg.), Stadt und Städtebürgertum in der deutschen Geschichte des 13. Jahrhunderts. Berlin 1976.
169. A. WIECZOREK/H.-M. HINZ (Hrsg.), Europas Mitte um 1000. Beiträge zur Geschichte, Kunst und Archäologie. 3 Bde. Darmstadt 2000.

7. Stadtgemeinde

170. G. BÖNNEN, Aspekte gesellschaftlichen und stadtherrschaftlichen Wandels in salierzeitlichen Städten, in: T. Struve (Hrsg.), Die Salier, das Reich und der Niederrhein. Köln/Weimar/Wien 2008, 207–281.
171. G. GLEBA, Die Gemeinde als alternatives Ordnungsmodell. Zur sozialen und politischen Differenzierung des Gemeindebegriffs in den innerstädtischen Auseinandersetzungen des 14. und 15. Jahrhunderts. Mainz, Magdeburg, München, Lübeck. Köln u. a. 1989.
172. U. GRIEME/N. KRUPPA/S. PÄTZOLD (Hrsg.), Bischof und Bürger. Herrschaftsbeziehungen in den Kathedralstädten des Hoch- und Spätmittelalters. Göttingen 2004.
173. M. GROTEN, Die Kölner Richerzeche im 12. Jahrhundert. Mit einer Bürgermeisterliste, in: RhVjbll 48 (1984) 34–85.
174. W. HARTMANN (Hrsg.), Europas Städte zwischen Zwang und Freiheit. Die europäische Stadt um die Mitte des 13. Jahrhunderts. Regensburg 1995.
175. A. HAVERKAMP, Comunità e spazio urbano nel medioevo. Suggestioni dalla „Romania" transalpina e dalla Germania, in: Quad. storici 107 (2001) 573–593.
176. A. HAVERKAMP, Die „frühbürgerliche" Welt im hohen und späteren Mittelalter. Landesgeschichte und Geschichte der städtischen Gesellschaft, in: HZ 221 (1975) 571–602.
177. A. HAVERKAMP, „Innerstädtische Auseinandersetzungen" und überlokale Zusammenhänge in deutschen Städten während der ersten Hälfte des 14. Jahrhunderts, in: R. Elze/G. Fasoli (Hrsg.), Stadtadel und Bürgertum in den italienischen und deutschen Städten des Mittelalters. Berlin 1991, 89–126.
178. H. JAKOBS, Verfassungstopographische Studien zur Kölner Stadtgeschichte des 10. bis 12. Jahrhunderts, in: Köln, das Reich und Europa. Abhandlungen über weiträumige Verflechtungen der

Stadt Köln in Politik, Recht und Wirtschaft im Mittelalter. Köln 1971, 49–123.

179. E. Pitz, Europäisches Städtewesen und Bürgertum. Von der Spätantike bis zum hohen Mittelalter. Darmstadt 1991.

180. K. Schreiner/U. Meier (Hrsg.), Stadtregiment und Bürgerfreiheit: Handlungsspielräume in deutschen und italienischen Städten des späten Mittelalters und der frühen Neuzeit. Göttingen 1994.

181. K. Schulz, „Denn sie lieben die Freiheit so sehr …". Kommunale Aufstände und Entstehung des europäischen Bürgertums im Hochmittelalter. Darmstadt 1992.

182. K. Schulz, Richerzeche, Meliorat und Ministerialität in Köln, in: Köln, das Reich und Europa. Abh. über weiträumige Verflechtun. gen der Stadt Köln in Politik, Recht und Wirtschaft im Mittelalter. Köln 1971, 149–172.

183. K. Schulz, Verfassungsentwicklung der deutschen Städte um die Mitte des 13. Jahrhunderts, in: 174, 43–61.

184. K. Schulz, Von der familia zur Stadtgemeinde. Zum Prozeß der Erlangung bürgerlicher Freiheitsrechte durch hofrechtlich gebun. dene Bevölkerungsgruppen, in: J. Fried (Hrsg.), Die abendländi. sche Freiheit vom 10. zum 14. Jahrhundert. Der Wirkungszusam. menhang von Idee und Wirklichkeit im europäischen Vergleich. Sigmaringen 1991, 461–484.

185. G. Schwerhoff, Die goldene Freiheit der Bürger. Zu den Bedeutungsebenen eines Grundwertes in der stadtkölnischen Geschichte (13.-17 Jahrhundert), in: 180, 84–119.

186. H. Stehkämper, Gemeinde in Köln im Mittelalter, in: J. Helmrath/ H. Müller (Hrsg.), Studien zum 15. Jahrhundert. Fschr. für Erich Methen. München 1994, 1025–1100.

187. H. Stehkämper, Imitatio urbis. Altrömische Ämterbezeichnungen im Hochmittelalter in deutschen Städten, besonders in Köln, in: Wallraf-Richartz-Jb. 47 (1986) 205–233.

8. Stadtsiegel

188. T. Diederich, Rheinische Städtesiegel. Neuss 1984.

189. T. Diederich, Das älteste Kölner Stadtsiegel, in: H. Blum (Hrsg.): Aus kölnischer und rheinischer Geschichte. Festgabe Arnold Güttsches zum 65. Geburtstag gewidmet. Köln 1969, 51–80.

190. H. Ewe, Schiffe auf Siegeln. Bielefeld/Berlin 1972.

191. M. Groten, Der Heilige als Helfer der Bürger. Auf dem Weg zur Stadtgemeinde: Heilige und frühe Stadtsiegel, in: S. Schmidt (Hrsg.), Rheinisch – Kölnisch – Katholisch. Beiträge zur Kirchen- und Landesgeschichte sowie zur Geschichte des Buch- und Bibliothekswesens der Rheinlande. Fschr. für Heinz Finger zum 60. Geburtstag. Köln 2008, 125–146.

192. M. Groten, Studien zur Frühgeschichte deutscher Stadtsiegel. Trier, Köln, Mainz, Aachen, Soest, in: AfD 31 (1985) 443–478.

193. H. Jakobs, Eugen III. und die Anfänge europäischer Stadtsiegel nebst Anmerkungen zum Bande 4 der Germania Pontificia. Köln u. a. 1980.

194. H. Jakobs, Nochmals Eugen III. und die Anfänge europäischer Stadtsiegel, in: AfD 39 (1993) 85–148.

195. B. Röder, Romnachfolge und der Streit der drei rheinischen Erzbischöfe um den Primat: Zur Ikonographie und zur Entstehung des ersten Großen Siegels der Stadt Trier, in: JbWLG 25 (1999) 69–18.

9. Bruderschaften/Gilden/Zünfte

196. G. Dilcher, Die genossenschaftliche Struktur von Gilden und Zünften, in: 208, 71–111.

197. M. Escher-Apsner, Bauförderung, Seelsorge und Armenfürsorge. Die Münstermaifelder Bruderschaft St. Trinitas/St. Michael, in: Archiv für mittelrheinische Kirchengeschichte 55 (2003) 147–176.

198. Dies., Karitativ-soziale Leistungen bruderschaftlicher Organisationen im hohen und späten Mittelalter, in: M. Uhrmacher (Hrsg.), Institutions de l'assistance sociale en Lotharingie médiévale/Einrichtungen der sozialen Sicherung im mittelalterlichen Lotharingien. Luxembourg 2006, 137–180.

199 G. Fouquet/M. Steinbrink/G. Zeilinger (Hrsg.), Geschlechtergesellschaften, Zunft-Trinkstuben und Bruderschaften in spätmittelalterlichen und frühneuzeitlichen Städten. Stuttgart 2003.

200. A. Haverkamp, Bruderschaften und Gemeinden im 12. und 13. Jahrhundert, in: B. Schneidmüller/S. Weinfurter (Hrsg.), Ordnungskonfigurationen im hohen Mittelalter. Ostfildern 2006, 153–192.

201. R. Holbach, „. . . gravissima coniuratione introducta". Bemerkungen zu den Schwureinungen in den Bischofsstädten im Westen des

Reiches während des Hochmittelalters, in: M. Nikolay-Panter/W.
JANSSEN/W. HERBORN (Hrsg.), Geschichtliche Landeskunde der
Rheinlande. Regionale Befunde und raumübergreifende Perspek-
tiven. Georg Droege zum Gedenken. Köln u. a. 1994, 159–184.

202. F. IRSIGLER, Zur Problematik der Gilde- und Zunftterminologie, in:
208, 53–70.

203. P. JOHANEK, Einungen und Bruderschaften in der spätmittelalterlichen Stadt. Köln u. a. 1993.

204. P. LAMBRECHTS/J.-P. SOSSON (Hrsg.), Les métiers au moyen âge.
Aspects économiques et sociaux. Louvain-la-Neuve 1994.

205. K. MILITZER, Die Kölner Gaffeln in der zweiten Hälfte des 14. und
zu Beginn des 15. Jahrhunderts, in: RhVjbll 47 (1983) 124–143.

206. O. G. OEXLE, Conjuratio und Gilde im frühen Mittelalter. Ein Beitrag zum Problem der sozialgeschichtlichen Kontinuität zwischen
Antike und Mittelalter, in: 208, 151–214.

207. K. SCHULZ, Die politische Zunft. Eine die spätmittelalterliche
Stadt prägende Institution?, in: W. EHBRECHT (Hrsg.), Verwaltung
und Politik in Städten Mitteleuropas. Beiträge zur Verfassungs-
norm und Verfassungswirklichkeit in altständischer Zeit. Köln
u. a. 1994, 1–20.

208. B. SCHWINEKÖPER (Hrsg.), Gilden und Zünfte. Kaufmännische und
gewerbliche Genossenschaften im frühen und hohen Mittelalter.
Sigmaringen 1985.

209. J. SYDOW, Fragen zu Gilde, Bruderschaft und Zünften im Lichte
von Kirchenrecht und Kanonistik, in: 208, 113–126.

210. J.-M. YANTE, Les métiers dans le pays de Luxembourg-Chiny
(XIVe–XVIe siècles), in: Les métiers au Moyen Age. Aspects
économiques et sociaux. Louvain-la-Neuve 1994, 379–423.

10. Ministerialität und städtische Führungsgruppen

211. R. DECKER, Bürgermeister und Ratsherren in Paderborn vom 13.
bis zum 17. Jahrhundert. Untersuchungen zur Zusammensetzung
einer städtischen Oberschicht. Paderborn 1977.

212. PH. DOLLINGER, Das Patriziat der oberrheinischen Städte und seine
inneren Kämpfe in der ersten Hälfte des 14. Jahrhunderts, in: Alt-
ständisches Bürgertum 2 (1952) 194–209.

213. E. MASCHKE/J. SYDOW (Hrsg.), Stadt und Ministerialität. Stuttgart
1973.

214. J.-M. Moeglin, Les élites urbaines et l'histoire de leur ville en Allemagne (XIVe–XVe siècles), in: Les élites urbaines au Moyen Age. Paris u. a. 1997, 351–383.

215. M. Pundt, Metz und Trier. Vergleichende Studien zu den städtischen Führungsgruppen vom 12. bis zum 14. Jahrhundert. Mainz 1998.

216. K. Schulz, Die Ministerialität in rheinischen Bischofsstädten, in: 213, 16–42.

217. K. Schulz, Ministerialität und Bürgertum in Trier. Untersuchungen zur rechtlichen und sozialen Gliederung der Trierer Bürgerschaft vom ausgehenden 11. bis zum Ende des 14. Jahrhunderts. Bonn 1968.

218. K. Schulz, Ministerialität und Bürgertum. Rückblick und Bewertung nach vierzig Jahren, in: Kurtrierisches Jb 47 (2007) 189–210.

219. F. L. Wagner, Die Ministerialität in den mittelrheinischen Städten zwischen Boppard und Bacharach, in: 213, 122–146.

11. Hanse und Städtebünde

220. J. K. W. Berns, Propter communem utilitatem. Studien zur Bündnispolitik der westfälischen Städte im Spätmittelalter. Düsseldorf 1991.

221. J. Bracker (Hrsg.), Die Hanse. Lebenswirklichkeit und Mythos. Eine Ausstellung des Museums für Hamburgische Geschichte in Verbindung mit der Vereins- und Westbank. 2 Bde. Hamburg 1989.

222. E. Engel, Städtebünde im Reich von 1226 bis 1314 – eine vergleichende Betrachtung, in: K. Fritze/E. Müller-Mertens/J. Schildhauer (Hrsg.), Hansische Studien. Bd. 3. Bürgertum, Handelskapital, Städtebünde. Weimar 1975, 177–209.

223. F. J. Felten (Hrsg.), Städtebünde – Städtetage im Wandel der Geschichte. Stuttgart 2006.

224. R. Hammel-Kiesow, Die Hanse. München 2000.

225. V. Henn, Städtebünde und regionale Identitäten im hansischen Raum, in: P. Moraw (Hrsg.): Regionale Identität und soziale Gruppen im deutschen Mittelalter. Berlin 1992, 41–64.

226. V. Henn, „. . . vmb Orbar, nutticheit, Raste vnd Vrede onser und anderer stede". Zur Bündnispolitik der westfälischen Städte im späten 14. und im 15. Jahrhundert, in: Westfälische Zs. 145 (1995) 9–28.

227. N. JÖRN/D. KATTINGER/H. WERNICKE (Hrsg.), Genossenschaftliche Strukturen in der Hanse. Köln u. a. 1999.
228. N. JÖRN/W. PARAVICINI/H. WERNICKE (Hrsg.), Hansekaufleute in Brügge. Frankfurt am Main 2000.
229. B. KIRCHGÄSSNER/H.-P. BECHT (Hrsg.), Vom Städtebund zum Zweckverband. Sigmaringen 1994.
230. B. KREUTZ, Städtebünde und Städtenetz am Mittelrhein im 13. und 14. Jahrhundert. Trier 2005.

12. Stadtrecht

231. H. COLLIN, La charte de Beaumont-en-Argonne (1182), in: Rev. hist. ardennaise 12 (1977) 125–141.
232. G. DILCHER, Bürgerrecht und Bürgereid als städtische Verfassungsstruktur, in: 274, 83–97.
233. G. DILCHER, Die Rechtsgeschichte der Stadt, in: K. S. Bader/G. DILCHER (Hrsg.), Deutsche Rechtsgeschichte. Land und Stadt – Bürger und Bauer im Alten Europa. Berlin u. a. 1999, 249–827.
234. E. ENNEN, Les franchises en Allemagne, in: Huit-centième anniversaire de la Charte de Beaumont-en-Argonne (1182). La Charte de Beumont et les franchises municipales entre Loire et Rhin. Nancy 1988. 264–282.
235. H.-J. GILOMEN, Städtische Sondergruppen im Bürgerrecht, in: 274, 125–167.
236. K. GROSSMANN, Die mittelalterliche Gerichtsverfassung und Verwaltungsorganisation in Kaiserswerth nach dem Stadtrecht aus dem 14. Jahrhundert. Köln u. a. 1992.
237. F. KEUTGEN, Untersuchungen über den Ursprung der deutschen Stadtverfassung. Leipzig 1895.
238. O. A. KIELMEYER, Die Dorfbefreiung im deutschen Sprachgebiet, in: RhVjbll 2 (1932) 195–205.
239. D. PÖTSCHKE (Hrsg.), Stadtrecht, Roland und Pranger. Zur Rechtsgeschichte von Halberstadt, Goslar, Bremen und Städten der Mark Brandenburg. Wernigerode u. a. 2002.
240. T. SCHÖNE, Das Soester Stadtrecht vom 12. bis zur Mitte des 15. Jahrhunderts. Zugleich ein Beitrag zur Entwicklung deutscher Stadtrechte im hohen und späten Mittelalter. Paderborn 1998.
241. M. UHRMACHER, Freiheitsprivilegien und gefreite Orte in den Grafschaften Sponheim, in: Kurtrierisches Jb. 37 (1997) 77–120.
242. F. L. WAGNER, Einführung, in: Emil Schaus. Stadtrechtsorte und

Flecken im Regierungsbezirk Trier und im Kreise Birkenfeld.
Trier 1958, V–XIX.

13. Stadtherrschaft und Residenzen

243. M. Boone, Réseaux urbains, in: W. Prevenier (Hrsg.), Le prince et
le peuple. Images de la société du temps des ducs de Bourgogne.
1384–1530. Anvers 1998, 232–257.

244. T. E. A. Bosman/J. P. A. Coopmans/B. C. M. Jacobs (Hrsg.), De
heerlijke stad. Assen/Maastricht 1988.

245. F. Burgard, Familia Archiepiscopi. Studien zu den geistlichen
Funktionsträgern Erzbischof Balduins von Luxemburg (1307–
1354). Trier 1991.

246. K. Flink/W. Jansen (Hrsg.), Geschlechtergesellschaften, Zunft-
Trinkstuben und Bruderschaften am Niederrhein. Kleve 1993.

247. E. Holtz, Reichsstädte und Zentralgewalt unter König Wenzel
1376–1400. Warendorf 1993.

248. P. Johanek (Hrsg.), Vorträge und Forschungen zur Residenzfrage.
Sigmaringen 1990.

249. J. Kolb, Heidelberg. Die Entstehung einer landesherrlichen Residenz im 14. Jahrhundert. Sigmaringen 1999.

250. G. Landwehr, Die Verpfändung der deutschen Reichsstädte im
Mittelalter. Köln u. a. 1967.

251. M. Margue, Rayonnement urbain et initiative comtale: l'exemple
des chefs-lieux du comté de Luxembourg, in: 448, 429–464.

252. T. M. Martin, Die Städtepolitik Rudolfs von Habsburg. Göttingen 1976.

253. P. Moraw, Was war eine Residenz im deutschen Spätmittelalter,
in: ZHF 18 (1991) 461–468.

254 K. Neitmann, Was ist eine Residenz? Methodische Überlegungen
zur Erforschung der spätmittelalterlichen Residenzbildung, in:
248, 11–43.

255 H. Patze/W. Paravicini (Hrsg.), Fürstliche Residenzen im spätmittelalterlichen Europa. Sigmaringen 1991.

256. V. Press (Hrsg.): Südwestdeutsche Bischofsresidenzen außerhalb
der Kathedralstädte. Stuttgart 1992.

257. E. Reinhard/P. Rückert (Hrsg.), Staufische Stadtgründungen am
Oberrhein. Mainz 1998.

258. J. Treffeisen/K. Andermann (Hrsg.), Landesherrliche Städte in
Südwestdeutschland. Sigmaringen 1994.

259. M. DE WAHA, Bonnes villes, enceintes et pouvoir comtal en Hainaut aux XIVe et XVe siècles, in: 448, 261–281.
260. T. ZOTZ, Adel und Stadt. Regionale Aspekte eines problematischen Verhältnisses, in: ZGO 141 (1991) 22–50.

14. Stadt und Umland, Zentralität

261. W. CHRISTALLER, Die zentralen Orte in Süddeutschland. Eine ökonomisch-geographische Untersuchung über die Gesetzmäßigkeit der Verbreitung und Entwicklung der Siedlungen mit städtischen Funktionen. Jena 1933, Ndr. Darmstadt 1968.
262. W. CHRISTALLER, Wie ich zur Theorie der zentralen Orte gekommen bin. Ein Bericht, wie eine Theorie entstehen kann, und in meinem Fall entstanden ist, in: Geographische Zs. 56 (1968) 88–101.
263. F. FEHN, Die zentralörtlichen Funktionen früher Zentren in Altbayern. Raumbindende Umlandbeziehungen im österreichisch-bayerischen Altsiedelland von der Spätlatènezeit bis zum Ende des Hochmittelalters. Wiesbaden 1970.
264. F. IRSIGLER, Raumkonzepte in der historischen Forschung, in: A. HEIT u. a. (Hrsg.): Zwischen Gallia und Germania, Frankreich und Deutschland. Konstanz und Wandel raumbestimmender Kräfte. Trier 1987, 11–27.
265. F. IRSIGLER, Stadt und Umland im Spätmittelalter: Zur zentralitätsfördernden Kraft von Fernhandel und Exportgewerbe, in: 423, 1–14.
266. F. IRSIGLER, Stadt und Umland in der historischen Forschung. Theorien und Konzepte, in: N. BULST/J. HOOCK/F. IRSIGLER (Hrsg.), Bevölkerung, Wirtschaft und Gesellschaft. Stadt-Land-Beziehungen in Deutschland und Frankreich. 14. bis 19. Jahrhundert. Trier 1983, 13–38.
267. R. KIEßLING, Die Stadt und ihr Land. Umlandpolitik, Bürgerbesitz und Wirtschaftsgefüge in Ostschwaben vom 14. bis 16. Jahrhundert. Köln u. a. 1989.
268. R. KIEßLING, Umlandpolitik im Spiegel städtischer Einbürgerungen während des späten Mittelalters, in: 274, 289–315.
269. G. P. MARCHAL, Pfahlburger, bourgeois forains, buitenpoorters, bourgeois du roi: Aspekte einer zweideutigen Rechtsstellung, in: 274, 333–367.

270. M. MITTERAUER, Markt und Stadt im Mittelalter. Beiträge zur historischen Zentralitätsforschung. Stuttgart 1980.
271. P. SCHÖLLER (Hrsg.): Zentralitätsforschung. Darmstadt 1972.
272. H. SCHOPPMEYER, Probleme der zentralörtlichen Bedeutung Paderborns im Spätmittelalter, in: 423, 92–127.
273. R. C. SCHWINGES, Die Herkunft der Neubürger: Migrationsräume im Reich des späten Mittelalters, in: 274, 371–408.
274. R. C. SCHWINGES (Hrsg.), Neubürger im späten Mittelalter. Migration und Austausch in der Städtelandschaft des alten Reiches (1250–1550). Berlin 2002.

15. Stadt und Kirche

275. M. R. ACKERMANN, Mittelalterliche Kirchen als Gerichtsorte, in: ZRG GA, 110 (1993) 530–545.
276. D. BERG (Hrsg.): Franziskanisches Leben im Mittelalter. Studien zur Geschichte der rheinischen und sächsischen Ordensprovinzen. Werl 1994.
277. T. BERGER, Die Bettelorden in der Erzdiözese Mainz und in den Diözesen Speyer und Worms im 13. Jahrhundert – Ausbreitung, Förderung und Funktion. Mainz 1994.
278. P. BERTRAND, Commerce avec Dame pauvreté. Structures et fonctions des couvents mendiants à Liège (XIIIe–XIVe s.). Genève 2004.
279. G. BÖNNEN/A. HAVERKAMP/F. G. HIRSCHMANN, Religiöse Frauengemeinschaften im räumlichen Gefüge der Trierer Kirchenprovinz während des hohen Mittelalters, in: G. Jenal (Hrsg.), Herrschaft, Kirche, Kultur. Beiträge zur Geschichte des Mittelalters. Fschr. für Friedrich Prinz zu seinem 65. Geburtstag. Stuttgart 1993, 369–415.
280. I. CRUSIUS, Basilicae muros urbis ambiunt. Zum Kollegiatstift des frühen und hohen Mittelalters in deutschen Bischofsstädten, in: dies., Studien zum weltlichen Kollegiatstift in Deutschland. Göttingen 1995, 9–34.
281. I. CRUSIUS, Das weltliche Kollegiatstift als Schwerpunkt innerhalb der Germania Sacra, in: BlldtLG 120 (1984) 241–253.
282. T. DIEDERICH, Stadtpatrone an Rhein und Mosel, in: RhVjbll 58 (1994) 25–86.
283. T. DIEDERICH, Stift – Kloster – Pfarrei. Zur Bedeutung der kirchlichen Gemeinschaften im Heiligen Köln, in: H. Kier/U. Krings

(Hrsg.): Köln: Die Romanischen Kirchen. Von den Anfängen bis zum Zweiten Weltkrieg. Köln 1984, 17–78.

284. C. DOBRINSKI/B. GEDDERTH/K. WIPFLER (Hrsg.), Kloster und Wirtschaftswelt im Mittelalter. München 2007.

285. W. EHRBRECHT, Die Stadt und ihre Heiligen. Aspekte und Probleme nach Beispielen west- und norddeutscher Städte, in: E. Widder/M. Mersiowsky/P. Johanek (Hrsg.), Vestigia Monasteriensia. Westfalen – Rheinland – Niederlande. Bielefeld 1995, 197–261.

286. W. EHRBRECHT, Überall ist Jerusalem, in: H. Bräuer/E. Schlenkrich (Hrsg.), Die Stadt als Kommunikationsraum. Beiträge zur Stadtgeschichte vom Mittelalter bis ins 20. Jahrhundert. Fschr. für Karl Czok zum 75. Geburtstag. Leipzig 2001, 129–185.

287. F. J. FELTEN, Frauenklöster und -stifte im Rheinland im 12. Jahrhundert. Ein Beitrag zur Geschichte der Frauen in der religiösen Bewegung des hohen Mittelalter, in: S. Weinfurter/H. Seibert (Hrsg.), Reformidee und Reformpolitik im spätsalisch-frühstaufischen Reich. Mainz 1992, 189–300.

288. M. GECHTER, Frauenklöster und -stifte in der stadtkölnischen Wirtschaft im Mittelalter, in: RhVjbll 71 (2007) 132–177.

289. M. GECHTER, Kirche und Klerus in der stadtkölnischen Wirtschaft im Spätmittelalter. Wiesbaden 1983.

290. I. GRÜBEL, Bettelorden und Frauenfrömmigkeit im 13. Jahrhundert. Das Verhältnis der Mendikanten zu Nonnenklöstern am Beispiel Straßburg und Basel. München 1987.

291. A. HAVERKAMP, „Heilige Städte" im hohen Mittelalter, in: F. Graus (Hrsg.), Mentalitäten im Mittelalter. Methodische und inhaltliche Probleme. Sigmaringen 1987, 119–156.

292. A. HAVERKAMP/F. G. HIRSCHMANN (Hrsg.), Grundherrschaft – Kirche – Stadt zwischen Maas und Rhein während des hohen Mittelalters. Mainz 1997.

293. N. HECKER, Bettelorden und Bürgertum. Konflikt und Kooperation in deutschen Städten des Spätmittelalters. Frankfurt am Main u. a. 1981.

294. E. HEGEL, Das mittelalterliche Pfarrsystem und seine kirchliche Infrastruktur in Köln um 1500. Köln 1992.

295. W. HEITZENRÖDER, Reichsstädte und Kirche in der Wetterau. Der Einfluß des städtischen Rats auf die geistlichen Institute vor der Reformation. Frankfurt am Main 1982.

296. P. A. HENDERIKX, De oudste bedelordekloosters in het grafschap Holland en Zeeland. Het ontstaan van bedelordekloosters voor ca. 1310 te Dordrecht, Zierikzee en Haarlem, alsmede enige aspecten

van de plaats van de kloosters in het stedelijk leven en daarbuiten gedurende de middeleeuwen. Dordrecht 1977.

297. W. HERBORN, Reichs-, Abtei- und Territorialstadt im Rheinland während des Spätmittelalters, in: 15, 167–200.

298. F. G. HIRSCHMANN, Die Domannexstifte im Reich – Zusammenstellung und vergleichende Analyse, in: ZRG KA 119 (2002) 110–158.

299. U. HÖROLDT, Studien zur politischen Stellung des Kölner Domkapitels zwischen Erzbischof, Stadt Köln und Territorialgewalten 1198–1332. Untersuchungen und Personalien. Siegburg 1994.

300. F.-H. HYE (Hrsg.), Stadt und Kirche. Linz 1995.

301. H. JOHAG, Die Beziehungen zwischen Klerus und Bürgerschaft in Köln zwischen 1250 und 1350. Bonn 1977.

302. C. KIMMINUS-SCHNEIDER/M. SCHNEIDER (Hrsg.), Klöster und monastische Kultur in Hansestädten. Rahden 2003.

303. J. LEGOFF, Apostolat mendiant et fait urbain dans la France médiévale. L'implantation des ordres mendiants, in: Annales 23 (1968) 335–352.

304. A. LÖTHER, Prozessionen in spätmittelalterlichen Städten. Politische Partizipation, obrigkeitliche Inszenierung, städtische Einheit. Köln u. a. 1999.

305. S. LORENZ/O. AUGE (Hrsg.), Die Stiftskirche in Südwestdeutschland: Aufgaben und Perspektiven der Forschung. Leinfelden-Echterdingen 2003.

306. G. P. MARCHAL, Das Stadtstift. Einige Überlegungen zu einem kirchengeschichtlichen Aspekt der vergleichenden Städtegeschichte, in: ZHF 9 (1982) 461–473.

307. G. P. MARCHAL, Was war das weltliche Kanonikerstift im Mittelalter? Dom- und Kollegiatstifte: eine Einführung und eine neue Perspektive, in: RHE 94 (1999) 761–807.

308. E. MEUTHEN (Hrsg.), Stift und Stadt am Niederrhein. Kleve 1984.

309. G. MINN, Kathedralstadt und Benediktinerkloster. Die Abtei St. Vinzenz und die Stadt Metz im Mittelalter, Trier 2002.

310. P. MORAW, Hessische Stiftskirchen im Mittelalter, in: AfD 23 (1977) 425–458.

311. P. MORAW, Stiftskirchen im deutschen Sprachraum. Forschungsstand und Forschungshoffnungen, in: 305, 55–71.

312. P. MORAW, Über Typologie, Chronologie und Geographie der Stiftskirche im deutschen Mittelalter, in: Untersuchungen zu Kloster und Stift. Göttingen 1980, 9–37.

313. M. MÜLLER, Am Schnittpunkt von Stadt und Land: Die Benedik-

tinerabtei St. Arnulf zu Metz im hohen und späten Mittelalter. Trier 1993.

314. P. Müller, Bettelorden und Stadtgemeinde in Hildesheim im Mittelalter. Hannover 1994.

315. A. Ranft/M. Ruprecht, Kommunebildung, Sakralgemeischaft und Stadtkonflikte – die Salzstadt Halle um 1100 bis 1478, in: 70, 101–155.

316. A. Rüther, Bettelorden in Stadt und Land. Die Straßburger Mendikantenkonvente und das Elsaß im Spätmittelalter. Berlin 1997.

317. H.-J. Schmidt, Bettelorden in Trier. Wirksamkeit und Umfeld im hohen uns späten Mittelalter. Trier 1986.

318. M. Sehi, Die Bettelorden in der Seelsorgsgeschichte der Stadt und des Bistums Würzburg bis zum Konzil von Trient. Eine Untersuchung über die Mendikantenseelsorge unter besonderer Berücksichtigung der Verhältnisse in Würzburg. Würzburg 1981.

319. B. E. J. Stüdeli, Minoritenniederlassungen und mittelalterliche Stadt. Beiträge zur Bedeutung von Minoriten- und anderen Mendikantenanlagen im öffentlichen Leben der mittelalterlichen Stadtgemeinde, insbesondere der deutschen Schweiz. Werl 1969.

320. H. Trauffler, Klostergrundherrschaft und Stadt. Vergleichende Untersuchungen zu den Abteistädten zwischen Maas und Rhein im Hochmittelalter, in: 292, 219–238.

321. I. Ulpts, Die Bettelorden in Mecklenburg: Ein Beitrag zur Geschichte der Franziskaner, Klarissen, Dominikaner und Augustiner-Eremiten im Mittelalter. Werl 1995.

322. I. Ulpts, Zur Rolle der Mendikanten in städtischen Konflikten des Mittelalters. Ausgewählte Beispiele aus Bremen, Hamburg und Lübeck, in: Von der Christianisierung bis zur Vorreformation. Hamburgische KiG in Aufsätzen. Bd. 1. Hamburg 2003, 287–327.

323. E. Voltmer, Leben im Schutz der Heiligen. Die mittelalterliche Stadt als Kult- und Kampfgemeinschaft, in: 33, 213–242.

324. A. Wendehorst/F. Benz, Verzeichnis der Säkularkanonikerstifte der Reichskirche, in: Jb. für fränkische Landeskunde 54 (1994) 1–174.

16. Städtisches Gewerbe

325. M.-A. Arnould, L'industrie drapière dans le comté de Hainaut au Moyen Age, in: 448, 51–69.

326. F. Opll (Hrsg.), Stadt und Eisen. Linz 1992.
327. H. van der Wee (Hrsg.), The Rise and Decline of Urban Industries in Italy and the Low Countries (Late Middle Ages – Early Modern Times). Leuven 1988, 165–186.

17. Städtischer Handel – Märkte, Messen und Münzen

328. N. Angermann/P. Kaegbein (Hrsg.), Fernhandel und Handelspolitik der baltischen Städte in der Hansezeit. Beiträge zur Erforschung mittelalterlicher und frühneuzeitlicher Handelsbeziehungen und -wege im europäischen Rahmen. Lüneburg 2001.
329. P. Berghaus, Die Münzpolitik der deutschen Städte im Mittelalter, in: Finances et comptabilité urbaines du XIIIe au XVIe siècle/ Financiën en boekhouding der steden van de XIIIe tot de XVIe eeuw. Bruxelles/Brussel 1964, 75–84.
330. F. Irsigler, Jahrmärkte und Messesysteme im westlichen Reichsgebiet bis ca. 1250, in: P. Johanek/H. Stoob (Hrsg.): Europäische Messen und Märktesysteme in Mittelalter und Neuzeit. Köln u. a. 1996, 1–33.
331. F. Irsigler, Jahrmärkte und Messen im oberrheinischen Raum vom 14. bis 16. Jahrhundert, in: K. Krimm/R. Brüning (Hrsg.), Zwischen Habsburg und Burgund. Der Oberrhein als europäische Landschaft im 15. Jahrhundert. Sigmaringen 2003, 229–254.
332. M. Pauly, Foires luxembourgeoises et lorraines avant 1600, in: P. Johanek/H. Stoob (Hrsg.), Europäische Messen und Märktesysteme in Mittelalter und Neuzeit. Köln/Weimar/Wien 1996, 105–139.
333. H. Pohl (Hrsg.): Brücke zwischen den Völkern. Zur Geschichte der Frankfurter Messe. 2 Bde. Frankfurt am Main 1991.
334. „Proeve 't al, 't is prysselyck". Verbruik in Europese steden (13de–18de eeuw)/Consumption in European Towns (13th–18th Century). Liber Amicorum Raymond van Uytven. Antwerpen 1998.
335. M. Rothmann, Die Frankfurter Messen im Mittelalter. Stuttgart 1998.

18. Städtische Topographie und Kunstgeschichte

336. K. Blaschke, Altstadt-Neustadt-Vorstadt. Zur Typologie genetischer und topographischer Stadtgeschichtsforschung, in: VSWG 57 (1970) 350–363.

337. W. Braunfels, Abendländische Stadtbaukunst. Herrschaftsform und Baugestalt. Köln 1977.

338. C. Brühl, Palatium und Civitas. Studien zur Profantopographie spätantiker Civitates vom 3. bis zum 13. Jahrhundert. 2 Bde. Köln u. a. 1975–90.

339. A. Czacharowski, Die Gründung der „Neustädte" im Ordensland Preußen, in: Hansische Gbll. 108 (1990) 1–12.

340. B. Fritzsche/H.-J. Gilomen/M. Stercken (Hrsg.), Städteplanung – Planungsstädte. Zürich 2006.

341. N. Gauthier/J.-C. Picard (Hrsg.): Topographie chrétienne des cités de la Gaule des origines au milieu du VIIIe siècle. Bd. 1. Province ecclésiastique de Trèves (Belgica Prima). Paris 1986.

342. E. Herzog, Die ottonische Stadt. Die Anfänge der mittelalterlichen Stadtbaukunst in Deutschland. Berlin 1964.

343. F. G. Hirschmann, Stadtplanung, Bauprojekte und Großbaustellen im 10. und 11. Jahrhundert. Vergleichende Studien zu den Kathedralstädten westlich des Rheins. Stuttgart 1998.

344. K. Humpert/M. Schenk, Entdeckung der mittelalterlichen Stadtplanung. Das Ende vom Mythos der „gewachsenen" Stadt. Stuttgart 2001.

345. E. Keyser, Der Stadtgrundriß als Geschichtsquelle, in: Studium Generale 16 (1963) 345–351.

346. G. Kocher, Zur Entwicklung der Finanzierung von Stadtplanung und Städtebau, in: K. Ebert (Hrsg.), Fschr. Nikolaus Grass. Zum 70. Geburtstag dargebracht von Fachkollegen und Freunden. Innsbruck 1986, 289–301.

347. E. Maschke/J. Sydow (Hrsg.): Stadterweiterung und Vorstadt. Stuttgart 1969.

348. C. Meckseper, Kleine Kunstgeschichte der deutschen Stadt im Mittelalter. Darmstadt 1982.

349. M. Stercken, Gebaute Ordnung. Stadtvorstellungen und Planung im Mittelalter, in: 340, 15–37.

350. M. Untermann, Strassen, Areae, Stadtmauern. Mittelalterliche Stadtplanung im Licht der Archäologie, in: 340, 39–49

19. Hospitäler und Fürsorge

351. P. Johanek (Hrsg.), Städtisches Gesundheits- und Fürsorgewesen vor 1800. Köln u. a. 2000.

352. U. Knefelkamp, Das Gesundheits- und Fürsorgewesen der Stadt Freiburg im Breisgau im Mittelalter. Freiburg im Breisgau 1981.

353. U. Knefelkamp, Stadt und Spital im späten Mittelalter. Ein struktureller Überblick zu Bürgerspitälern süddeutscher Städte, in: 351, 19–40.

354. W. Moritz, Die bürgerlichen Fürsorgeanstalten der Reichsstadt Frankfurt a. M. im späten Mittelalter. Frankfurt am Main 1981.

355. L. Ohngemach, Stadt und Spital. Das Rottweiler Hl.-Geist-Spital bis 1802. 2 Bde. Rottweil 1994.

356. M. Pauly, Peregrinorum, pauperum ac aliorum transeuntium receptaculum. Hospitäler zwischen Maas und Rhein im Mittelalter. Stuttgart 2007.

357. W. F. Reddig, Bürgerspital und Bischofsstadt. Das St. Katharinen- und das St. Elisabethenspital in Bamberg vom 13.–18. Jahrhundert. Vergleichende Studie zu Struktur, Besitz und Wirtschaft. Bamberg u. a. 1998.

20. Weitere Infrastruktur

358. H. Bettin, Die Apotheke als medizinale und wirtschaftliche Einrichtung in norddeutschen Hansestädten des späten Mittelalters, in: Hansische Gbll. 116 (1998) 83–115.

359. G. Isenberg/B. Scholkmann (Hrsg.), Die Befestigung der mittelalterlichen Stadt. Köln u. a. 1997.

360. M. Matheus, Hafenkrane. Zur Geschichte einer mittelalterlichen Maschine am Rhein und seinen Nebenflüssen von Straßburg bis Düsseldorf. Trier 1985.

361. G. Nagel, Das mittelalterliche Kaufhaus und seine Stellung in der Stadt. Eine baugeschichtliche Untersuchung an südwestdeutschen Beispielen. Berlin 1971.

362. M. Pauly, Von der Kloster- zur Stadtschule. Das Schulwesen in der mittelalterlichen Stadt Luxemburg, in: JbWLG 20 (1994) 93–114.

363. H. C. Peyer, Die Stadtmauer in der Geschichte, in: 365, 9–14.

364. P. Schuster, Das Frauenhaus. Städtische Bordelle in Deutschland (1350–1600). Paderborn u. a. 1992.

365. Stadt- und Landmauern. Bd. 1. Beiträge zum Stand der Forschung. Zürich 1995.
366. Stadt- und Landmauern. 2. Stadtmauern in der Schweiz. Zürich
1996.
367. Stadt- und Landmauern. Bd. 3. Abgrenzungen – Ausgrenzungen
in der Stadt und um die Stadt. Zürich 1999.

21. Frauen in der Stadt

368. K. Arnold, Frauen in den mittelalterlichen Hansestädten – eine
Annäherung an die Realität, in: Hansische Gbll. 108 (1990) 13–
29.
369. B. Degler-Spengler, Die Beginen in Basel, in: Basler Zs. für
Gesch. und Altertumskunde 69 (1969) 5–83.
370. E. Ennen, Frauen im Mittelalter. München 1984.
371. A.-M. Helvétius, Les béguines. Des femmes dans la ville aux
XIIIe et XIVe siècles, in: E. Gubin/J.-P. Nandrin (Hrsg.): La ville
et les femmes en Belgique. Histoire et sociologie. Bruxelles 1993,
17–40.
372. B. Schuster, L'imaginaire de la prostitution et la société urbaine
en Allemagne (XIIIe-XVIe siècles), in: Médiévales 27 (1994)
75–93.
373. W. Simons, Cities of Ladies. Beguine Communities in the Medieval Low Countries, 1200–1565. Philadelphia 2001.
374. M. Spies, Beginengemeinschaften in Frankfurt am Main. Zur
Frage der genossenschaftlichen Selbstorganisation von Frauen im
Mittelalter. Dortmund 1998.
375. B. Studer, Frauen im Bürgerrecht. Überlegungen zur rechtlichen
und sozialen Stellung der Frau in spätmittelalterlichen Städten, in:
274, 169–200.
376. M. Wensky, Frauen in der Hansestadt Köln im 15. und 16. Jahrhundert, in: B. Vogel/U. Weckel (Hrsg.): Frauen in der Ständege-
sellschaft. Leben und Arbeiten in der Stadt vom späten Mittelalter
bis zur Neuzeit. Hamburg 1991, 49–68.
377. A. Wilts, Beginen im Bodenseeraum. Sigmaringen 1993.

22. Juden

378. C. CLUSE, Studien zur Geschichte der Juden in den Niederlanden. Hannover 2000.
379. C. CLUSE (Hrsg.), Europas Juden im Mittelalter. Trier 2004.
380. C. CLUSE/A. HAVERKAMP/I. J. YUVAL (Hrsg.), Jüdische Gemeinden und ihr christlicher Kontext in kulturräumlich vergleichender Betrachtung von der Spätantike bis zum 18. Jahrhundert. Hannover 2003.
381. A. HAVERKAMP, The Jewsih quarters in German towns during the Late Middle Ages, in: R. Po-Chia Shia/H. Lehmann (Hrsg.), In and Out of the Ghetto. Jewish-Gentile relations in Late Medieval and Early Modern Germany. New York 1995, 13–28.
382. A. HAVERKAMP, „Concivilitas" von Christen und Juden in Aschkenas im Mittelalter, in: R. Jütte/A. P. Kustermann (Hrsg.), Jüdische Gemeinden und Organisationsformen von der Antike bis zur Gegenwart. Wien u. a. 1996, 103–136.
383 A. HAVERKAMP, Geschichte der Juden im Mittelalter von der Nordsee bis zu den Südalpen. Kommentiertes Kartenwerk. 3 Bde. Hannover 2002.
384 J. H. IBS, Judenverfolgungen in den Hansestädten des südwestlichen Ostseeraums zur Zeit des Schwarzen Todes, in: Hansische Gbll. 113 (1995), 27–47.
385. R. KOSCHE, Studien zur Geschichte der Juden zwischen Rhein und Weser im Mittelalter. Hannover 2002.
386. G. MENTGEN, Studien zur Geschichte der Juden im mittelalterlichen Elsaß. Hannover 1995.
387 W. VON STROMER, Die Metropole im Aufstand gegen König Karl IV. Nürnberg zwischen Wittelsbach und Luxemburg Juni 1348 – September 1349, in: Mitteilungen des Vereins für Geschichte der Stadt Nürnberg 65 (1978), 55–90.
388. F.-J. ZIWES, Studien zur Geschichte der Juden im mittleren Rheingebiet während des hohen und späten Mittelalters. Hannover 1995.

23. Randgruppen

389. W. HARTUNG, Gesellschaftliche Randgruppen im Spätmittelalter. Phänomen und Begriff, in: 392, 49–114.
390. B.-U. HERGEMÖLLER (Hrsg.), Randgruppen der spätmittelalterlichen Gesellschaft. Ein Hand- und Studienbuch. Warendorf 2001.

391. F. Irsigler/A. Lassotta, Bettler und Gaukler. Dirnen und Henker. Randgruppen und Außenseiter in Köln 1300–1600. Köln 1984.
392. B. Kirchgässner/F. Reuter (Hrsg.), Städtische Randgruppen und Minderheiten. Sigmaringen 1986.

24. Schriftlichkeit und Literatur

393. G. Burger, Die südwestdeutschen Stadtschreiber im Mittelalter. Böblingen 1960.
394. C. J. Classen, Die Stadt im Spiegel der Descriptiones und Laudes urbium in der antiken und mittelalterlichen Literatur bis zum Ende des zwölften Jahrhunderts. Hildesheim u. a. 1980.
395. W. Ehbrecht, *uppe dat sulck grot vorderffenisse jo nicht weer enscheghe*. Konsens und Konflikt als eine Leitfrage städtischer Historiographie, nicht nur im Hanseraum, in: 398, 51–109.
396. E. Ennen, Geschichtsbewußtsein und Geschichtsschreibung des städtischen Bürgertums in seinen historischen Wandlungen bis zur Gegenwart, in: Soester Zs. 92/93 (1980/81) 9–34.
397. H.-D. Heimann, Stadtideal und Stadtpatriotismus in der „alten Stadt" am Beispiel der „Laudationes Coloniae" des Mittelalters und der frühen Neuzeit, in: HJb 111 (1991) 3–27.
398. P. Johanek (Hrsg.), Städtische Geschichtsschreibung im Spätmittelalter und in der Frühen Neuzeit. Köln u. a. 2000.
399. H. Kugler, Die Vorstellung der Stadt in der Literatur des deutschen Mittelalters. München 1986.
400. W. Prevenier/T. de Hemptinne (Hrsg.), La diplomatique urbaine en Europe au moyen âge. Leuven u. a. 2000.
401. H. E. Specker (Hrsg.), Stadt und Kultur. Sigmaringen 1983.
402. K. Wriedt, Bürgerliche Geschichtsschreibung im 15. und 16. Jahrhundert. Ansätze und Formen, in: 398, 19–50.

25. Kommunikation

403. G. Bönnen, Zwischen Kirche und Stadtgemeinde: Funktionen und Kontrolle von Glocken in Kathedralstädten zwischen Maas und Rhein, in: 406, 161–199.
404 H. Bräuer/E. Schlenkrich (Hrsg.), Die Stadt als Kommunikationsraum. Beiträge zur Stadtgeschichte vom Mittelalter bis ins

20. Jahrhundert. Fschr. für Karl Czok zum 75. Geburtstag. Leipzig 2001.

405. U. DIRLMEIER, Zu den Beziehungen zwischen oberdeutschen und norddeutschen Städten im Spätmittelalter, in: W. Paravicini (Hrsg.), Nord und Süd in der deutschen Geschichte des Mittelalters. Sigmaringen 1990, 203–217.

406. A. HAVERKAMP (Hrsg.), Information, Kommunikation und Selbstdarstellung in mittelalterlichen Gemeinden. München 1998.

407. A. HAVERKAMP, „. . . an die große Glocke hängen". Über Öffentlichkeit im Mittelalter, in: Jb. des Hist. Kollegs 1995, 71–112.

408. V. HENN, Kommunikative Beziehungen und binnenhansisches Raumgefüge, in: 143, 117–129.

409. R. VAN UYTVEN, Flämische Belfriede und südniederländische städtische Bauwerke im Mittelalter: Symbol und Mythos, in: 406, 125–159.

26. Stadttypen

410. M. BUR, Aux origines du second réseau urbain: l'impact du château sur le peuplement, in: 129, 5–14.

411. W. EHBRECHT, „Minderstadt" – ein tauglicher Begriff der vergleichenden historischen Städteforschung?, in: 420, 1–50.

412. E. ENNEN, Die sog. „Minderstädte" im mittelalterlichen Europa, in: D. Höroldt/F. Irsigler (Hrsg.), Edith Ennen: Gesammelte Abhandlungen zum europäischen Städtewesen und zur rheinischen Gesch., Bd. 2. Bonn 1987, 70–85.

413. E. ENNEN, Zur Typologie niederrheinischer Kleinstädte in Mittelalter und Frühneuzeit, in: U. John/J. Matzerath (Hrsg.), Landesgeschichte als Herausforderung und Programm. Karlheinz Blaschke zum 70. Geburtstag. Stuttgart 1997, 205–216.

414. K. FEHN, Entstehung und Entwicklung kleinerer Städte, in: ders. u. a. (Hrsg.), Siedlungsforschung. Archäologie – Geschichte – Geographie. Bonn 1993, 9–40.

415. F. IRSIGLER, Überlegungen zur Konstruktion und Interpretation mittelalterlicher Stadttypen, in: 29, 107–119.

416. P. JOHANEK, Landesherrliche Städte – kleine Städte. Umrisse eines europäischen Phänomens, in: 258, 9–25.

417. W. KATZINGER, Forum Austriae, nec civitas nec villa, in: 420, 203–277.

418. W. KATZINGER, Die Märkte Oberösterreichs. Eine Studie zu ihren

Anfängen im 13. und 14. Jahrhundert, in: Forschungen zur Gesch. der Städte und Märkte Österreichs 1 (1978) 69–150.

419. R. Kießling, Zwischen Stadt und Dorf? Zum Marktbegriff in Oberdeutschland, in: 29, 121–143.

420. H. Knittler (Hrsg.), Minderstädte – Kümmerformen – gefreite Dörfer. Stufen zur Urbanität und das Märkteproblem. Linz 2006.

421. H. Obermair, „Bastard Urbanism"? – Vergangene Stadtformen im Tirol-Trentiner Raum, in: 420, 51–77.

422. Les petites villes en Lotharingie/Die kleinen Städte in Lotharingien. Luxembourg 1992.

423. M. Schaab, Städtlein, Burg-, Amts- und Markflecken Südwestdeutschlands inSpätmittelalter und Früher Neuzeit, in: E. Meynen (Hrsg.), Zentralität als Problem der mittelalterlichen Stadtgeschichtsforschung, Köln u. a. 1979, 219–271.

424. A. Scheuerbrandt, Südwestdeutsche Stadttypen und Städtegruppen bis zum frühen 19. Jahrhundert. Ein Beitrag zur Kulturlandschaftsgeschichte und zur kulturräumlichen Gliederung des nördlichen Baden-Württemberg und seiner Nachbargebiete. Heidelberg 1972.

425. W. Schlesinger, Der Markt als Frühform der deutschen Stadt, in: 163, 262–293.

426. T. Scott, Kleine Städte, keine Städte. Das sogenannte „urbane Netz" in Südwestdeutschland im ausgehenden Mittelalter, in: 420, 181–202.

427. H. Stoob, Minderstädte. Formen der Stadtentstehung im Spätmittelalter, in: VSWG 46 (1959) 1–28.

428. J. Sydow, Die Klein- und Mittelstadt in der südwestdeutschen Geschichte des Mittelalters, in: 40, 9–38.

27. Stadtarchäologie

429. R. d'Aujourdhui, Die Entwicklung Basels vom keltischen Oppidum zur hochmittelalterlichen Stadt. 2. Aufl. Basel 1990.

430. G. P. Fehring, Stadtarchäologie in Deutschland. Stuttgart 1996.

431. La genèse et les premiers siècles des villes médiévales dans les Pays-Bas méridionaux. Un problème archéologique et historique/ Ontstaan en vroegste geschiedenis van de Middeleeuwse steden in de Zuidelijke Nederlanden. Een archeologisch en historisch probleem. Bruxelles/Brussel 1990.

432. F. IRSIGLER, Mittelalterarchäologie in Zentraleuropa aus der Sicht eines Historikers, in: ZAM, Beiheft 9 (1995) 217–224.

433. W. JANSSEN, Die mittelalterliche Stadt als Problem der Archäologie, in: H. Jäger (Hrsg.), Stadtkernforschung. Köln u. a. 1987, 3–10.

434. B. KIRCHGÄSSNER/H.-P. BECHT (Hrsg.), Stadt und Archäologie. Stuttgart 2000.

435. Leben im Mittelalter. 30 Jahre Mittelalterarchäologie im Elsass. Speyer 1992.

436. H. SARFATIJ, Dutch towns in the formative period (AD 1000–1400). The archaeology of settlement and building, in: J. C. Besteman/J. M. Bos/H. A. Heidinga (Hrsg.), Medieval Archaeology in the Netherlands. Studies presented to H. H. Regteren. Altena, Assen u. a. 1990, 183–198.

437. H. SCHADEK, Vorstädtische Siedlung und „Gründungsstädte" der Zähringer – der Beitrag der Archäologie zur Entstehungsgeschichte von Markt und Stadt, in: Archäologie und Geschichte des ersten Jahrtausends in Südwestdeutschland. Sigmaringen 1990, 417–455.

438. J.-J. SCHWIEN, Strasbourg. Document d'évaluation du patrimoine archéologique urbain. Tours 1992.

439. A. SIEBRECHT, Halberstadt aus stadtarchäologischer Sicht. Die Bodenfunde des 8. bis 13. Jahrhunderts aus dem mittelalterlichen Stadtgebiet und ihre historische Erschließung. Halle 1999.

440. H. STEUER, Überlegungen zum Stadtbegriff aus der Sicht der Archäologie des Mittelalters, in: 29, 31–51.

441. E. WAMERS/F. BACKHAUS (Hrsg.), Synagogen, Mikwen, Siedlungen. Jüdisches Alltagsleben im Lichte neuerer archäologischer Funde. Frankfurt am Main 2004.

28. Historische Demographie

442. H. AMMANN, Wie groß war die mittelalterliche Stadt?, in: Studium generale 9 (1956) 503–506.

443. R. S. J. MOLS, Introduction à la démographie historique des villes d'Europe du XIVe au XVIIIe siècle. 3 Bde. Louvain 1954–56.

444. W. PREVENIER, Bronnen voor de historische demografie van de Zuidelijke Nederlanden in de middeleeuwen. Kritische beschouwingen, in: F. DAELEMANS (Hrsg.), Sources et méthodes de la démographie historique, avant 1850/Bronnen en methoden van de historische demografie, voor 1850. Bruxelles/Brussel 1984, 3–43.

29. Weitere Aspekte

445. H. AMMANN, Vom Lebensraum der mittelalterlichen Stadt, in: Berichte zur deutschen Landeskunde 31 (1963), 284–316.

446. K. BLASCHKE, La naissance des villes médiévales en Europe, au nord des Alpes: nouveaux résultats et méthodes de recherche, in: C. Laurent/B. Merdrignac/D. Pichot (Hrsg.), Mondes de l'Ouest et villes du monde. Regards sur les sociétés médiévales. Mélanges en l'honneur d'André Chédeville. Rennes 1998, 671–681.

447. L. CLEMENS, Trier – eine Weinstadt im Mittelalter. Trier 1993.

448. J.-M. DUVOSQUEL/A. DIERKENS (Hrsg.): Villes et campagnes au Moyen Age. Mélanges Georges Despy. Liège 1991.

449. W. EHRBRECHT u. a. (Hrsg.), Der weite Blick des Historikers. Einsichten in Kultur-, Landes- und Stadtgeschichte. Peter Johanek zum 65. Geburtstag. Köln 2002.

450. E. ENNEN, Aufgaben der landschaftlichen deutschen Städteforschung aus europäischer Sicht, in: BlldtLG 93 (1957) 1–14.

451. DIES., Kölner Wirtschaft im Früh- und Hochmittelalter, in: H. Kellenbenz/K. van Eyll (Hrsg.), Zwei Jahrtausende Kölner Wirtschaft, Bd. 1. Köln 1975, 87–215.

452. F.-R. ERKENS, Sozialstruktur und Verfassungsentwicklung der Stadt Köln während des 11. und frühen 12. Jahrhunderts, in: J. Jarnut/P. Johanek (Hrsg.), Die Frühgeschichte der europäischen Stadt im 11. Jahrhundert. Köln/Weimar/Wien 1998, 169–192.

453. H. FLACHENECKER, Vom schwierigen Umgang mit Mensch und Natur. Neuere Arbeiten aus dem Gebiet der Stadtgeschichtsforschung, in: HJb 116 (1996) 476–495.

454. La fortune historiographique des thèses d'Henri Pirenne. Brussel 1986.

455. O. VON GIERKE, Das deutsche Genossenschaftsrecht. Bd. 2. Berlin 1868.

456. A. HEIT, Raum – Zum Erscheinungsbild eines geschichtlichen Grundbegriffs, in: G. Jenal (Hrsg.), Gegenwart in Vergangenheit. Beiträge zur Kultur und Geschichte der Neueren und Neuesten Zeit. Festgabe für Friedrich Prinz zu seinem 65. Geburtstag. München 1993, 369–390.

457. F. IRSIGLER, Die Stadt im Mittelalter. Aktuelle Forschungstendenzen, in: C.-H. Hauptmeyer/J. Rund (Hrsg.), Goslar und die Stadtgeschichte. Forschungen und Perspektiven 1399–1999. Bielefeld 2001, 57–74.

458. B. KIRCHGÄSSNER/H.-P.BECHT (Hrsg.), Stadt und Repräsentation.

Sigmaringen 1995.
459. B. Kirchgässner/W. O. Keller (Hrsg.): Stadt an der Grenze. Sigmaringen 1990.
460. B. Kirchgässner/G. Scholz (Hrsg.), Stadt und Krieg. Sigmaringen 1989.
461. E. Maschke/J. Sydow (Hrsg.), Die Stadt am Fluß. Sigmaringen 1978.
462. F. Opll (Hrsg.), Bild und Wahrnehmung der Stadt. Linz 2004.
463. W. Rausch (Hrsg.), Stadt und Salz. Linz 1988.
464. W. Reichert, Lombarden in der Germania-Romania. Atlas und Dokumentation. 3 Bde. Trier 2003.
465. H. Schmidt, Über die Anwendbarkeit des Begriffes „Geschichtslandschaft", in: in: A. H. von Wallthor/H. Quirin (Hrsg.), „Landschaft" als interdisziplinäres Forschungsproblem. Münster 1977, 25–35.
466. G. Schmoller, Grundriß der allgemeinen Volkswirtschaftslehre. Leipzig 1908.
467. W. Sombart, Der moderne Kapitalismus. München u. a. 1916.
468. J. Sydow (Hrsg.), Städtische Versorgung und Entsorgung im Wandel der Geschichte. Sigmaringen 1981.
469. G. Waitz, Jahrbücher des Deutschen Reichs unter König Heinrich I., 3. Aufl. Leipzig 1985.

30. Städte der Nachbarländer

470. H. Andersson, Urbanisierte Ortschaften und lateinische Terminologie. Studien zur Geschichte des nordeuropäischen Städtewesens vor 1350. Göteborg 1971.
471. B. Brodt, Städte ohne Mauern. Stadtentwicklung in East Anglia im 14. Jahrhundert. Paderborn u. a. 1997.
472. P. Desportes, Reims et les Rémois aux XIIIe et XIVe siècles. Paris 1979.
473. O. Guyotjaennin, Episcopus et comes. Affirmation et déclin de la seigneurie épiscopale dans le nord du royaume de France (Beauvais- Noyon, Xe-début XIIIe siècle). Genève u. a. 1987.
474. F. Hoffmann, Český město ve středověku. Praha 1992.
475. J. Lusse, Naissance d'une cité. Laon et le Laonnois du Ve au Xe siècle. Nancy 1992.
476. C. Mazzoli-Guintard, Ciudades de al-Andalus. España y Portu-

gal en la época musulmana (siglos VIII–XV). Granada 2000.
477. D. NICHOLAS, The Later Medieval City 1300–1500. London u. a.
1997.
478. A. SAINT-DENIS, Apogée d'une cité. Laon et le Laonnais aux XIIe
et XIIIe siècles. Nancy 1995.

Nachtrag 2016

zu A. Quellen:

479. Die Chroniken der deutschen Städte vom 14. bis in's 16. Jahrhundert, 36 Bde., 1862-1931.
480. B.-U. HERGEMÖLLER/N. Clarus, Glossar zur Geschichte der mittelalterlichen Stadt. Frankfurt/M. 2011.
481. B.-U. HERGEMÖLLER, Quellen zur Verfassungsgeschichte der deutschen Stadt im Mittelalter. Frankfurt/M. 2002.
482. G. MÖNCKE, Quellen zur Wirtschafts- und Sozialgeschichte mittel- und oberdeutscher Städte im Spätmittelalter. Darmstadt 1982.
483. J. FRIED/K. RUSER, Die Urkunden und Akten der oberdeutschen Städtebünde vom 13. Jahrhundert bis 1549, 6 Bde., 1979-2005.

zu B. Literatur:

zu B.2. Überblicksdarstellungen:

484. B. FUHRMANN, Die Stadt im Mittelalter. Stuttgart 2006.
485. M. GROTEN, Die deutsche Stadt im Mittelalter. Stuttgart 2013.
486. E. ISENMANN, Die deutsche Stadt im Mittelalter. 1150-1550. Wien u. a. 2012.

zu B.4. Einzelne Städte:

487. E. BÜNZ (Hrsg.), Geschichte der Stadt Leipzig. Bd. 1. Von den Anfängen bis zur Reformation. Leipzig 2015.

488. M. G. J. DUIVENDAK u. a. (Hrsg.), Geschiedenis van Groningen. Bd. 1. Prehistorie – Moddeleeuwen. Zwolle/Groningen 2008.

489. W. EHRBRECHT u. a. (Hrsg.), Soest. Geschichte der Stadt. Bd. 1. Der Weg ins städtische Mittelalter. Topographie, Herrschaft, Gesellschaft. Soest 2010.

490. W. HAMBERGER/T. HEILER/W. KIRCHHOFF (Hrsg.), Geschichte der Stadt Fulda. Bd. 1. Von den Anfängen bis zum Ende des Alten Reiches. Fulda 2009.

491. H. HAUMANN/H. SCHADECK (Hrsg.), Geschichte der Stadt Freiburg im Breisgau. Bd. 1. Von den Anfängen bis zum „Neuen Stadtrecht" von 1520. Stuttgart 1996.

492. S. HOFMANN (Hrsg.), Geschichte der Stadt Ingolstadt. Bd. 1. Von den Anfängen bis 1505. Ingolstadt 2000.

493. K. IGEL, Zwischen Bürgerhaus und Frauenhaus. Stadtgestalt, Grundbesitz und Sozialstruktur im spätmittelalterlichen Greifswald. Köln 2010.

494. T. R. KRAUS (Hrsg.), Aachen - Von den Anfängen bis zur Gegenwart. Bd. 2. Karolinger – Ottonen – Salier. 765 bis 1137. Aachen 2013.

495. T. R. KRAUS, Aachen - Von den Anfängen bis zur Gegenwart. Bd. 3/1. Stadtwerdung – Ereignisse. 1138 – 1500. Aachen 2014.

496. T. R. KRAUS, Aachen - Von den Anfängen bis zur Gegenwart. Bd. 3/2. Lebensbereiche 1138-1500. Aachen 2015.

497. J. MILZ, Geschichte der Stadt Duisburg. Band 1. Von den Anfängen bis zum Ende des Alten Reiches. Duisburg 2013.

498. K. MLYNEK/W. R. RÖHRBEIN (Hrsg.), Geschichte der Stadt Hannover. Bd. 1. Von den Anfängen bis zum Beginn des 19. Jahrhunderts. Hannover 1992.

499. H. PROBST (Hrsg.), Ladenburg. Aus 1900 Jahren Stadtgeschichte. Ubstadt-Weiher 1998.

500. W. RIBBE/E. BOHM, Geschichte Berlins. Band 1. Von der Frühgeschichte bis zur Industrialisierung. 3. Aufl., Berlin 2002.

501. H. SLECHTE: Geschiedenis van Deventer. Bd. 1. Oorsprong en middeleeuwen. Zutphen 2010.

502. S. SUDMANN (Hrsg.), Geschichte der Stadt Dülmen. Dülmen 2011.

zu B.6. Zeitschnitte:

503. K. IGEL u.a. (Hrsg.), Wandel der Stadt um 1200. Die bauliche und gesellschaftliche Transformation der Stadt im Hochmittelalter.

Archäologisch-historischer Workshop, Esslingen, 29. und 30.
Juni 2011. Stuttgart 2013.

zu B.9. Bruderschaften/Gilden/Zünfte:

504. M. ESCHER-APSNER (Hrsg.), Mittelalterliche Bruderschaften in
europäischen Städten. Funktionen, Formen, Akteure. Frankfurt
a. M. 2009.
505. K. SCHULZ, Handwerk, Zünfte und Gewerbe. Mittelalter und
Renaissance. Darmstadt 2010.

zu B.10. Ministerialität und städtische Führungsgruppen:

506. M. GLOOR, Politisches Handeln im spätmittelalterlichen Augsburg, Basel und Straßburg. Heidelberg 2010.

zu B.11. Hanse und Städtebünde:

507. H. BRAND/E. KNOL (Hrsg.), Koggen, kooplieden en kantoren. De
Hanze, een praktisch netwerk. Hilversum/Groningen 2010.
508. G. GRAICHEN/R. HAMMEL-KIESOW, Die deutsche Hanse. Eine heim-
liche Supermacht. Reinbek 2013.
509. R. HAMMEL-KIESOW/M. PUHLE/S. WITTENBURG, Die Hanse. 2. Aufl.
Darmstadt 2015.
510. J. SARNOWSKY (Hrsg.), Verwaltung und Schriftlichkeit in den Hansestädten. Trier 2006.

zu B.14. Stadt und Umland, Zentralität:

511. J. OBERSTE (Hrsg.), Metropolität in der Vormoderne. Konstruktio-
nen urbaner Zentralität im Wandel. Regensburg 2012.
512. N. PETERSEN, Die Stadt vor den Toren. Lüneburg und sein Umland
im Spätmittelalter. Göttingen 2015.

zu B.15. Stadt und Kirche:

513. S. EHRICH/J. OBERSTE (Hrsg.), Städtische Kulte im Mittelalter. Regensburg 2010.

514. T.T. MÜLLER (Hrsg.), Für Gott und die Welt – Franziskaner in Thüringen. Text- und Katalogband zur Ausstellung in den Mühlhäuser Museen vom 29. März bis 31.Oktober 2008. Paderborn u. a. 2008.

515. J. OBERSTE (Hrsg.): Pluralität - Konkurrenz - Konflikt. Religiöse Spannungen im städtischen Raum der Vormoderne. Regensburg 2013.

zu B.16. Städtisches Gewerbe:

vgl. 505.

zu B.18. Städtische Topographie und Kunstgeschichte:

516. S. ALBRECHT (Hrsg.), Stadtgestalt und Öffentlichkeit. Die Entstehung politischer Räume in der Stadt der Vormoderne. Köln u.a. 2010.

517. S. EHRICH/J. OBERSTE (Hrsg.), Städtische Räume im Mittelalter. Regensburg 2009.

518. B. FRITZSCHE/H.-J. GILOMEN/M. STERCKEN (Hrsg.): Städteplanung – Planungsstädte. Zürich 2006.

519. K. GRESSHÖNER, Rathausbau im späten Mittelalter. Repräsentation und Raumbedarf – Forschungsüberblick und Bibliographie, in: Mediaevistik 23 (2010) 51-103.

520. F. G. HIRSCHMANN, Die Anfänge des Städtewesens in Mitteleuropa: Die Bischofssitze des Reiches bis ins 12. Jahrhundert, 3 Bde. Stuttgart 2011/2012.

521. J. JARNUT/A. KÖB/M. WEMHOFF (Hrsg.), Bischöfliches Bauen im 11. Jahrhundert. München 2009.

zu B.20. Weitere Infrastruktur:

522. D. Pötschke (Hrsg.), vryheit do ik ju openbaar ... Rolande und Stadtgeschichte. Berlin/Wernigerode 2007.

zu B.21. Frauen in der Stadt:

523. L. Böhringer, Kölner Beginen im Spätmittelalter – Leben zwischen Kloster und Welt, in: Geschichte in Köln 53 (2006), S. 7-34.
524. G. Hödl/F. Mayrhofer/F. Opll (Hrsg.), Frauen in der Stadt. Linz 2003.
525. S. Schmidt, Verfolgung, Schutz und Vereinnahmung. Die Straßburger Beginen im 14. Jahrhundert, in: Rottenburger Jahrbuch für Kirchengeschichte 27 (2009), 111-136.
526. J. Voigt, Beginen im Spätmittelalter. Frauenfrömmigkeit in Thüringen und im Reich. Köln u.a. 2012.
527. M. Wensky, Erwerbstätige Frauen in Paris, London und Köln im Mittelalter, in: 525, 137-150.
528. M. Wensky, Die Stellung der Frau in der stadtkölnischen Wirtschaft im Spätmittelalter. Köln/Wien 1980.

zu B.22. Juden:

529. A. Haverkamp, Beziehungen zwischen Bischöfen und Juden im ottonisch-salischen Königreich bis 1090, in: Anna Esposito u. a. (Hrsg.), Trier – Mainz – Rom. Stationen, Wirkungsfelder, Netzwerke. Festschrift für Michael Matheus zum 60. Geburtstag, Regensburg 2013, 45-87.
530. P. Heberer (Hrsg.), Die SchUM-Gemeinden Speyer, Worms, Mainz. Auf dem Weg zum Welterbe. Regensburg 2011.

zu B.24. Schriftlichkeit und Literatur:

531. V. Henn/J. Sarnowsky (Hrsg.), Das Bild der Hanse in der städtischen Geschichtsschreibung des Mittelalters und der frühen Neuzeit. Trier 2010.

532. T. Herrmann, Anfänge kommunaler Schriftlichkeit. Aachen im
europäischen Kontext. Siegburg 2006.

vgl. 510.

zu B.25. Kommunikation:

533. J. Oberste (Hrsg.), Kommunikation in mittelalterlichen Städten.
Regensburg 2007.

zu B.26. Stadttypen:

534. M. Knipper, Mittelalterliche Doppelstädte. Entstehung und Vereinigung im Vergleich ausgewählter Beispiele. Darmstadt/Marburg
2010.

zu B.27. Stadtarchäologie:

535. M. Gläser (Hrsg.), Lübecker Kolloquium zur Stadtarchäologie
im Hanseraum. 9 Bde. Lübeck 1997-2014.

zu B.29. Weitere Aspekte:

536. F. G. Hirschmann, Bischofssitze als Bildungszentren im hohen
Mittelalter, in: H.P. Neuhauser (Hrsg.), Bischofsbild und Bischofssitz. Geistige und geistliche Impulse aus regionalen Zentren des Hochmittelalters. Münster 2013, 1-27.
537. J. Oberste (Hrsg.), Repräsentationen der mittelalterlichen Stadt.
Regensburg 2008.
538. F. Opll/C. Sonnlechner, Europäische Städte im Mittelalter. Innsbruck u.a. 2010.

Register

Personenregister

Ortsregister

Cambrai 3–6, 10–12, 19–20, 24, 53
Cambrai, Bistum 86
Champagne 82
Chur 2
Chur, Bistum 22
Cilli/Celje 23
Coesfeld 40, 49
Colditz 15
Cölln 14, 20, 40, 45
Colmar 34, 40
Cottbus 23

Dänemark 4
Danzig 17, 19–20, 49, 53
Delft 19, 49, 62
Delitzsch 32
Detmold 58
Deutz 18
Deventer 11–12, 20, 25, 38, 46, 48, 54, 62
Dieburg 41, 60
Diedenhofen/Thionville 3
Diessenhofen 73
Diest 48
Dinant 16, 26, 40, 43, 46–47
Döffingen 42
Donau 44
Dordrecht 19, 25, 28, 45–46, 48, 61
Dorestad 4
Dortmund 12, 17, 20, 25, 29, 34, 40, 42
Dresden 61
Duisburg 11–12, 25, 33–35, 46, 53, 56, 62
Düren 34, 48
Düsseldorf 62

Echternach 1, 36, 52, 54
Eger 42
Eichstätt 16, 31–32, 53, 86
Eichstätt, Bistum 3
Eichstätt, Hochstift 16, 84
Eifel 82
Einbeck 41, 49
Eisenberg/Thüringen 15
Elbing 20, 61
Elsass 40–41, 58, 73
Emden 45
Emmerich 17
England 3–4, 6, 30, 38, 42–43, 48, 71
Epinal 60
Erfurt 6–7, 17–19, 21–22, 26, 36, 40, 45, 48, 53, 55–56
Erfurt, Bistum 3

Essen 22
Esslingen 20, 22, 25, 29, 31, 53
Estland 42

Flandern 4, 15, 20, 25, 28, 38, 42–43, 47–50, 79, 98
Föhring 13
Fosses 40
Franken 16, 82–83, 98
Frankfurt am Main 3, 13, 16, 18–20, 25–26, 28, 30, 33–35, 40, 44–46, 52–53, 56, 58, 62, 85, 89, 93
Frankfurt/Oder 14, 23, 40, 45–46, 55
Frankreich 25, 30, 35, 38, 45, 59–60, 63–64, 70, 81
Frauenfeld 61
Freiberg 22, 51, 80
Freiburg im Breisgau 12–13, 20, 41, 48, 51–52, 55, 61
Freiburg im Üchtland 13, 36, 45, 48
Freising 4, 44, 54
Freising, Bistum 3
Freising, Hochstift 84
Friedberg 30, 32, 34, 40, 46, 85
Friesach 51
Fritzlar 44
Fulda 52, 54

Gallia 2
Geertruidenberg 44
Geldern, Grafschaft/Herzogtum 37–39
Gelnhausen 26, 40, 46, 85
Genf 46
Gengenbach 23, 34
Gent 18, 20
Genua 46
Germania 2
Gesecke 22
Glarus 42
Goch 73
Görlitz 24, 41, 48
Görz/Gorica 23
Goslar 6, 8, 20, 26, 33–34, 40–41, 49, 51
Gotland 42
Göttingen 29, 32, 36, 49
Gouda 19
Graudenz 61
Graz 23, 26
Greifswald 15, 51, 55, 64
Grieth 73
Groningen 19, 37, 45, 62

Sponheim, Grafschaft 72
St. Dié-des-Vosges 51
St. Gallen 34, 48, 54, 73
St. Goar 25, 73
St. Johann 15
St. Mihiel 6, 36, 52, 86, 91
St. Nicolas-de-Port 26
St. Omer 7
St. Trauten 40
Stade 20, 29, 45, 53, 62
Stavoren 11–12
Steiermark 51
Stein 14
Stendal 23, 44
Stettin 20, 40
Steyr 49
Stolpen 15
Stralsund 19–20, 25, 43, 49, 52, 64
Straßburg 2, 18–19, 21, 24–25, 32, 35,
   41, 44–45, 48–49, 53, 87, 89, 99
Straßburg, Bistum 2
Straubing 14
Sulzburg 23

Tauberbischofsheim 41
Thorn 61
Thüringen 3, 32, 40, 51, 82, 87, 89,
   98
Tiel 6–7, 11
Tienen 48
Tirol 38, 51
Tittelberg 1
Tongern 3, 40
Tongern, Bistum 2, 86
Toul 2, 20, 22, 35, 45, 60, 72, 85, 91
Toul, Bistum 2
Trebnitz 61
Tribur 4
Trient 20, 44
Trient, Bistum 2
Trier 1–2, 4–5, 8, 11, 17–18, 20, 22,
   25, 27, 29, 33, 39, 46, 52–55, 61, 75,
   78–80, 86, 87
Trier, (Erz-) Bistum 2
Trier, Erzstift/Kurtrier 35, 56, 82
Tübingen 55

Überlingen 22, 36, 41
Uckermark 82
Ulm 19, 22, 29, 34, 36, 48–49, 52
Ungarn 47
Unterwalden 41, 42
Uri 41, 42

Utrecht 2–5, 11–12, 18–21, 27, 33,
   38, 46, 54, 61
Utrecht, Bistum 3
Utrecht, Niederstift 38
Utrecht, Oberstift/Overijssel 38

Valenciennes 7, 11, 19, 24, 27, 47, 53
Venedig 46–47
Venlo 60
Verden 3
Verdun 1–2, 5, 8, 11, 20–22, 25, 29–31,
   35, 48, 50, 53, 56, 61, 72, 85, 91
Verdun, Bistum 2, 86
Verdunois 72, 76
Vic-sur-Seille 51
Villingen 13
Vilvoorde 23
Vogesen 51

Walldürn 41
Warendorf 62
Weesen 61
Weimar 60
Weißenburg/Elsass 34, 45, 52
Weißenburg/Franken 16, 18, 34
Werden 73
Werne 40
Wesel 23, 25
Westfalen 16, 21–22, 40, 46, 48–49,
   51, 60, 82, 94
Wetter 60
Wetterau 16, 41, 48
Wetzlar 34, 40–41, 46, 85
Wien 5–6, 12, 17, 22–23, 32, 44–46,
   53, 55–56, 62, 99
Wiener Neustadt 5, 14, 20, 34
Wiesbaden 1
Wijk bij Duurstede 4
Windisch 3
Windsheim 14, 32
Winterthur 58, 73
Wipperfürth 73
Wisby 43
Wismar 20, 25, 40, 49, 52
Wittenberg 55
Worms 2–3, 5, 9, 11, 18, 20–21,
   25–26, 29–30, 33, 35, 39–41, 61, 94
Worms, Bistum 2
Worringen 35
Würzburg 5, 17–18, 20, 22, 30–31,
   33, 44, 46, 53, 55, 56, 61, 87
Würzburg, Bistum 3
Würzburg, Hochstift 16

Sachregister

Enzyklopädie deutscher Geschichte
Themen und Autoren

Mittelalter

Agrarwirtschaft, Agrarverfassung und ländliche Gesellschaft im Mittelalter (Werner Rösener) 1992. EdG 13
Adel, Rittertum und Ministerialität im Mittelalter (Werner Hechberger) 2. Aufl. 2010. EdG 72
Die Stadt im Mittelalter (Frank G. Hirschmann) 2., aktual. u. erw. Aufl. 2016. EdG 84
Die Armen im Mittelalter (Otto Gerhard Oexle)
Frauen- und Geschlechtergeschichte des Mittelalters (N. N.)
Die Juden im mittelalterlichen Reich (Michael Toch) 3., aktual. und um einen Nachtrag erw. Aufl. 2013. EdG 44

Gesellschaft

Wirtschaftlicher Wandel und Wirtschaftspolitik im Mittelalter (Michael Rothmann)

Wirtschaft

Wissen als soziales System im Frühen und Hochmittelalter (Johannes Fried)
Die geistige Kultur im späteren Mittelalter (Johannes Helmrath)
Die ritterlich-höfische Kultur des Mittelalters (Werner Paravicini) 3., um einen Nachtrag erw. Aufl. 2011. EdG 32

Kultur, Alltag, Mentalitäten

Die mittelalterliche Kirche (Michael Borgolte) 2. Aufl. 2004. EdG 17
Grundformen der Frömmigkeit im Mittelalter (Arnold Angenendt) 2. Aufl. 2004. EdG 68

Religion und Kirche

Die Germanen (Walter Pohl) 2. Aufl. 2004. EdG 57
Das römische Erbe und das Merowingerreich (Reinhold Kaiser) 3., überarb. u. erw. Aufl. 2004. EdG 26
Die Herrschaften der Karolinger 714–911 (Jörg W. Busch) 2011. EdG 88
Die Entstehung des Deutschen Reiches (Joachim Ehlers) 4. Aufl. 2012. EdG 31
Königtum und Königsherrschaft im 10. und 11. Jahrhundert (Egon Boshof) 3., aktual. und um einen Nachtrag erw. Aufl. 2010. EdG 27
Der Investiturstreit (Wilfried Hartmann) 3., überarb. u. erw. Aufl. 2007. EdG 21
Könige und Fürsten, Kaiser und Papst im 12. Jahrhundert (Bernhard Schimmelpfennig) 2. Aufl. 2010. EdG 37
Deutschland und seine Nachbarn 1200–1500 (Dieter Berg) 1996. EdG 40
Die kirchliche Krise des Spätmittelalters (Heribert Müller) 2012. EdG 90
König, Reich und Reichsreform im Spätmittelalter (Karl-Friedrich Krieger) 2., durchges. Aufl. 2005. EdG 14
Fürstliche Herrschaft und Territorien im späten Mittelalter (Ernst Schubert) 2. Aufl. 2006. EdG 35

Politik, Staat, Verfassung

Frühe Neuzeit

Bevölkerungsgeschichte und historische Demographie 1500–1800 (Christian Pfister) 2. Aufl. 2007. EdG 28
Migration in der Frühen Neuzeit (Matthias Asche)
Umweltgeschichte der Frühen Neuzeit (Reinhold Reith) 2011. EdG 89

Gesellschaft

Bauern zwischen Bauernkrieg und Dreißigjährigem Krieg (André Holenstein) 1996. EdG 38
Bauern 1648–1806 (Werner Troßbach) 1992. EdG 19
Adel in der Frühen Neuzeit (Rudolf Endres) 1993. EdG 18
Der Fürstenhof in der Frühen Neuzeit (Rainer A. Müller) 2. Aufl. 2004. EdG 33
Die Stadt in der Frühen Neuzeit (Heinz Schilling) 3., aktual. und um einen Nachtrag erw. Aufl. 2004. EdG 24
Armut, Unterschichten, Randgruppen in der Frühen Neuzeit (Wolfgang von Hippel) 1995. EdG 34
Unruhen in der ständischen Gesellschaft 1300–1800 (Peter Blickle) 3., aktual. und erw. Aufl. 2012. EdG 1
Frauen- und Geschlechtergeschichte 1500–1800 (Andreas Rutz)
Die deutschen Juden vom 16. bis zum Ende des 18. Jahrhunderts (J. Friedrich Battenberg) 2001. EdG 60

Wirtschaft   Die deutsche Wirtschaft im 16. Jahrhundert (Franz Mathis) 1992. EdG 11
Die Entwicklung der Wirtschaft im Zeitalter des Merkantilismus 1620–1800 (Rainer Gömmel) 1998. EdG 46
Landwirtschaft in der Frühen Neuzeit (Walter Achilles) 1991. EdG 10
Gewerbe in der Frühen Neuzeit (Wilfried Reininghaus) 1990. EdG 3
Kommunikation, Handel, Geld und Banken in der Frühen Neuzeit (Michael North) 2., aktual. und um einen Nachtrag erw. Aufl. 2014. EdG 59

Kultur, Alltag,   Renaissance und Humanismus (Ulrich Muhlack)
Mentalitäten   Medien in der Frühen Neuzeit (Andreas Würgler) 2., durchgesehene Aufl. 2013. EdG 85
Bildung und Wissenschaft vom 15. bis zum 17. Jahrhundert (Notker Hammerstein) 2003. EdG 64
Bildung und Wissenschaft in der Frühen Neuzeit 1650–1800 (Anton Schindling) 2. Aufl. 1999. EdG 30
Die Aufklärung (Winfried Müller) 2002. EdG 61
Lebenswelt und Kultur des Bürgertums in der Frühen Neuzeit (Bernd Roeck) 2., um einen Nachtrag erw. Aufl. 2011. EdG 9
Lebenswelt und Kultur der unterständischen Schichten in der Frühen Neuzeit (Robert von Friedeburg) 2002. EdG 62

Religion   Die Reformation. Voraussetzungen und Durchsetzung (Olaf Mörke) 2., aktua-
und Kirche   lisierte Aufl. 2011. EdG 74
Konfessionalisierung im 16. Jahrhundert (Heinrich Richard Schmidt) 1992. EdG 12
Kirche, Staat und Gesellschaft im 17. und 18. Jahrhundert (Michael Maurer) 1999. EdG 51
Religiöse Bewegungen in der Frühen Neuzeit (Hans-Jürgen Goertz) 1993. EdG 20

Politik, Staat,   Das Reich in der Frühen Neuzeit (Helmut Neuhaus) 2. Aufl. 2003. EdG 42
Verfassung   Landesherrschaft, Territorien und Staat in der Frühen Neuzeit (Joachim Bahlcke) 2012. EdG 91
Die Landständische Verfassung (Kersten Krüger) 2003. EdG 67
Vom aufgeklärten Reformstaat zum bürokratischen Staatsabsolutismus

(Walter Demel) 2., um einen Nachtrag erw. Aufl. 2010. EdG 23
Kriegswesen, Herrschaft und Gesellschaft 1300–1800 (Bernhard R. Kroener)
2013. EdG 94

Das Reich im Kampf um die Hegemonie in Europa 1521–1648 (Alfred Kohler)   Staatensystem,
2., um einen Nachtrag erw. Aufl. 2010. EdG 6   internationale
Altes Reich und europäische Staatenwelt 1648–1806 (Heinz Duchhardt)   Beziehungen
1990. EdG 4

19. und 20. Jahrhundert

Bevölkerungsgeschichte und Historische Demographie 1800–2000   Gesellschaft
(Josef Ehmer) 2. aktual. und um einen Nachtrag erw. Aufl. 2013. EdG 71
Migration im 19. und 20. Jahrhundert (Jochen Oltmer) 2. Aufl. 2013. EdG 86
Umweltgeschichte im 19. und 20. Jahrhundert (Frank Uekötter) 2007. EdG 81
Adel im 19. und 20. Jahrhundert (Heinz Reif) 2., um einen Nachtrag erw. Aufl.
2012. EdG 55
Geschichte der Familie im 19. und 20. Jahrhundert (Andreas Gestrich) 3. ak-
tual. und um einen Nachtrag erw. Aufl. 2013. EdG 50
Urbanisierung im 19. und 20. Jahrhundert (Christoph Bernhardt)
Von der ständischen zur bürgerlichen Gesellschaft (Lothar Gall) 2., aktual.
Aufl. 2012. EdG 25
Die Angestellten seit dem 19. Jahrhundert (Günter Schulz) 2000. EdG 54
Die Arbeiterschaft im 19. und 20. Jahrhundert (Gerhard Schildt)
1996. EdG 36
Frauen- und Geschlechtergeschichte im 19. und 20. Jahrhundert (Gisela Mettele)
Die Juden in Deutschland 1780–1918 (Shulamit Volkov) 2. Aufl. 2000. EdG 16
Die deutschen Juden 1914–1945 (Moshe Zimmermann) 1997. EdG 43
Pazifismus im 19. und 20. Jahrhundert (Benjamin Ziemann)

Die Industrielle Revolution in Deutschland (Hans-Werner Hahn)   Wirtschaft
3., um einen Nachtrag erw. Aufl. 2011. EdG 49
Die deutsche Wirtschaft im 20. Jahrhundert (Wilfried Feldenkirchen) 1998.
EdG 47
Ländliche Gesellschaft und Agrarwirtschaft im 19. Jahrhundert (Clemens Zimmer-
mann)
Agrarwirtschaft und ländliche Gesellschaft im 20. Jahrhundert (Ulrich Kluge)
2005. EdG 73
Gewerbe und Industrie im 19. und 20. Jahrhundert (Toni Pierenkemper)
2., um einen Nachtrag erw. Aufl. 2007. EdG 29
Handel und Verkehr im 19. Jahrhundert (Karl Heinrich Kaufhold)
Handel und Verkehr im 20. Jahrhundert (Christopher Kopper) 2002. EdG 63
Banken und Versicherungen im 19. und 20. Jahrhundert (Eckhard Wandel)
1998. EdG 45
Technik und Wirtschaft im 19. und 20. Jahrhundert (Christian Kleinschmidt)
2007. EdG 79
Unternehmensgeschichte im 19. und 20. Jahrhundert (Werner Plumpe)
Staat und Wirtschaft im 19. Jahrhundert (Rudolf Boch) 2004. EdG 70
Staat und Wirtschaft im 20. Jahrhundert (Gerold Ambrosius) 1990. EdG 7

Kultur, Bildung und Wissenschaft im 19. Jahrhundert (Hans-Christof Kraus)   Kultur, Alltag,
2008. EdG 82   Mentalitäten

Kultur, Bildung und Wissenschaft im 20. Jahrhundert (Frank-Lothar Kroll) 2003. EdG 65
Lebenswelt und Kultur des Bürgertums im 19. und 20. Jahrhundert (Andreas Schulz) 2, aktual. und um einen Nachtrag erw. Aufl. 2004. EdG 75
Lebenswelt und Kultur der unterbürgerlichen Schichten im 19. und 20. Jahrhundert (Wolfgang Kaschuba) 1990. EdG 5

Religion und Kirche
Kirche, Politik und Gesellschaft im 19. Jahrhundert (Gerhard Besier) 1998. EdG 48
Kirche, Politik und Gesellschaft im 20. Jahrhundert (Gerhard Besier) 2000. EdG 56

Politik, Staat, Verfassung
Der Deutsche Bund 1815–1866 (Jürgen Müller) 2006. EdG 78
Verfassungsstaat und Nationsbildung 1815–1871 (Elisabeth Fehrenbach) 2., um einen Nachtrag erw. Aufl. 2007. EdG 22
Politik im deutschen Kaiserreich (Hans-Peter Ullmann) 2., durchges. Aufl. 2005. EdG 52
Die Weimarer Republik. Politik und Gesellschaft (Andreas Wirsching) 2., um einen Nachtrag erw. Aufl. 2008. EdG 58
Nationalsozialistische Herrschaft (Ulrich von Hehl) 2. Aufl. 2001. EdG 39
Die Bundesrepublik Deutschland. Verfassung, Parlament und Parteien (Adolf M. Birke) 2. Aufl. 2010 mit Ergänzungen von Udo Wengst. EdG 41
Militär, Staat und Gesellschaft im 19. Jahrhundert (Ralf Pröve) 2006. EdG 77
Militär, Staat und Gesellschaft im 20. Jahrhundert (Bernhard R. Kroener) 2011. EdG 87
Die Sozialgeschichte der Bundesrepublik Deutschland bis 1989/90 (Axel Schildt) 2007. EdG 80
Die Sozialgeschichte der DDR (Arnd Bauerkämper) 2005. EdG 76
Die Innenpolitik der DDR (Günther Heydemann) 2003. EdG 66

Staatensystem, internationale Beziehungen
Die deutsche Frage und das europäische Staatensystem 1815–1871 (Anselm Doering-Manteuffel) 3., um einen Nachtrag erw. Aufl. 2010. EdG 15
Deutsche Außenpolitik 1871–1918 (Klaus Hildebrand) 3., überarb. und um einen Nachtrag erw. Aufl. 2008. EdG 2
Die Außenpolitik der Weimarer Republik (Gottfried Niedhart) 2., aktualisierte Aufl. 2006. EdG 53
Die Außenpolitik des Dritten Reiches (Marie-Luise Recker) 2., um einen Nachtrag erw. Aufl. 2009. EdG 8
Die Außenpolitik der Bundesrepublik Deutschland 1949 bis 1990 (Ulrich Lappenküper) 2008. EdG 83
Die Außenpolitik der DDR (Joachim Scholtyseck) 2003. EdG 69

Hervorgehobene Titel sind bereits erschienen.

Stand: Mai 2015

www.ingramcontent.com/pod-product-compliance
Lightning Source LLC
Chambersburg PA
CBHW032352280326
41935CB00008B/546